DELAY RETIREMENT
BY MA HONGGE

马红鸽 著

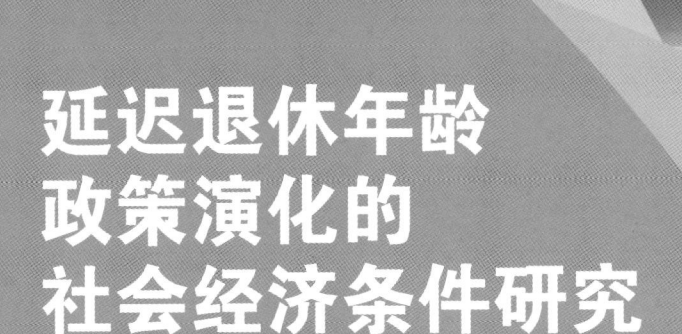

延迟退休年龄
政策演化的
社会经济条件研究

以典型国家为例

中国社会科学出版社

图书在版编目(CIP)数据

延迟退休年龄政策演化的社会经济条件研究：以典型国家为例 / 马红鸽著. —北京：中国社会科学出版社，2021.11
ISBN 978-7-5203-8961-7

Ⅰ. ①延… Ⅱ. ①马… Ⅲ. ①退休—劳动制度—研究—中国 Ⅳ. ①F249.213.4

中国版本图书馆 CIP 数据核字（2021）第 172622 号

出 版 人	赵剑英
责任编辑	刘亚楠
责任校对	张爱华
责任印制	张雪娇

出　　版	中国社会科学出版社
社　　址	北京鼓楼西大街甲 158 号
邮　　编	100720
网　　址	http://www.csspw.cn
发 行 部	010-84083685
门 市 部	010-84029450
经　　销	新华书店及其他书店
印　　刷	北京君升印刷有限公司
装　　订	廊坊市广阳区广增装订厂
版　　次	2021 年 11 月第 1 版
印　　次	2021 年 11 月第 1 次印刷
开　　本	710×1000　1/16
印　　张	14.5
插　　页	2
字　　数	243 千字
定　　价	89.00 元

凡购买中国社会科学出版社图书，如有质量问题请与本社营销中心联系调换
电话：010-84083683
版权所有　侵权必究

前　　言

　　随着人口老龄化程度的进一步加深，养老金支付压力将会成为政府进行公共治理的主要掣肘之一。世界各国主要通过提高缴费率、减少养老金支付以及延迟退休年龄三种方式来缓解老龄化造成的支付压力。延迟退休年龄作为保持个体生命历程中职业生涯所做贡献与退休后所享福利之间均衡的主要手段，已成为越来越多的国家缓解老龄化及其衍生社会问题的重要选择。退休年龄政策是不断发展演变的，延迟退休政策就是退休年龄政策随着社会经济条件等约束条件的变化而进行的适应性选择。许多国家延迟退休政策的发展演变以及延迟退休方式及效果的不同都与当时的社会经济条件密切相关。本书旨在通过对国外典型国家延迟退休政策社会经济条件的研究，寻求一个合理的政策支持条件理论框架，以期能够为我国科学研判延迟退休政策出台与实施的约束条件，从而在问题源流、政治源流和政策源流三者耦合的时期完成政策的顺利转型提供启发。

　　随着社会经济条件的发展与变化，各国都致力于在退休年龄的调整中将更多的社会生命历程特征融入个体生命历程，从而使得退休年龄政策的制定与调整能越来越多地彰显不同社会生命历程中对劳动力个体生命历程的干预与介入。退休年龄政策从发生到发展经历了从工业社会初期的自然退休到强制退休，从工业社会后期的"一刀切"到有弹性、可选择退休模式的演化，最终将发展成为具有个体异质性特征的多样态发展模式。政府将逐渐退出对人们因年老而停止劳动力供给行为的干预场域。

在人类社会进入老龄化生命历程以来，延迟退休年龄就成为应对特定社会经济条件变化的政策选择。以制度经济学为理论基础，从退休年龄政策演变、退休年龄政策演变的约束条件和退休年龄政策演变的政策博弈三方面构建退休年龄政策演化的社会经济条件研究框架。从政策演化与政策环境、社会经济条件与政策演化、约束条件与政策选择三个方面论证了退休年龄政策演化、社会经济条件与延迟退休政策选择之间的耦合性，指出延迟退休政策是一国经济条件、人口结构条件、政治文化条件等约束条件下的适应性选择。这一理论框架的构建为退休年龄政策乃至公共政策的演化提供了新的研究视角和思路。

在上述分析框架下，对延迟退休年龄政策实施顺利的国家和实施受阻的国家政策实施的社会经济条件进行比较分析，指出无论是实施顺利的国家还是实施受阻国家延迟退休政策的提出都是在经济受创或下行期、人口年龄结构出现或预测老龄化趋势加快、平均受教育年限持续上升阶段提出的；而决定政策实施成败的关键则在于政策过程中各利益主体之间力量博弈的差异化。政策实施顺利的国家中政府出台相应法律法规约束企业雇佣行为，政府为雇员继续工作提供经济激励和智力支持，在这样的政策环境下，雇主与雇员能够根据外界条件变化理性调整行为模式，从而形成各政策利益主体之间的良性博弈循环，有利于政策的顺利实施。而在政策实施受阻国家则由于工会利益集团的强势介入以及激烈的政党竞争导致政策的实施重重受阻甚至倒退。为了进一步验证此结论，对两类国家延迟退休政策实施的经济效应进行了实证分析。结果表明，无论政策实施顺利与否，延迟退休政策都能对一国经济发展起到积极的促进作用，而这一效应在政策实施受阻的法国尤为显著。由此得出，延迟退休政策制定与实施过程中应该更加关注政策效应中的社会效应，不能将过多的政治或经济政策目标强加到延迟退休政策过程中，否则就会导致对政策实施约束条件的误判。典型国家的经验表明，延迟退休要基于社会经济条件选择渐进式延迟退休的政策路径，基于社会效应选择设计政策方案。最后，在对我国当前实施延迟退休政策的约束条件进行分析的基础上，提出我国延迟退休的政策遵循和政策内容。

目　录

第一章　绪论 ……………………………………………………（1）
　　第一节　研究背景与研究意义 ……………………………（1）
　　第二节　研究思路、研究方法与研究框架 ………………（5）
　　第三节　研究内容 …………………………………………（10）
　　第四节　研究创新与不足 …………………………………（12）

第二章　理论基础和文献综述 ……………………………（14）
　　第一节　相关概念界定 ……………………………………（14）
　　第二节　理论基础 …………………………………………（20）
　　第三节　文献综述 …………………………………………（29）

第三章　退休年龄政策演化与社会经济条件
　　　　　——一个分析框架 ………………………………（39）
　　第一节　退休年龄政策演化 ………………………………（39）
　　第二节　退休年龄政策演化的社会经济条件 ……………（44）
　　第三节　退休年龄政策演化的博弈 ………………………（53）
　　第四节　退休年龄政策演化的经济学分析 ………………（56）

第四章　典型国家延迟退休年龄政策实施的社会经济条件 ……（62）
　　第一节　典型国家延迟退休年龄政策过程 ………………（63）
　　第二节　典型国家延迟退休年龄政策实施的社会经济
　　　　　　条件分析 …………………………………………（81）

第三节　典型国家延迟退休年龄政策的经济效应分析……… (151)

第五章　典型国家延迟退休年龄政策实施的经验和政策思路 ………………………………………………… (172)
　　第一节　典型国家延迟退休年龄政策实施的经验 ………… (173)
　　第二节　典型国家延迟退休年龄政策实施的政策思路 …… (181)

第六章　典型国家延迟退休年龄政策实施对我国的启示 …… (190)
　　第一节　我国延迟退休年龄政策实施的社会经济条件 …… (190)
　　第二节　对我国的启示 …………………………………… (203)

第七章　研究结论与展望 …………………………………… (210)
　　第一节　研究结论 ………………………………………… (210)
　　第二节　研究展望 ………………………………………… (212)

参考文献 ……………………………………………………… (214)

第一章 绪论

第一节 研究背景与研究意义

一 研究背景

与世界其他国家相比,中国的老龄化呈现出绝对量大、速度快、时间短以及"未富先老"等特征,使得中国面临的老龄化及其衍生问题更加严峻。国家统计局有关数据显示,2018 年年末全国 65 岁及以上人口增加了 0.5 个百分点,增加人数为 827 万人,65 岁及以上人口总数达到了 16658 万人。2019 年年底我国 65 岁及以上老人约为 2.54 亿,新增 945 万人,总数达到了 17603 万人,比 2018 年增长 945 万人[1]。我国人口结构正经历着从 1990 年"上小下大"的金字塔形,到 2010 年的"两头小、中间大"的橄榄形再到 2050 年接近"圆柱"形的发展演变[2]。一方面,在"少子化"和"老龄化"的双重压力下,中国劳动年龄人口比例将出现大幅下降。2018 年《中国统计年鉴》数据显示,2011—2017 年我国劳动年龄人口从 92543 万人到 92198 万人、91954 万人、91583 万人、91096 万人、90747 和 90199 万人,呈逐年递减趋势[3]。另一方面,随着家庭经济状况的改善、教育普及范围扩大和高等教育改革的加深,中国 15—24 岁年龄组的青年人口劳动参与率明显下降。2010 年 15—19 岁年龄组劳动参与率为

---

[1] 数据来源于 https://www.sohu.com/a/367457358_161795。
[2] 国家统计局:《中国 2010 年统计年鉴》,中国统计出版社 2010 年版。
[3] 国家统计局:《中国 2018 年统计年鉴》,中国统计出版社 2019 年版。

27.9%，与1982年相比下降了近50%。这说明在我国科教兴国战略背景下，低龄劳动力群体的劳动参与率逐渐下降，人均受教育年限逐渐提高，劳动力质量不断提升。受教育年限的延长意味着劳动力初始劳动年龄的延迟，如果现行退休制度保持不变，则意味着高人力资本质量群体的劳动贡献时间要相应缩短。而这部分群体因为拥有了相对较高的人力资本水平，其劳动产出率要远远高于其他群体，如果由于制度因素强制这部分群体退出劳动力市场，无疑是国家和家庭人力资本投资的损失或浪费。在此背景下，我国社会出现了大量"退而不休"的劳动者活跃在劳动力市场，他（她）们一方面享受着政府提供的养老金福利；另一方面领取着受雇单位支付的工资，从而造成劳动力市场的扭曲和效率损失，扭曲了工资和收入分配格局[①]。这种现象的存在，一方面说明这部分退休人员自身有继续工作的条件和需求；另一方面也说明客观市场有需要。存在即是合理的，然而合理不一定合法合规。许多企业、科研院所之所以会热衷于聘用已退休职工，其有意逃避企业应为员工承担的福利支出的意图显而易见，这无疑会给我国福利体系和养老金财政积累的可持续性带来不利影响，从而造成代际之间分配的不公。因此，如何让这种合理的存在变得合法合规，让这部分群体成为合法的劳动者、享有自己的权利、履行自己的义务就成为当前维持劳动力市场秩序、缓解养老金支付压力、促进社会公平正义的必经之路。

当现行的退休制度已经成为人们行为的羁绊或者导致整个社会福利水平受损的时候，公共政策改革就要顺势而为。然而，任何公共政策的改革都不能一蹴而就，都需要建立在科学合理的、对现有制度环境进行考量的基础上，从而形成基于我国实际情况的、符合我国人民现实需求的、能够彰显人民群众利益诉求的政策方案。基于此，2013年党的十八届三中全会提出要研究制定渐进式延迟退休年龄政策，

---

① 程杰：《"退而不休"的劳动者：转型中国的一个典型现象》，《劳动经济研究》2014年第5期。

2015年进一步明确了要将退休年龄延迟5—10年，2018年1月时任人社部部长尹蔚民在《人民日报》发文提出，为应对人口老龄化的提速，应适时出台渐进式延迟退休年龄政策[①]。延迟退休年龄政策作为一种劳动者个体在职所做贡献与退休后所享受福利之间新均衡的达成，亦将成为我国养老金制度调整中的重要参量改革之一。然而，从提出研究制定渐进式延迟退休年龄政策至今，延迟退休年龄问题在我国已经相继掀起了理论研究、舆论热议与政策试点等发展历程，但仍未见政策落地。

其原因貌似在于对延迟退休年龄政策方案准备不足，实则是政策制定者和利益主体之间力量的博弈和较量。法国延迟退休年龄政策引致有史以来的大规模、大范围的罢工示威游行已经造成不可估量的经济损失，马克龙政府延迟退休年龄政策改革将归向何处仍未可知。足以见得，延迟退休年龄政策作为一种强制性的制度变迁，在实施中需要从全方位考虑政策执行带来的各种可能的反应与效果，而这些又建立在对政策实施约束条件的客观分析与判断上。延迟退休年龄政策事关每一位人民群众的切身利益，在新时代中国特色社会主义以人民利益为导向的大背景下，任何政策的制定都要以增加人民群众的幸福感和获得感为宗旨。延迟退休年龄政策要能够给予人民大众更多的获得感才能得以高效实施，而这要建立在对延迟退休年龄政策实施环境或约束条件进行研究和分析的基础上。只有对政策的实施环境或约束条件进行了充分的调查与研究，才能对症施策，设计出更加科学合理而又能高效实施的政策方案。因此，对我国延迟退休年龄政策社会经济条件的研究就显得必要且重要。

纵观世界各国，在1989年至2009年的20年间，有65个国家延迟了退休年龄。男性平均退休年龄由1989年的60.01岁提升至2009年的61.01岁，延迟了1岁；女性由57.87岁提升至59.38岁，延迟了1.51岁[②]。另据了解，凡是已进入人口老龄化的国家，都已实施或

---

① 尹蔚民：《全面建成多层次社会保障体系》，《人民日报》2018年1月9日第7版。
② Pensions at a glance, OECD and G20 indicators, OECD publishing, Paris, http://dx.doi.org/10.1787/pension-glance-2017-en.

准备实施延迟退休年龄政策。然而已经实施延迟退休年龄政策的国家中，取得显著政策效果国家的成功经验和政策思路能够为尚未实施延迟退休年龄政策的国家提供借鉴和参考。

基于此，本书通过对已经实施延迟退休年龄政策的典型国家政策实施的社会经济条件的分析和比较，试图归总出具有普适性的可供借鉴和参考的政策思路和建议，以期对我国及其他正在实施和尚未实施延迟退休年龄政策的国家对于社会经济条件的研判形成较为清晰的分析框架和理论支撑，从而提升政策执行效果，为振兴经济发展动力，进一步挖掘人口老龄化背景下的人口红利和制度红利提供理论依据和现实参考。

二 研究意义

(一) 理论意义

退休年龄政策调整是养老金制度参量改革最具有影响、最具有广泛性的政策选择。世界各国在面对人口老龄化带来的一系列问题的时候，纷纷选择对养老金制度中的退休年龄进行延迟调整的参数式改革，在缓解养老金制度支付压力、推动经济增长、增加制度可持续性、促进代际分配公平等方面起到积极的促进作用。现有文献更多关注的是退休年龄延迟政策所带来的或者预期带来的社会经济效应的研究，也有大部分学者将关注点放到了退休年龄延迟政策及其与养老金机制的协调方面，鲜有专门针对延迟退休年龄政策实施的社会经济条件方面的研究。本书拟从退休年龄政策演变、退休年龄政策的社会经济条件和退休年龄的政策博弈着手构建理论分析框架，从而构建起延迟退休年龄政策实施的内在与外在的动力机制与约束机制，为完善养老金制度理论做出积极贡献。同时，本书以世界典型国家延迟退休年龄政策实施的社会经济条件及其协同机制的研究为突破口，期望能够对我国及其他国家特定约束条件下延迟退休年龄政策方案的制定和实施提供有益的借鉴和参考，为促进老龄化时代经济社会发展、老年人福利水平提升、代际分配公平等做出积极贡献，亦可为世界其他国家延迟退休年龄政策的实施提供中国智慧与中国方案。因此，本书具有重要的理论意义。

（二）现实意义

延迟退休年龄政策已经成为世界各国应对人口老龄化及其衍生问题的重要政策选择。在人口老龄化日趋严峻的形势下，2010年我国上海市开始试点实行柔性延迟退休年龄政策，但政策效果不明显。2013年党的十八届三中全会《决定》提出研究渐进式延迟退休年龄政策。随后，时任人社部部长尹蔚民在十二届全国人大三次会议举行的记者会上表示，中国有望在2015年制定延迟退休年龄的改革方案，在2016年经过中央同意并在广泛听取社会意见进行修改和完善后，拟于2017年正式落实。2018年1月，尹蔚民在《人民日报》发文提出适时出台渐进式延迟退休年龄政策以应对人口老龄化的加速到来。由此可见，我国在银发浪潮的冲击下，政府及相关部门对延迟退休年龄政策在我国的实施态度已经明确，但迟迟不能落地的原因一方面可能是基于我国特殊国情、各方利益协调以及政策协同设计的科学性、合理性等方面的考量尚不明晰；另一方面则可能在于政策实施者认为中国现行条件下实施延迟退休年龄政策的条件尚不具备，即政策实施的窗口期尚未到来。在这样的背景下，研究西方典型国家延迟退休年龄政策实施的社会经济条件，从而得出在我国现有社会经济条件下是否具备实施延迟退休年龄政策的客观条件。如果具备了，那么我们在政策制定与实施中应该有哪些政策遵循，在政策内容设计中应该有哪些值得借鉴和学习的，以期为我国延迟退休年龄政策的落地和政策的顺利实施提供决策咨询；如果不具备，何时才是政策启动的最佳窗口期？因此，本书具有重要的现实意义。

第二节 研究思路、研究方法与研究框架

一 研究思路

本书的逻辑起点在于延迟退休年龄政策是退休年龄政策或养老金制

度演变过程中原有制度均衡在外界约束条件变化之后被打破，而新的制度均衡的实现必然要适应新的约束条件的机制设计理论。延迟退休年龄的讨论从最初的学界讨论发展为公众关注和热议的话题已经历时好多年，但为何迟迟落地不得？从制度演变的视角或许能够给出答案。本书从元问题出发，探讨我国当前是否适宜实施延迟退休年龄政策，或者说实施延迟退休年龄政策的条件是否具备，抑或说我国实施延迟退休年龄的窗口期在哪里，以此为起点构建整个研究的逻辑框架。

延迟退休年龄政策是世界各国应对人口老龄化问题的重要制度选择。作为养老金制度改革的重要内容之一，延迟退休年龄的本质是个人在职期间所做贡献与退休后所享福利之间的均衡。纵观世界范围内延迟退休年龄政策改革的逻辑和路径，不难看出，取得良好政策预期的国家都有较为科学合理的政策协同配套机制。而延迟退休年龄政策的提出则是各个国家原有养老金制度在面对正在或即将发生变化的经济社会等条件时所做的适应性选择。那么我国延迟退休年龄政策能否顺利高效落地实施，一方面要看政策设计的科学性与合理性；另一方面还要看政策实施的条件是否具备。

任何政策的实施都需要具备一定的社会经济等条件的支持，否则无异于无本之木、无源之水。一项设计完备、科学合理的政策如果实施的时机不成熟或不合适所产生的效应也会大相径庭。任何政策都是社会发展到一定阶段对社会各项约束条件变化之后的适应性选择。本书在此认识论基础上，从退休政策作为一项经济政策、社会政策、公共政策的属性逻辑出发，构建一个基于退休年龄政策演化、退休年龄政策实施的社会经济条件与退休年龄政策演化的政策博弈三维视角考量的经济学分析框架，即在退休年龄政策演化的基础上，分析退休年龄政策演化的约束条件或政策环境，并据此构建政策博弈机制，为各国延迟退休年龄政策实施过程中的社会经济条件研判确立分析框架。

在以上理论分析框架下，本书通过在 OECD 发达国家和转型国家中选取已经实施延迟退休年龄政策的几个典型国家，基于典型国家延迟退休政策实施的顺利与否，将其分为两类进行延迟退休政策演化特点的分析。在此分析的基础上,形成各国延迟退休年龄政策演变的动力机制模型。基于对各典型国家社会经济条件的分析,通过回归分析进一步验证各国延迟退休年龄政策所产生的经济效应。

在对典型国家进行研究的基础上,进一步考量我国现有的经济社会条件,验证我国现有约束条件下是否适合以及如何实施延迟退休年龄政策。与此同时,通过借鉴典型国家延迟退休年龄政策实施中的成功经验,提出我国实施延迟退休年龄政策中应该注意和加以规避的问题,以期通过延迟退休年龄政策提升我国养老金制度的可持续性、增强资金储备、推动经济发展、在促进老年人就业的同时保障其老年福利有所提升,防治老年贫困的发生,促进社会整体福利水平提升,使广大人民群众享有更多的获得感和幸福感。

二 研究方法

历史分析法。任何事物都是发展变化的,将同一时期性质相同或不同的事物、现象作比较,能够进一步认识事物或现象的共性或个性特征,从而有助于人们更清楚地认识此类事物或现象的特征变化和发展规律与脉络。运用历史分析法在已经实施延迟退休年龄政策的国家中选取不同福利国家的典型代表如美国、德国、瑞典、日本等作为研究对象,对其退休年龄政策演化的特点以及所处的特殊的历史环境进行系统深入分析。通过纵向比较使得各国的异同表现得更为充分,从而总结出各国延迟退休年龄政策发展轨迹、经验特征及其政策思路,探寻各类型国家延迟退休年龄政策实施时的社会经济条件,以期通过这些案例抽象和归纳出一般性的具有普适性的结论,能够为我国养老金制度的发展和延迟退休年龄政策的制定与实施提供有益的参考和借鉴,亦可为其他国家延迟退休年龄政策实施提供中国智慧与中国方案。

比较制度分析法。比较制度分析就是在制度对经济增长起重要作用的假定下,比较分析不同制度在不同国家取得相同经济绩效的原因,以及相同制度在不同国家产生不同经济绩效的原因。一项制度的存在、运作和积极发挥作用不是对另一个制度的替代,而是强化、巩固另一项制度。不同制度之间的互补关系,体现在特定的经济体制中。退休年龄政策在一国的演化路径上遵循路径依赖的原则。大部分选择延迟退休年龄的国家都是在原有制度约束条件发生变化之后对制度所做的适应性调整,而每个国家由于不同的环境约束在政策内容、政策实施、政策目标以及政策协同机制构建方面表现出显著的差异性,所产生的效果也是截然不同的。因此,将退休年龄政策演化置于比较制度分析理论的框架之下,能够进一步明晰不同的约束条件下延迟退休年龄政策实施中目标达成的效应如何。本书以新的制度即是制度演化新均衡的必然结果为起点,运用比较制度分析方法构建一个分析框架,并从典型国家退休年龄政策演变的历史视角出发,分析各个国家延迟退休年龄政策提出的社会经济条件,从而与中国延迟退休年龄政策的生态环境进行比较,提出适合中国实际情况的延迟退休年龄政策方案及建议。

博弈论分析法。博弈论主要研究策略选择问题,强调个人以及组织或集体基于各自理性考量下的行为决策。退休年龄政策的演化本质上是原有制度均衡被打破而新的制度均衡形成过程中政策制定者与政策作用对象之间利益的重新分配。在老龄化社会,政策制定者出于维护制度可持续以及社会效益的考量需要将稀有的资源分配给更加需要的人,以提高资源的配置效率,从而增强制度的可持续性,进而达到促进经济发展、社会稳定的政策目标。而政策作用对象主要涉及在原有制度覆盖下即将进入退休年龄的群体和尚未进入退休年龄的群体,他们会基于自身的经济利益诉求坚持原有的资源配置模式不肯动摇。与此同时,养老金的缴纳主体雇主在与养老金制度有关的改革中处于核心地位,延迟退休年龄不但关系到企业雇佣员工结构的变化也关系到企业所缴纳的养老金的规模问题。因此,雇主在延迟退休年龄的制定与实施中具有举足轻重的作用。故而在延迟退休年龄的利益链条中,政策制定者、雇主与雇员三者之间的博弈最终决定了各国政策演化的格局与路径。

三 研究框架

围绕问题研究的逻辑思路,一般将问题提出到解决的研究过程概括为发现问题或提出问题（Find）、分析问题（Analyze）和解决问题（Solve）三个步骤。基于此，我们可以称之为 FAS 研究框架，并在此基础上延展出本书的研究脉络（如图 1-1）。

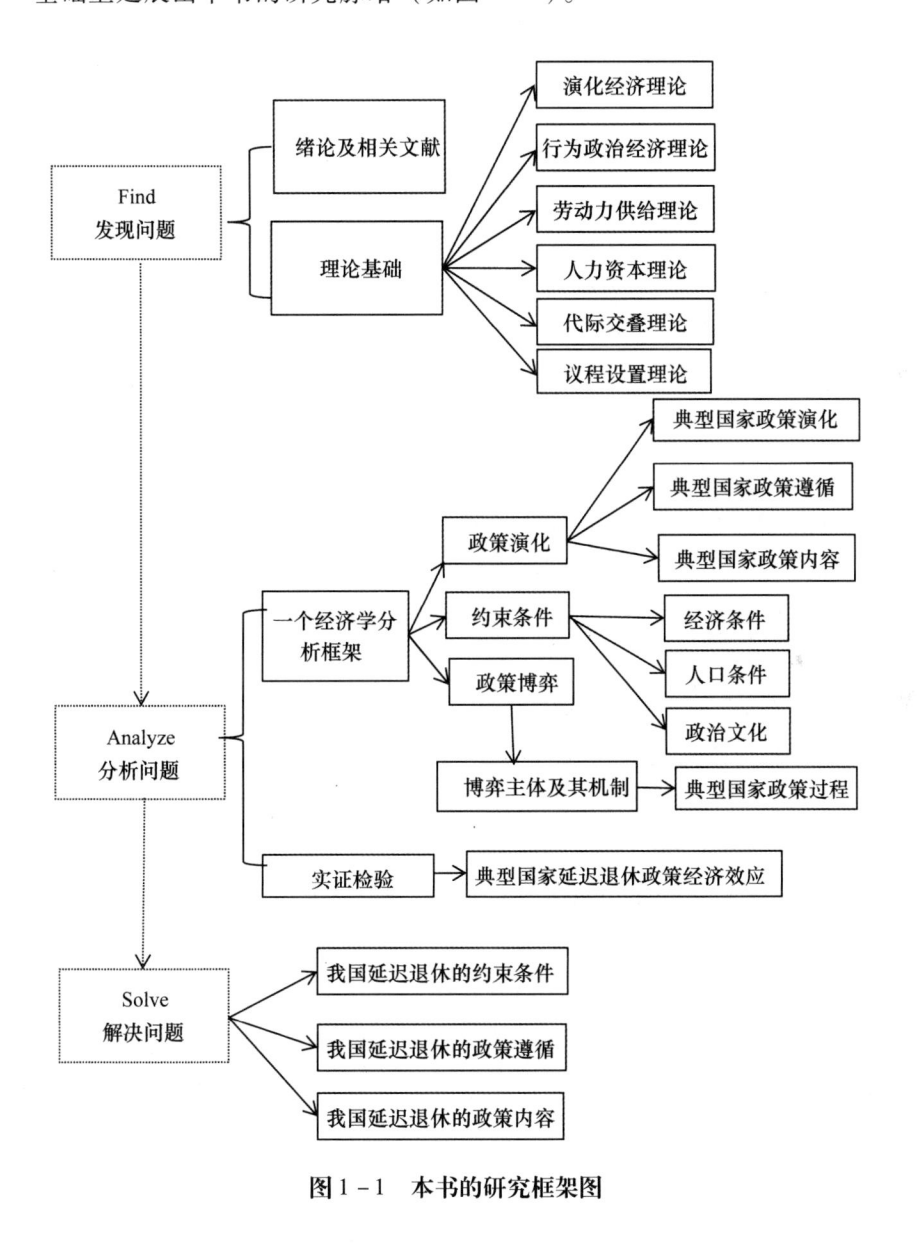

图 1-1　本书的研究框架图

第三节 研究内容

根据上述研究思路和研究框架,本书的主要研究内容包含以下几个部分:

第一是发现问题。绪论部分阐述了文章的研究背景,研究的现实意义和理论价值,并从研究的逻辑起点上阐述了文章的研究思路,说明了主要使用的研究方法,构建了文章的研究框架。通过对本书涉及的理论基础和文献的梳理与研究,明确了当前文献研究中的不足。首先,通过对退休、退休年龄、退休政策、延迟退休年龄的社会经济条件等概念的厘清和界定,明确了本书的研究对象和范畴;其次,论述了与退休年龄政策演变相关的理论基础,主要包括行为政治经济理论、人力资本理论、劳动力供给理论、代际交叠理论、演化经济学理论和议程设置理论等;最后,从延迟退休年龄的必要性、延迟退休年龄的路径、延迟退休年龄的影响因素、延迟退休年龄的效应等视角对当前国内外学术界有关延迟退休年龄问题的研究现状进行了回顾和简要评析。

第二是分析问题框架的构建。这部分主要以比较制度分析理论为基础构建本书的经济学分析框架:以退休年龄政策的演变为逻辑起点,通过分析典型国家延迟退休年龄政策实施的经济条件、人口条件以及政治文化条件等制度实施的约束条件,分析各国政策实施过程中政策制定者与政策作用对象之间博弈各方力量的较量与均衡,从而形成典型国家延迟退休年龄政策实施与演化的机制图。首先,退休年龄政策的演变主要从自由退休向社会强制退休行为模式的转变和从强制退休向个体可选择退休模式的演化这两个方面去说明制度演变的基本走势;其次,基于延迟退休年龄政策基本属性的考量,主要从经济条件、养老金支付水平、人口老龄化程度,劳动力供给情况、人均受教育年限、政治文化等方面构建政策演变的约束条件机制;最后,在退休年龄政策演变的政策博弈中,主要从政策博弈的参与者、政策博弈的规则以及博弈结果等方面阐述退休年龄政策演化中政策博弈机制及其作用。

第三是分析问题。典型国家延迟退休年龄政策的社会经济条件比较。首先，按照安德森的福利三分法选取已经延迟退休年龄的三种福利模式下的代表国家美国、德国、瑞典、法国等作为OECD国家的典型代表，为了弥补安德森福利模式的局限，将东亚福利模式的代表国家日本也纳入考量范围。此外，日本由于转型中国家，在社会经济及制度环境中与我国有更多相似之处，故而将东欧典型国家捷克、匈牙利、波兰也纳入考核的范围。在两大类代表国家中，按照延迟退休年龄政策实施的顺利与否将典型国家分为政策实施顺利的国家和政策实施受阻的国家。前者主要有OECD国家，如美国、德国、瑞典、日本等国，转型中国家有捷克和匈牙利；后者主要选取了法国和波兰。在此分类的基础上，对各国延迟退休年龄政策演化及其特点进行了归总。在各国延迟退休年龄演化的时间节点上，对典型国家的约束条件进行逐一分析与比较，得出无论是哪一类国家，延迟退休年龄政策提出的时间节点都与经济遭受重要创伤、养老金支付压力大、人口老龄化程度加深、人均受教育年限延长等社会经济条件具有很高的耦合性。在对典型国家的约束条件分析之后，通过回归分析实证检验典型国家延迟退休年龄政策实施的经济效应，得出各典型国家延迟退休年龄政策均能够通过显著提升老年劳动参与率从而增加一国劳动力供给总量，进而促进经济增长水平的提升。即使在遭遇实施障碍的典型国家，历次延迟退休年龄政策效果也被证明能够产生较好的经济效应，但由于利益主体之间博弈中各方力量尚未达成一种均衡状态导致政策实施重重受阻。

第四是解决问题。首先，在延迟退休年龄政策社会经济条件的分析框架下，各典型国家延迟退休年龄政策演化、社会经济条件以及博弈机制的分析与比较中，能够归纳出典型国家延迟退休年龄政策实施成功的经验教训与政策思路选择的规律性与同一性的内容，并据此总结出具有普适性的延迟退休年龄政策演化的动力机制；其次，从政策遵循和政策内容两方面阐述典型国家延迟退休年龄的政策思路。在上述分析的基础上，通过研判我国当前面临的经济社会条件，得出延迟退休年龄在我国实施的必然性和紧迫性。最后，基于议程设置理论中媒体对于公众决策的决定性作用，从提高政策宣传力和政府公信力、从政策协同改革提高人民群众的可获得感出发，制定科学合理的激励机制，建立人口寿命与退休年龄的自动化指数调整机制与完善相关立法等视角，提出我国在延迟退休年龄政策制定与实施中应当秉承的价值遵循与政策要素。

第四节　研究创新与不足

一　可能的创新

本书在汲取前人理论研究成果的基础上，试图在研究视角和研究框架上与以往的研究有所不同，并努力提出自己的独到见解。具体而言，本书可能的创新主要集中在如下几个方面：

创新点一：以制度经济学为理论基础构建延迟退休年龄政策演化的动力机制，以演化经济学研究方法探究退休年龄制度演化的轨迹及其可能的发展指向，提出现代意义上退休年龄的本质是个人所享受养老金福利与在职期间所做劳动贡献之间的均衡的概念。并将研究视角专指退休年龄政策演变的社会经济条件，提出延迟退休年龄政策是退休年龄政策和养老金制度演化过程中社会约束条件变化之后的适应性选择。在此基础上，构建退休年龄政策演化约束条件分析的经济学框架，从经济条件（包括经济增长水平与养老金支付情况）、人口条件（包括人口老龄化程度、劳动力供给水平、平均受教育年限）、政治文化等要素出发构建延迟退休年龄政策演化的约束条件分析框架。这一理论框架的构建为退休年龄政策甚至是所有公共政策的演化提供了新的研究视角和思路。

创新点二：在退休年龄政策从发生到发展经历了从工业社会初期的自然退休到强制退休，再从工业社会后期的"一刀切"，到有弹性、可选择退休模式的演化历程中,通过将退休年龄政策演化内嵌到整个社会生命历程和个体生命历程中进行考量,提出退休年龄政策演化最终的趋势是个人主体选择功能将逐渐替代政府调控干预机制而成为具有个体异质性的行为选择,进一步提出政府将逐渐退出对人们因年老而停止劳动力供给行为的干预。

创新点三:通过对典型国家中延迟退休政策实施顺利与受阻国家政策经济效应的实证分析得出,无论政策实施顺利与否,延迟退休政策都能对一国经济发展起到积极的促进作用,而这一效应在政策实施受阻的法国则尤为明显。由此本书得出,延迟退休政策制定与实施过程中应该更加关注政策效应中的社会效应,不能将过多的政治或经济政策目标强加到政策过程中,否则即使再好的政策设计也会因为利益相关者之间的博弈而陷入低效甚至停滞状态。

二 研究不足

本书研究的不足在于资料搜集的有限性,导致典型国家分析中未能覆盖更多的样本量,从而未能穷尽所有已经延迟退休国家的特殊情况。这将在笔者以后的职业生涯中进行继续关照和研究。另外,在理论框架的构建方面,仅仅选取了经济、人口结构、劳动力供给、教育水平、政治文化等几个维度考量延迟退休年龄政策实施的约束条件,尽管这些要素已经可以基本涵盖一个国家或地区社会政策实施的各种条件,然而随着科学技术的进一步发展,技术进步已经成为影响人们退休行为的重要因素。但由于技术发展水平的衡量比较困难,本书没有将这一要素纳入研究视野进行考量,这一研究领域也将成为笔者今后学术研究的重要领域。

第二章 理论基础和文献综述

第一节 相关概念界定

一 退休

"退休"从字面意思上来讲其意在"退而休息",是指人到了年老的生命历程阶段,因为身体机能退化而导致的精神、健康等状况不佳,从而带来劳动能力衰减或丧失劳动能力的生存状态。"退休"一词在我国由来已久。古代主要指辞去官职而赋闲在家的生活状态。韩愈在《复志赋序》中有"其明年七月,有负薪之疾,退休于居,作《复志赋》"。此处韩愈所言的退休即我国古代的"致仕"制度,是指官员到了一定年纪就应该告老还乡的一种制度安排。这也是我国最古老的养老保障制度[①]。现代意义的"退休",被《辞海》定义为:"职工达到规定年龄或因病残并具备一定条件而离开工作岗位养老;在我国,退休人员的生活受到国家和社会的保障,每月按规定标准领取退休金,直到本人去世为止。"可见,退休之于现代人而言更多强调的是个体离开工作岗位后的生活供给由国家财政来担负,一直到去世为止。这里面包含两个时间节点:一个是离开工作岗位的时间或年龄;另一个是去世的时间。这两个时间差即为个体领取养老金的时间,也是财政需要支付养老金的时间段。

与我国退休内涵不同的是,《美国传统词典》将退休解释为"劳

[①] 孟昭华、陈光耀:《民政辞典》,群众出版社1989年版,第7页。

动者（完全）退出岗位和工作场所，停止工作"；《韦氏词典》则认为退休是"劳动者结束工作和积极职业生涯的行为"。Feldman（1994）则将退休定义为"退出组织职位或相当长时间的职业道路，由个人在中年后采取，并且意图减少以后在那里工作的心理承诺"[1]。可见，在西方文化中退休更多强调的是由个体对职业生涯的主观决策导致的，并没有将政府养老金给付的责任与义务以及时间节点进行明确的定义。在西方文化体系下，退休被赋予了更多的个人色彩。因此，可以认为退休是指个体离开工作岗位，不再从事经济活动的一种生存状态。自然意义上的退休是指一种心态，即个体感觉自己退休了（Fields & Mitchell，1984；Lazear，1979；Lumsdaine & Mitchell，1999），法理意义上是指完全地、永久地退出就业，并从国家或私人养老金中获得收入[2]。

由上可知，无论是东方还是西方文化体系下，退休都是个体或国家基于个人全生命历程中老年阶段的生理和心理特点对其劳动力供给行为进行主观或客观干预的结果。在人类生命历程中，老年阶段人们普遍表现为生产力下降，身体健康状态不佳等特征。这些特征促使人类社会进入工业社会历程后逐渐成为影响资本家获取更多利益的障碍。在资本主义市场经济制度下，作为生产要素的劳动者个人必须参与市场竞争的时候，处于个体生命历程老年阶段的群体就作为企业要提高产出率、降低生产成本、增加利润的理由而被阻隔在劳动力市场之外，取而代之的是富有高产出、精神旺盛、身体健康的年轻劳动力。为了安抚退出劳动力市场的处于老弱状态的群体，同时也为了给在职的和即将入职的年轻劳动者美好的预期以激励其更好地为企业工

---

[1] Feldman C. D., "The Decision to Retire Early: A Review and Conceptualization", *Academy of Management Review*, No. 2, 1994, pp. 285 – 311.

[2] Fields G. S., Mitchell O. S., "Economic Determinants of the Optimal Retirement Age: An Empirical Investigation", *Journal of Human Resources*, Vol. 19, No. 2, 1984, pp. 245 – 262. Lumsdaine, Robin L. & Mitchell, Olivia S., "New Developments in the Economic Analysis of Retirement", O. Ashenfelter & D. Card ed., *Handbook of Labor Economics*, edition 1, No. 3, 1999, pp. 3261 – 3307.

作和卖命,退休在工业社会逐渐具备了政策干预的内涵。早期的退休保障制度便成为资本主义制度中维持社会稳定、安抚人心的重要制度安排。退出劳动力不再工作对个体最主要的影响在于收入中断,于是退休就与退休工资或退休金联系起来,成为保障因年老或致残引起劳动力丧失的群体基本生活的制度安排。正如英国伊丽莎白《济贫法》是对劳动力再生产过程的一种控制一样,早期退休政策的产生也是国家为了维护政权稳定而对人作为劳动力退出劳动力队伍之后的整个生命历程的一种干预,以期抚慰民心,并达到激励正在或即将进入劳动力队伍的群体努力工作,以保证社会再生产顺利进行的目的。故可说,退休是个体生命历程必经阶段的存在状态,也是社会发展历程中劳动力政策演变的必然选择。

二 退休年龄

退休年龄是退休政策下国家调控劳动力供给行为的重要手段。由此赋予了退休年龄以强制性的内涵。退休年龄的本质是一个时间节点,在这个时间节点的约束下个体会基于所处制度的不同做出具有一致性取向的行为选择。然而,在退休年龄政策的实际演变过程中,围绕法定退休年龄自我利益最大化的个人往往倾向于提前退出劳动力市场,尤其是在养老金替代率较高的国家,形成了只要具备某些特殊条件,就可以申请在法定退休年龄之前退休的提前退休年龄。由此导致在法定退休年龄之外形成了围绕个人实际退休时间的实际退休年龄。由于提前退休行为的普遍性从而拉低了国家整体的退休年龄水平,使得实际退休年龄往往低于法定退休年龄。一个国家实际退休年龄越低,说明该国家提前退休者越多[①]。

退休年龄作为人们停止劳动力供给行为的时间节点,在特定的社

[①] 本书的研究致力于通过典型国家退休年龄政策演化、退休年龄政策制定的社会经济条件以及政策博弈制度演化、政策遵循等方面的经验和教训的研究,提取出对我国甚至世界其他需要实施延迟退休年龄政策国家能够参考和借鉴的、具有普适性的政策依据和遵循,故本书的退休年龄仅指法定退休年龄。

会生命历程中被赋予了强制性的规范人们劳动力供给行为的特征，从而具备了法律的属性和内涵，从而在国家和政府层面具备了对达到退休年龄群体的劳动力供给行为的规范与约束作用。在退休年龄的时间节点上，个体将不再通过提供劳动力供给而获得工资收入，也不再从事有偿性的劳动力供给，这意味着个体将不会再获得劳动收入。为了给这部分失去劳动能力或劳动能力变弱的劳动者提供稳定的与在职时所获得收入基本一致的生活水平，企业或国家就要为这部分群体提供保障其退休后生活水平的资金，即养老金。因此，养老金与退休便有了天然的联系。由于养老金发放的标准在于能够保证劳动者退休前后生活水平的大体一致，因而，养老金也是个人在职时薪资水平的一个晴雨表。故而可以说，退休年龄是劳动者在职时所做劳动贡献和退休后所享受养老金福利之间的均衡（如图2-1），是公共养老金制度中对老年劳动力参与率影响最为重要的因素之一。到达退休年龄意味着人们可以开始享受领取养老金待遇，可以在获得福利收入的前提下选择工作或闲暇。目前大多数国家都设定了法定退休年龄和提前退休年龄。从各国老年劳动力在不同年龄退出劳动力市场的条件概率来看，大多数国家在提前退休年龄和法定退休年龄时均出现了显著的峰值。

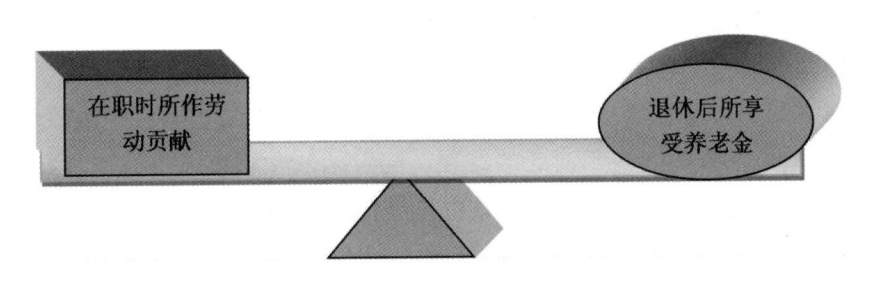

图2-1 退休年龄演化的均衡机制图

三 退休年龄政策

从退休及退休年龄的本质可以看出，退休年龄政策缘起于社会生命历程发展演变中对个体生命历程的干预，是平衡个体生命历程中在职时所做的劳动贡献与退休后所享受养老金福利的制度选择，是一种自上而下的对个体退出劳动力市场行为的规制与干预。因此可以说，退休年龄政策是将政府调整个体生命历程中各阶段，尤其是工作生命历程和退休生命历程的行为规范化、合法化与程序化，从而赋予了退休年龄政策必然随着社会生命历程的演变和发展而不断演化的内在需求，是特定历史条件下相关利益主体在一定历史条件下力量博弈的结果。退休年龄政策的演化则是国家在一定的社会发展阶段，根据不断发展变化的约束条件对原有制度和政策安排不断进行调整的结果。而退休年龄政策的功能：一方面在于对因为年龄因素导致在体力和精力上相比更年轻的群体表现出明显下降的群体的保护功能和稳定社会的政策功能；另一方面，作为政府宏观调控社会劳动力供给水平的手段，则发挥着平衡各年龄阶段群体劳动力供给量的经济政策功能。

从退休政策发展的历程来看，人类退休年龄政策最早起源于工业革命过程中的劳资博弈，即退休年龄政策是产业革命的发展带来的人类劳动关系发生变化的必然选择。工业革命在为人类带来新的生产动能的同时，也彻底改变了整个社会的利益分配格局。为了使得这种分配格局能够更具可持续性，从而创造出更多的产出，国家通过退休年龄政策这一公共政策工具对人们的劳动力供给行为进行干预和调节，从而更有效地控制劳动力供给，以使社会整体劳动力的流入和流出更加趋于均衡。可见，一国退休年龄政策的特征及其演化更多受政策的干预和规制。而人们基于这一公共政策进行行为决策，又进一步形塑着该政策发展的走向与演变的路径。随着老龄化程度的进一步加深，各国都致力于在退休年龄的调整中能够将更多的社会生命历程的特征融入个体生命历程，从而使得退休年龄政策的制定与调整能越来越多地彰显不同社会生命历程中对劳动力个体生命历程的干预与介入。与此同时，个体生命历程随着社会进步与发展也会发生变化的逻辑为二者之间构架了一个动态的平衡机制。因此可以说，退休年龄政策就是特定历史时期政府或企业对特定人群在规定时间节点提供生活保障的制度安排。从社会发展历程来考察，退休年龄政策伴随着工业社会历程①的发展而不断演化。在社会经济条件不断发生变化的情况下,延迟退休政策成为当前社会发展历程中退休年龄制度发展的必然要求。基于此,本书认为退休年龄政策演化的本质在于各国在退休年龄政策的调整中都致力于在社会生命历程和个体生命历程,就个体生命历程里在职期间的劳动贡献和退休后所享受福利之间构建一个动态平衡机制②。

四 退休年龄政策的社会经济条件

任何公共政策的实施和演化都是在特定的历史条件约束下完成的。退休政策的实施和演化也是在特定的社会经济条件下完成和发展变化的。这些约束条件就是构成公共政策目标取向与价值发挥的约束集。政策目标和政策内容及方案与这个约束集的耦合性越高,政策实施的效果就越显著,就越容易达成政策目标,取得预期的政策效果。马国贤、任晓辉认为公共政策是政府付诸实施的目标或行为准则③。公共政策要素包括政策目标、政策对象、政策方案和利益机制四部分。政策目标是政策所阐明的、要达到的或预期的结果。延迟退休政策目标必须与政府的行政能力、财力、自然和社会经济条件以及公众的认知水平合意,才能更接近或达到政策目标。而政策方案、路径与行动计划和利益机制等都应该与政策目标保持逻辑的一致。此外,延迟退休年龄政策的目标应当与其他社会政策协调一致,使之成为一体化的政策体系,从而推动政策目标的达成。席恒指出在退休年龄政策要素中,政策目标应该是符合公共预期的,具有可实施性,同时也应

---

① 在工业社会背景下,个体从进入劳动力市场起(一般标准都是从年轻时候进入劳动市场参加劳动)一直到因体力或产出出现持续性下降时,作为个体为其工作或奉献大部分生命时间的企业或组织,就逐渐承担起了原有的社会组织、家庭等部门的生活保障功能。
② 席恒:《延迟退休:需要关注的几个问题》,《中国劳动保障报》2015年4月21日第3版。
③ 马国贤、任晓辉:《全面实施绩效管理:理论、制度与顶层设计》,《中国行政管理》2018年第4期。

该是符合一国在一定时期的发展战略,具有前瞻性[①]。延迟退休年龄的政策目标旨在通过增加劳动力供给、提高平均退休年龄、缓解养老金支付压力从而增加制度可持续性。延迟退休年龄政策是在一国某一时间节点这个特殊的历史环境下定型的公共政策,只有在一定的约束条件下才能保证政策目标的实现,彰显制度的社会经济效应。而政策的制定与实施就必须对延迟退休年龄政策的约束条件,即约束延迟退休年龄政策执行效果和演化走向的社会经济条件进行科学研判。林义提出,经济条件是退休制度调整的重要约束条件,政治因素和政治决断是制约退休制度调整的关键性约束条件,社会文化、行为习惯、社会心理等对退休制度调整具有不可忽视的重要约束作用[②]。因此,本书中关于退休年龄的社会经济条件的分析主要包括对一国经济增长水平、养老金支出水平、劳动力工资数量与质量、政治文化等变量的考察。

第二节　理论基础

一　行为政治经济学理论

行为政治经济学是对新古典政治经济学和新制度政治经济学的有益补充和修正。行为政治经济学采用符合现实情况的假设——有限自利、有限理性、偏好内生且易变,在批判公共选择理论的基础上,认为政治活动参与者是有限理性的,并存在多种认知偏差,往往会受框架效应、损失规避效应、可得性偏差、现状偏差等影响,注重短期和局部利益,其结果会对长期和社会整体利益造成损害。政治家为了获得选民的支持,便投选民所好,制定选民偏好的政策。有些政治家的正确政治判断有可能会淹没在选举制造成的非理性"民意"之中。因此,为了迎合选民,政治家有时候会制定一些不合理的政策。同时,

---

① 席恒:《养老金机制:基本理论与中国选择》,《社会保障评论》2017年第1期。
② 林义:《我国退休制度改革的政策思路》,《财经科学》2002年第5期。

由于政治家也是有限理性的，难以获得所有与决策相关的信息，常常也会出现认知偏差，从而致使其制定出的政策缺乏效率①。另外，利益集团和说客也会利用选民对选举保持理性的非理性以及存在认知偏差这一特点，借助媒体和游说，大力宣传其偏好的候选人、法案、政策的合理性。利益集团提供的片面信息很容易影响非理性的选民，使其产生与他们相同的政策偏好，从而也会使政治家制定的政策出现偏差，降低政府干预经济的效率。因此，行为政治经济学对政治活动参与者的认知偏差分析更符合现实。

行为政治经济学关于政策制定过程的理论分析表明，政治家由于自身能力、客观条件的限制，在做出政治决策时常常无法达到完全理性，只能凭借过去的经验和主观的思想认识来做出决策和判断，因此信念和意识形态会影响政治家的判断、决策和政策的制定。信念和意识形态的存在常常是较为持久的，无效率的政策也能够存在较长时间，当受到既得利益者的维护时更是如此，从而导致政策制定存在路径依赖。因此，有必要将历史、信念、价值观等因素纳入政策的经济分析之中，它们会对政策及其制定过程产生影响。由于信念和意识形态能够影响政策及其制定，所以在一定程度上可以通过分析信念和意识形态来预测最终的政策选择。

行为政治经济学中关于政治家政策制定会过多地受到历史、信念、意识形态、价值观的影响，因此用该理论模型分析国外延迟退休年龄政策制定过程具有重要意义。与此同时，政治企业家精神的有关理论又为我们研究国外延迟退休年龄政策演变的路径提供了理论支持。汤吉军、戚振宇指出，由于在制度制定过程中，政治家的异质性特征往往会成为政策制定与变革的关键要素之一②。因此，行为政治经济学理论能够为我们理解各国退休年龄政策的演变以及各国退休年龄政策博弈机制的形成过程提供重要的理论依据。

---

① 汤吉军、戚振宇：《行为政治经济学研究进展》，《经济学动态》2017年第2期。
② 汤吉军、戚振宇：《行为政治经济学研究进展》，《经济学动态》2017年第2期。

二 劳动力供给理论

劳动力供给理论表明,劳动供给的变化在很大程度上由劳动者的工作偏好决定。偏好则反映了消费者对特定物品和服务的心理愿望强度。由此带来不同消费者对工作和闲暇偏好的异质性。工作可以给劳动者带来收入并用以支付个人消费所需,能够带来效用。闲暇则可以给劳动者带来直接效用[1]。对于工作与闲暇偏好的不同,决定了个人退出劳动力的时间节点和愿望的强烈程度,从而形成个人无差异曲线图(如图2-2)[2]。

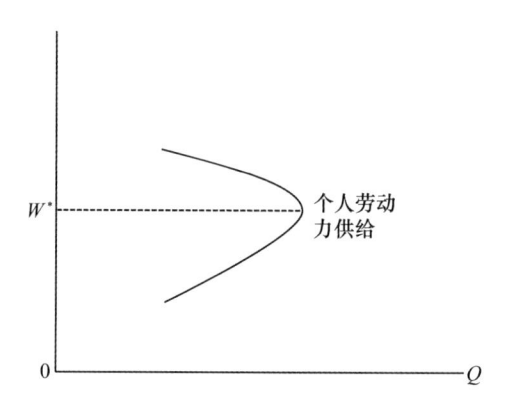

图2-2 个人劳动力供给无差异曲线图

资料来源:罗纳德·G. 伊兰伯格、罗伯特·S. 史密斯:《现代劳动经济学理论与公共政策》,刘昕译,中国人民大学出版社2011年版,第63页。

无差异曲线表明个人在工作和闲暇选择上的所有可能的约束集。不同曲线代表不同的效用水平。对于个体而言,无差异曲线的形状是个人工作闲暇偏好的最直观反映。个体在身体健康水平、职业类别、家庭环境、社会环境等的约束条件下会出现不同形状的无差异曲线

---

[1] 杨河清、王守志:《劳动经济学》,中国人民大学出版社2010年版,第170页。
[2] [美]罗纳德·G. 伊兰伯格(Ronald G. Ehrenberg)、罗伯特·S. 史密斯(Robert S. Smith):《现代劳动经济学理论与公共政策》,刘昕译,中国人民大学出版社2011年版,第163页。

图。典型工作者的年龄—收入曲线即为穿越整个生命周期的工资路径。一般情况下，一个典型的职业工作者在年轻的时候，工资一般较低，但随着年龄以及资历的增长，工资会随之上升，直到50岁的顶峰。在顶峰之后，工资一般会处于稳定或者轻微下降的趋势。可见，闲暇与工作的价格或成本的高低与年龄息息相关。在个体的职业生涯中，年纪越轻意味着工资越低，从而闲暇成本较低，随着年龄的增加，其闲暇的成本将越来越高。由此可见，工作时数和工资应该随着时间的推移而一起变动。当一个国家某一群体基于个体的无差异曲线趋于一致时，就表现为对整个劳动力市场需要通过政策干预来实现供需的均衡。强制性退休年龄政策的出现就是造成这种一致性需求的最主要原因。延迟退休年龄政策的出台正是在人口老龄化背景下老年劳动力中普遍存在提前退休行为，造成劳动力市场上劳动供给量的不断萎缩，从而建立起来的调控政策机制。

劳动经济学理论对人们劳动力供给行为的分析认为，在既定偏好下，劳动者对工资率上升所做的回应取决于收入效应和替代效应这两个反方向运动的力量。退休决策实际上是人们在工作与闲暇之间选择的结果，即在职业生涯后期重点考量的选择。从劳动经济学理解退休一词的含义，可以理解为劳动者减少劳动力供给，增加闲暇的一种行为选择。研究人们对工作和闲暇的时间分配选择问题，首先需要分析人们对闲暇的需求。人们对物品的需求由三个变量决定：该物品的机会成本、个人财富水平、个人偏好。在个人偏好既定下，个人劳动力供给取决于工资率上升时同时出现的收入效应和替代效应。收入效应是工资率上升导致可获得总财富增加，从而使得人们增加对闲暇的需求；替代效应是工资率上升导致闲暇的机会成本上升，对闲暇的需求下降，对劳动力供给的动机增加。通常情况下，这两种效应相伴而生。但他们作用的方向是相反的。如果替代效应占主导地位，劳动力供给曲线斜率为正，劳动力供给会随着工资率的上涨而增加。人们对于养老金缴费导致的工资率下降所做出的反应取决于这两个作用强弱。替代效应大于收入效应，减少劳动力供给，替代效应小于收入效应,则增加劳动力供给。延迟退休年龄政策能否与个体的工作意愿完美契合的关键在于,该政策规定是否能够提高其继续工作而放弃闲暇所产生的效用水平,即延迟退休年龄所获得的收益对个体而言要足以抵消其放弃闲暇所带来的损失[①]。

三 人力资本理论

舒尔茨是人力资本理论的奠基人。亚当·斯密1776年在《国富论》中提出应该由国家推动、鼓励甚至强制全体国民接受最基本的教育。首次揭开了人力资本理论研究的帷幕。1960年舒尔茨提出人力资本投资理论[②]。1962年雅各布明塞尔提出收益函数,将劳动者收入高低与受教育的程度及工作年限等相关联,从而提出人们受教育水平的提高会导致收入增加和收入差距的缩小。贝克尔1964年《人力资本》一书使得人力资本理论的微观经济基础得以强化并标志着人力资本理论的最终成型[③]。20世纪80年代,人力资本作为独立变量被纳入内生经济增长模型。自此教育投入能够提高整体人力资本质量,从而成为经济增长基本动力的理论得以形成。人力资本质量是个人体内知识储备、技能水平与身体素质的综合反映[④]。人们进行人力资本投资的关键在于投资成本收益比。当收益大于成本时,就会激励人们持续不断地甚至指数化增长人力资本投资;当成本大于收益或者说隐性的收益不易被观察和预期的时候,就会对人们持续性的人力资本投入形成抑制效应。在现行退休年龄固化的情况下,个人生命历程里,年轻时候为人力资本积累投资的时间越长,相应的在职工作贡献的时间则会越短。在职工作时间的缩短,一方面降低了人力资本投资的产出效

---

① 杨洋:《国外养老金制度改革对劳动者退休行为的影响》,中国言实出版社2015年版,第12页。
② [美]舒尔茨:《论人力资本投资》,吴珠华等译,北京经济学院出版社1990年版。
③ [美]加里·贝克尔(Gary S. Becker):《人力资本》,陈耿宣等译,机械工业出版社2016年版。
④ [美]戴维·罗默(David Romer):《高级宏观经济学》,王根蓓译,上海财经大学出版社2003年版。

率；另一方面也抑制了个体在生命历程初期对人力资本积累持续性投资的需求，不利于一国整体人力资本水平的提升，从而抑制了经济增长的核心动能。邓翔、万春林等通过建立人力资本与延迟退休决策的关系得到人力资本水平影响个体退休决策行为的理论模型，并指出人力资本水平的高低是影响生育率进而影响对子女教育投入的关键要素。较低的人力资本水平带来的是较早离开工作岗位并进入退休期。反之，则会降低生育水平，加大对子女的教育投入，而个人也更愿意比人力资本水平较低的群体更晚退出劳动力市场[①]。与此同时，人力资本水平较高的人随着年龄的增长所获得的收入是刚性上涨的。在这部分群体中，选择退休闲暇的机会成本要远高于低水平人力资本的群体。在各国都开始重视人力资本对经济增长的核心动能的时候，大力发展高等教育带来人均受教育年限的普遍延长，从而赋予更多的个体选择更长职业生涯的动力与资本。因此，在人力资本普遍提升的情况下，延迟退休或退休后继续工作逐渐成为人们的普遍选择。

四 代际交叠理论

代际交叠模型是基于一般均衡的框架考察微观主体行为对整个宏观经济的影响。最初由 Samuelson（1958）提出。模型假定一个社会不论是处于哪个发展阶段，在同一时期都会有老年人和年轻人。年轻一代的特点表现为生产能力旺盛并从事着社会生产活动，老年一代则处于退出劳动力市场的闲暇状态。在现收现付的养老金制度安排下，老年一代由年轻一代的养老金缴费进行供养。当这一代年轻人变老后，则又由下一代年轻人的养老金缴费进行供养[②]。在该理论下，对个人退休后生活质量起关键作用的是在职时储蓄的多少。对个体而言，工作时间的长短是储蓄多寡的重要指标。而工作年限的决定因素

---

① 邓翔、万春林、路征：《人力资本、预期寿命与推迟生育——基于四期 OLG 模型的理论与实证》，《西南民族大学学报》（人文社科版）2018 年第 9 期。

② ［英］威肯斯：《宏观经济理论：动态一般均衡方法》，东北财经大学出版社 2016 年版。

则由个体受教育的时间和退休时间共同决定。随着社会的不断发展和进步，尤其是社会平均人力资本水平的提升，带来了人均受教育年限的延长，人均受教育年限的延长意味着初始劳动年龄的提高，初始劳动年龄的提高会导致在退休年龄政策不变的情况下，个体劳动贡献时间的缩短。个体劳动贡献时间的缩短意味着工作中的储蓄会减少，从而会对个人退休后的生活质量和生活水平产生负面的影响，不利于社会总体福利水平的帕累托改进[1]。

五　演化经济理论

在新古典主流经济学中，经济主体的决策是条件最优化，其正确性是靠理性保证的。然而现实当中更普遍的是人们根据历史经验和大多数人的反映进行决策，其正确性的基础是历史结果的力量。演化经济学（Evolutionary Economics）是基于演化角度来重估经济学的理论，20世纪80年代以来得以迅速发展。演化经济学的先驱是马克思、凡勃伦和马歇尔。马歇尔在《经济学原理》中认为经济学的目标应当在于经济生物学，而不是经济力学。现代演化经济学形成的标志是理查德·纳尔逊（Richard Nelson）和悉尼·温特（Sidney Winter）的"经济变迁的演化理论"[2]。动态、惯例、创新和选择环境是演化经济学的核心概念，将市场的自然选择力量作为更重要的经济行为动力进行分析。主张用具有历史时间概念的"共同演化"模式，将主流经济学忽略的诸如制度、文化、习惯等因素纳入经济学分析，将理性分析和制度分析、历史分析和心理分析结合起来，为现代经济学的发展提供一种新的研究范式。演化经济学的研究方法在于以动态演化的视角理解社会经济过程，强调历史分析与回溯法、强调异质性与分类法，以及时空特定性[3]。

---

[1] 吴国玖：《基于公共财政视角的社会养老保险收支模式研究》，中国矿业大学出版社2012年版。
[2] 盛昭瀚、蒋德鹏：《演化经济学》，上海三联书店2002年版，第4页。
[3] 潘传表：《制度演化的逻辑》，武汉大学出版社2005年版。

以康芒斯为代表的制度主义认为，制度是经济活动中人与人之间的关系。凡勃伦认为制度会由于环境的变化而变化，而个人思想及行为的改变也会引起制度的变化，变化的速度与顺利与否则由新的制度对各利益主体的物质利益的影响程度而决定。新制度主义的代表道格拉斯·C.诺斯认为，制度是一系列道德伦理规范，决定和限制了人们选择的约束集以及产生交换的激励结构。T. W. 舒尔茨认为制度是为经济服务的，是约束人们行为的，有利于降低交易成本的一系列关于政治、经济和社会行为的规则。新制度主义中的制度变迁理论依据是博弈论和交易费用理论。在演化经济理论分析框架中，研究对象会随着时间变化中的某一个变量或某一个系统的变化而变化。由于系统和变量既具有扰动现象和一定的随机性，又有着通过系统筛选的机制而呈现的一定规律性。通过系统筛选机制存活下来的特征会具有一定的惯性，因此很多变量在相对较长时间内有着非常清楚的模式或轨迹。制度变迁以交易双方都获益的渐进式方式为主，有效的制度为组织提供了高收益，当旧制度不能产生利益或无法实现帕累托改进时，新的制度就要产生。退休年龄政策演变在各个国家所呈现的一致性，即表现为在人口老龄化压力下所采取的延迟退休年龄政策的同质性。这是人口结构老化的必然选择，也可以理解为退休年龄政策随着时间的推移，在社会经济条件发生变化的时候呈现出的具有一定规律性和可复制性的政策选择。因此，本书在退休年龄政策的分析中沿着演化经济学的研究框架从制度演化过程中约束条件的变化着手，分析各国退休年龄政策变量与其他约束变量之间的互动关系，从而得出具有借鉴意义的结论和启示。

六 议程设置理论

议程设置概念最早源于美国的沃尔特·李普曼。议程设置理论认为，人们对某些问题的关注程度会受到大众媒介的诱致性影响，会根据大众媒体为这些问题设置的次序来决定自己的关注程度，从而赋予了大众媒介影响并左右公共舆论的工具性功能①。在众多关于政策议程设置的理论中，影响最大的是鲍姆加特纳和琼斯的间断—均衡理论和金登的多源流理论。间断—均衡理论强调政策过程中问题界定和议程设置之间的相互关联。认为决策过程中政治中的决策情景总是在变化从而导致选择也在变化，但人们的偏好并不总是处于变化中。决策情景变化导致对根本偏好的注意力发生了改变，从而导致选择的变化。因此，注意力转移才是决策变化的关键。而制度变迁则是政策场域中原有政策垄断被打破，导致政策崩溃进而引发公众讨论，从而引起政策制定者注意，使得政策问题进入政策议程的过程。

议程设置的多源流理论是约翰·金登在1984年出版的《议程、备选方案与公共政策》一书中提出的。多源流理论研究政府和非政府因素对议程设置的影响，并集中分析了政策企业家在政府内外充分利用设立政策议程机会（政策窗口），将相关项目提升至政府议程中所扮演的角色，认为问题特性（问题源流）与政治制度和环境（政治源流）相互耦合，导致了政策方案的形成（政策源流）。其中政策源流是由政策共同体提出的关于政策问题的意见和主张，通过相互碰撞与结合，政策企业家会通过各种方式征求意见，不断完善其政策主张和想法。这个过程中，意见的重组是对大家都认可的各种因素进行重新组合。如果政策之窗打开之时政策备选方案仍然得不到恰当的重组和完善，那问题源流和政策源流就很难耦合，问题也就得不到解决。在三条源流耦合之前，政策系统内就需要具备解决问题的各种备选方案，否则机会就会失去。多源流分析理论非常重视偶然因素在议程设置中的作用，且这种偶然性会打破习惯思维，从而为新的解决方案提供机会；多源流理论虽然强调政策企业家的作用，但也进一步拓展细化了行动主体的范围，使政策过程流向具有发散性特点；多源流分析理论具有极强的解释力，不仅适用于解释议程设置，而且还可以应用

---

① [美]小约瑟夫·斯图尔特、戴维·赫奇、詹姆斯·莱斯特：《公共政策导论》，韩红译，中国人民大学出版社2011年版，第63页。

到政策研究的整个过程①。

延迟退休年龄政策在人口老龄化背景下成为各国缓解养老金支付压力及其衍生问题的必然选择。老龄化及其衍生的问题引起政府、公众以及媒体的广泛关注而成为问题源流。当问题源流与特定的政治体制与环境耦合的时候就形成了各国不同的延迟退休年龄政策方案。不同的政策方案在政策制定者与政策作用方的利益博弈中逐渐定型,并在政策之窗打开之时完成了问题源流、政治源流和政策源流三者的耦合,从而推动了延迟退休年龄政策的顺利实施。

第三节 文献综述

当前国内外学术界关于延迟退休年龄的研究主要集中于延迟退休年龄的必要性、延迟退休年龄的路径、影响因素及效果评估等方面。

一 延迟退休年龄的必要性之争

关于延迟退休年龄必要性之争的文献主要集中于国内文献,分为反对意见、支持意见。

支持延迟退休年龄者多从人口年龄结构、养老金支付压力、人力资源利用等角度展开讨论。李珍认为目前采用的退休年龄与我国社会经济环境、人均预期寿命等客观环境已不相适应②;林义指出延迟退休年龄是人口平均寿命延长和总体健康状况改善的必然要求③;Lozachmeur & Pestieau 认为生育率下降和人类预期寿命延长的问题可以通过延长退休年龄来解决,并提出通过延迟退休年龄、增加养老金收益率和提高工资税,对养老保险参数进行改革④。邓大松、刘昌平指出

---

① 杨成虎:《政策过程研究》,知识产权出版社 2012 年版,第 136—163 页。
② 李珍:《社会保障理论》,中国劳动社会保障出版社 2001 年版。
③ 林义:《我国退休制度改革的政策思路》,《财经科学》2002 年第 5 期。
④ Helmuth Cremer & Pierre Pestieau, "The Double Dividend of Postponing Retirement", *International Tax and Public Finance*, No. 10, 2003, pp. 419 – 434.

退休年龄每延迟一年，基金缺口将缩小1.95%[1]；Estell James认为中国现行退休年龄较低，当劳动力人口比重2015年下降时，应通过延迟退休年龄减缓制度赡养负担[2]；Larsen等以丹麦退休制度变迁为例，模拟对退休制度进行调整后老年工作者对财政影响的模型，提出延迟退休年龄政策能够减轻政府财政负担[3]；邓大松、王增文通过动态模型分析数据得出，法定退休年龄应随着最优退休年龄延长的步调相应延长，否则将对养老金的支付问题产生压力[4]；林宝认为现收现付制度下，延迟退休年龄将对养老金隐性债务产生积极影响[5]；徐晓雯、张新宽认为延迟退休年龄有利于企业降低缴费率，对提高企业竞争力意义重大[6]。骆正清、陈周燕等利用养老金模拟精算学的方法，指出受教育年限的普遍延长会导致初始工作年龄上升，退休年龄也应适当延长[7]；郑功成认为随着我国人口受教育年限的增加，弹性退休制度有利于整个社会资源的高效运作[8]；李保华从人力资本视角分析了高人力资本存量劳动者前期的人力资本投资更多，如果与低人力资本存量劳动者在同一年龄水平退休就会造成高人力资本存量人力资源的浪费[9]。

　　反对延迟退休年龄者主要从就业压力、养老金收支平衡、劳动效率等方面展开论述。朱楠认为延迟退休年龄在我国人口规模庞大、地

---

[1] 邓大松、刘昌平：《受益年金化：养老金给付的有效形式》，《财经科学》2002年第5期。

[2] Estell James：《国有企业、金融市场改革与养老保险制度改革的互动效应——中国如何解决老年保障问题》，《社会保障制度》2003年第9期。

[3] Larsen, Mona & Pedersen, Peder J., *Paid Work after Retirement: Recent Trends in Denmark*, IZA Discussion Papers 6537, Institute of Labor Economics (IZA), 2012.

[4] 邓大松、王增文：《我国人口死亡率与最优退休年龄的动态变化关系》，《统计与决策》2008年第2期。

[5] 林宝：《延迟退休年龄对养老金资金平衡的影响》，《财经问题研究》2014年第12期。

[6] 徐晓雯、张新宽：《对延迟我国法定退休年龄的思考》，《山东财政学院学报》2011年第3期。

[7] 骆正清、陈周燕、陆安：《人口因素对我国基本养老保险基金收支平衡的影响研究》，《预测》2010年第2期。

[8] 郑功成：《对延迟退休年龄的基本认识》，《光明日报》2012年9月12日第14版。

[9] 李保华：《退休年龄选择机理：基于人力资本与社会保障的视角》，《新疆财经大学学报》2009年第2期。

区发展不平衡的情况下会给就业造成压力[1];陈李翔认为延迟退休年龄虽然可以在一定程度上增加劳动力供给水平、缓解养老金的压力,但也会造成青年人失业率的上升[2];姚远等通过预测延迟退休年龄引起的扶养比和劳动力供给变化,并在充分考虑我国几次出生人口的高峰都集中在农村,得出延迟退休年龄对城镇60—65岁劳动力就业的影响有限的结论[3];陈永怀认为延迟退休年龄会造成大面积失业,在减慢新老劳动力更替的同时,不利于技术进步和生产率提高[4]。李雪认为延迟退休年龄对于养老金空账问题的解决是杯水车薪,且因延迟退休年龄而获取的更高的收益会抵消因延迟退休年龄支付的养老金收益,当时滞消失,基金缺口仍会显露[5];王宇熹等认为延迟退休年龄虽然在短期内可以缩小基金缺口规模,但在延迟退休年龄之后,养老金发放标准的增加会导致基金缺口重新扩大[6];潘锦棠认为提高退休年龄对养老保险基金的增收减支作用十分有限,不可能成为弥补"缺口"的主要手段[7];余立人认为延迟退休年龄不一定能够增加基本养老保险的支付能力,因为它还要受到利率、社会平均工资增长率、职工工资增长率等因素的影响[8];刘万借助养老金财富模型得出延迟退休年龄对劳动者利益的影响受在岗时期工资增长率、养老金贴现率和

---

[1] 朱楠:《中国延长退休年龄的财务平衡预算及其方案设计》,《中央财经大学学报》2009年第8期。

[2] 陈李翔:《推迟退休是一把双刃剑》,《浙江经济》2010年第11期。

[3] 姚远、原新、史佳颖等:《退休年龄调整:为何如此纠结?》,《人口研究》2012年第6期。

[4] 陈永怀:《关于中国渐进式延迟退休年龄政策的思考》,Information Engineering Research Institute, USA. Proceedings of 2014 4th International Conference on Applied Social Science (ICASS 2014) Vol. 53。

[5] 李雪:《延长退休年龄解决养老金"空账"问题的可行性研究》,《长春市委党校学报》2008年第1期。

[6] 王宇熹、汪泓、肖峻:《养老保险体系可持续发展路径分析与政策选择——以上海为例》,《中南财经政法大学学报》2010年第2期。

[7] 潘锦棠:《提高退休年龄不能成为弥补养老金"缺口"的主要手段》,《光明日报》2012年9月8日第6版。

[8] 余立人:《延长退休年龄能提高社会养老保险基金的支付能力吗?》,《南方经济》2012年第6期。

增长率等情况影响,延长法定退休年龄可能会带来劳动者利益减退,延长越多,退休者受损越多[①];王翠琴等指出延迟退休年龄对养老基金收支平衡只起着短期作用,属于治标不治本之策[②]。刘万从老年劳动者的产出效率出发,指出我国55—64岁劳动力的产出效率比10年前下跌,且该年龄段群体中低学历者占到88%,因此,当前情况下我国不适合出台延迟退休年龄政策[③]。

二 关于延迟退休年龄路径的研究

关于延迟退休年龄路径的研究主要集中于分性别、阶段式延迟退休年龄。

Gustman、Steinmeier利用退休和财富结构的生命周期模型,测算出将法定退休年龄从62岁延长到64岁,会对社会保障体系产生激励作用[④];孙玄提出三种弹性方案:一是采取逐步调整退休年龄的方式;二是针对不同学历、工种的劳动者设定最低工作年限;三是采用双重退休制度,把退休年龄分为可退休年龄和领取养老金年龄,以此鼓励延迟退休年龄[⑤]。原新、万能认为退休年龄的改变首先应该在人力资本密集型的科研机构和高校内,提高职工的退休年龄[⑥];何舰则建议每隔5年延迟退休年龄1岁,逐步延迟男职工退休年龄至65岁,女职工退休年龄至55岁[⑦]。胡利华从法理学的角度分析得出中国现行退

---

① 刘万:《延迟退休年龄一定有损退休利益吗?——基于对城镇职工不同退休年龄养老金财富的考察》,《经济评论》2013年第4期。
② 王翠琴、田勇、薛惠元:《城镇职工基本养老保险基金收支平衡测算:2016—2060——基于生育政策调整和延迟退休的双重考察》,《经济体制改革》2017年第4期。
③ 刘万:《中国不同年龄组别的城镇劳动者产出效率研究——兼谈对合理延迟退休年龄的启示》,《经济评论》2018年第4期。
④ Gustman A. L., Steinmeier T. L., "The Social Security Early Entitlement Age in a Structural Model of Retirement and Wealth", *Journal of Public Economics*, Vol. 89, No. 2 – 3, 2005, pp. 441 – 463.
⑤ 孙玄:《关于退休年龄的思考》,《人口与经济》2005年第3期。
⑥ 原新、万能:《缓解老龄化压力,推迟退休有效吗?》,《人口研究》2006年第4期。
⑦ 何舰:《提高法定退休年龄 利在当代 功在千秋》,《中国职工教育》2010年第2期。

休制度应在法定退休的规定上取消以性别为依据的"差异性"规定，实现"同一"[①]；穆光宗认为柔性推迟退休年龄政策值得推崇，但是需要清醒地认识到将面对如何平衡权利的关系和如何保持柔性延迟退休有足够的弹性两个挑战[②]。崔世良等认为应从提高女性退休年龄开始采用渐进策略延长退休年龄[③]；李印慧提出实行分地区、分行业、逐步地、有选择地提高退休年龄，增加企业和个人自主选择的权利[④]；张乐川从制度公平性出发提出应至少在2025年以前实施延长女职工退休年龄政策[⑤]。柳清瑞、金刚认为在政策的制定上应采取弹性退休、自愿选择等方式[⑥]；胡晓义在充分考虑不同人口群体养老状况和需求的基础上，借鉴国际经验提出渐进式延迟退休年龄，既可以保证政策调整前后的衔接，又不会对整个社会的就业形成较大冲击[⑦]。2013年清华大学研究团队建议从2015年开始实施有步骤的延迟退休年龄计划，2030年之前完成男女职工和居民65岁领取养老金的目标[⑧]；2015年《人口与劳动绿皮书：中国人口与劳动问题报告No.16》建议延迟退休年龄可从2018年开始，女性退休年龄每3年延迟1岁，男性退休年龄每6年延迟1岁，至2045年男性、女性退休年龄同步达到65岁[⑨]；席恒等借鉴机制设计理念与方法，指出我

[①] 胡利华：《男女同龄退休之法理分析》，硕士学位论文，苏州大学，2010年。

[②] 穆光宗：《延迟退休缘何成为潮流》，《人民论坛》2010年第30期。

[③] 崔世良、代群、赵飞：《"延迟女性退休年龄"的可行性研究》，《中国城市经济》2011年第20期。

[④] 李印慧：《探讨我国退休年龄的延迟——从上海柔性退休年龄政策谈起》，《经济研究导刊》2011年第23期。

[⑤] 张乐川：《中国城镇基本养老保险金"年龄缺口"分析——基于延长退休年龄的假设》，《南方周末》2012年第4期。

[⑥] 柳清瑞、金刚：《人口红利转变、老龄化与提高退休年龄》，《人口与发展》2011年第4期。

[⑦] 胡晓义：《关于逐步做实养老保险个人账户——十六届三中全会〈决定〉学习札记之一》，《中国社会保障》2003年第12期。

[⑧] 姜春力：《渐进延迟我国退休年龄政策设计与建议》，载中国国际经济交流中心编《中国智库经济观察》2015年，第164—174页。

[⑨] 蔡昉、张车伟：《人口与劳动绿皮书：中国人口与劳动问题报告NO.16》，社会科学文献出版社2016年版。

国宜以工作年限为基础,采用渐进式、差异化的退休年龄政策,对不同类型劳动者(工种、受教育程度、性别等)采取差异化的退休年龄政策[①]。

三 关于延迟退休年龄影响因素的研究

关于延迟退休年龄影响因素的研究,国内外学者主要从个体微观退休决策的影响因素出发研究影响个体退休决策的主要条件。

部分学者认为延迟退休年龄决策的关键因素在于养老金制度、经济状况。Erdman 通过构建退休原因概念模型,以美国的跟踪调查数据论证了年龄、社会经济状况、养老金计划和法定退休年龄等对个体退休选择的影响[②]。潘锦棠认为人均寿命、劳动力供求、养老金储备、初始劳动年龄、劳动环境及经济的发展状况等因素会影响退休年龄[③]。Van der Klaauw 和 Wolpin 选择相对贫困的家庭研究,认为随着年龄增长和就业率下降,个体会调整自己的退休行为,异质性群体研究正在向更切合当前人口结构、实际经济状况方面演进[④]。汪泽英则把影响退休年龄的因素总结为政治、经济、劳动力供求和个人[⑤]。Díaz-Giménez 和 Díaz-Saavedra 分析了具有不同出生地且年龄、教育程度、就业状况、财产、养老金权利等存在差异的家庭,但个体的收入状况和福利水平是重要的影响因素[⑥]。Coile 等研究发现退休福利的变化可能会对退休时间产生重大影响[⑦]。

---

① 席恒、翟绍果:《我国渐进式延迟退休年龄的政策机制与方案研究》,《中国行政管理》2015 年第 5 期。
② Erdman B. Palmore, "Retirement: Causes and Consequences", *Cham: Springer Publishing Company*, 1985.
③ 潘锦棠:《世界男女退休年龄现状分析》,《甘肃社会科学》2003 年第 1 期。
④ Van der Klaauw, W., Wolpin K., "Social Security and the Retirement and Savings Behavior of Low-Income Households", *Journal of Econometrics*, Vol. 145, No. 2, 2008, pp. 21 – 42.
⑤ 汪泽英:《调整工伤保险费率意义深远》,《中国劳动保障报》2015 年 8 月 7 日第 4 版。
⑥ Díaz-Giménez J., Díaz-Saavedra, J., "Delaying retirement in Spain", *Review Of Economic Dynamics*, Vol. 12, 2009, p. 1.
⑦ Coile, Courtney and Gruber, Jonathan, "Social Security and Retirement", *Center for Retirement Research Working Paper*, 2000 – 11.

部分学者认为延迟退休年龄与家庭、个人偏好和健康状况有关。Bernardo 等使用 2003—2008 年巴西家庭调查中的数据研究了社会保障激励和个人特征如何影响自己和配偶的劳动力参与和退休决策，分析指出夫妻双方的受教育程度会影响彼此的退休决策[1]。Gustman、Steinmeier 在生命周期理论基础的动态结构模型中增加了劳动者退休状态的变量，认为对时间的偏好是影响人们退休决定的重要因素[2]。Broekmans 等指出健康是延迟退休年龄的一个推动因素，因为健康状况不佳的人往往不由自主地从劳动力市场被驱逐。另外，由于主观预期寿命较短，他们可能更愿意提前退休或者由于与工作有关的要求获得超额优势，相比之下，提前退休选择的可用性可能会作为拉动因素在更自愿的基础上引发退休[3]。Brockmann 等指出健康状况较差和生存机会较低的人将会提前退休，这样不仅利于个体健康，还会降低死亡率[4]。Staubli 和 Zweimüller 针对奥地利的研究发现，提高提前退休的资格年龄导致健康状况更好的人的就业增加，因为健康状况较差的人通过其他途径继续退出劳动力市场[5]。Taina 等研究发现在弹性退休制度下，63—64 岁退休的人群比原有固定法定退休年龄政策下的人群高出了 50%，改革导致提前退休，而在精神、循环和肌肉骨骼健康状况良好的人以及低于中等水平的人群中，这种变化更为明显。因此，较低的法定退休年龄似乎过度地使健康的个人退休，而健康状况较差的个人则通过任何可用的退休政策退出劳动力市场。2005 年的芬

---

[1] Bernardo L. Queiroz, Laeticia R. Souza., "Retirement Incentives and Couple's Retirement Decisions in Brazil", *The Journal of the Economics of Ageing*, No. 9, 2017, pp. 1 – 13.

[2] Gustman A. L., Steinmeier T. L., "The Social Security Early Entitlement Age in a Structural Model of Retirement and Wealth", *Journal of Public Economics*, Vol. 89, No. 2, 2005, pp. 441 – 463.

[3] Tom Broekmans, Machteld Roelants, Peter Feys, Geert Alders, et al., "Effects of Long-term Resistance Training and Simultaneous Electro-Stimulation on Muscle Strength and Functional Mobility in Multiple Sclerosis", *Multiple Sclerosis Journal*, Vol. 17, No. 4, 2010, pp. 468 – 477.

[4] Brockmann H., R. Muller, R. Helmert, "Time to Retire or Time to Die? A Prospective Cohort Study of the Effects of Early Retirement on Long-term Survival", *Social Science and Medicine*, No. 69, 2009, pp. 160 – 164.

[5] Staubli S., Zweimüller J., "Does Raising the Early Retirement Age Increase Employment of Older Workers?" *Journal of Public Economics*, Vol. 108, No. 4, 2013, pp. 17 – 32.

兰养老金改革产生了意想不到的后果,这种后果与促进延长工作年限的原始期望背道而驰,不仅大大提高了63岁至64岁退休的人的比率,而且还鼓励提前退休,特别是那些原本可能会继续正常工作几年的人①。

部分学者探讨了技术进步对个人退休决策的影响。Ignacio等从技术进步的视角分析了技术进步对人们退休行为的双重影响:一方面,它增加了实际工资,从而产生了推迟退休的动力;另一方面,它削弱了工人的技能,使提前退休的可能性更大。通过对美国提前退休的研究发现其对提前退休概率的影响是非单调的。特别是当技术变革很小时,侵蚀效应占主导地位,但当工资变化很大时,工资效应占主导地位。这些结果可能表明随着技术的不断发展进步,老年人接受再培训的意愿越高②。

四 关于延迟退休年龄效应的研究

当前学界关于延迟退休年龄效应的研究主要集中在基于国外延迟退休年龄国家的实证研究。

Díaz-Giménez 和 Díaz-Saavedra 预测,如果西班牙将法定退休年龄延迟3年,那么将可能解决该国养老金的发展问题③;Magnani 研究认为在短期内提高退休年龄将会降低养老金赤字,但从长期来看,这些改革是无效的;Magnani 以数值模拟方法提出延迟最早退休年龄以缓解养老金缺口问题方案的结果显示,政策只在短期表现的有效,长期来看则变得无效④。Aylit 对 OECD 国家进行分析后,指出延迟退休年

---

① Taina Leinonen, Mikko Laaksonen, Tarani Chandola, Pekka Martikainen, "Health as a Predictor of Early Retirement before and after Introduction of a Flexible Statuary Pension Age in Finland", *Social Science & Medicine*, No. 158, 2016, pp. 149–157.

② Ignacio Madero-Cabib, Laure Kaeser, "How Voluntary is the Active Ageing Life? A Life-Course Study on the Determinants of Extending Careers", *European Journal of Ageing*, No. 13, 2016, pp. 25–37.

③ Díaz-Giménez J, &Díaz-Saavedra J., "Delaying Retirement in Spain", *Review of Economic Dynamics*, Vol. 12, No. 1, 2009, pp. 147–167.

④ Aylit Tina Romm & Martha Wolny, "The Impact of Later Retirement Ages on Aggregate Household Savings and Saving Rates: An Analysis of OECD Countries", *Working Papers*, *Economic Research Southern Africa*, 2012, p. 269.

龄会降低家庭储蓄，尤其是女性延迟退休年龄后储蓄率会有大幅下降[1]；Talosaga 和 Mark 运用新西兰 1990 年推行延迟退休年龄政策后的数据进行回归后，发现延迟退休年龄政策会显著增加家庭储蓄率，也会带来老年人劳动力参与率的大幅提升[2]。Stefan Staubli 和 Josef Zweimüller 利用澳大利亚私营部门的调查数据考察了退休年龄改革对劳动力市场的影响。结果显示，改革之后男性劳动力提高了 9.75%，女性提高了 11%。Giorgio Brunello 和 Simona Comi 利用意大利统计局的劳动力调查数据（LFS）考察了意大利 1992 年以来的退休年龄调整对老年劳动力再培训参与率的影响。结果表明，退休年龄延长直接导致老年劳动力的培训参与率提高[3]。Haan 和 Prowse 研究表明延迟退休年龄 3.76 年可以抵消未来 40 年人均预期寿命增加带来的养老金财政危机，同时也会给劳动力市场带来巨大冲击[4]。杨志超则通过对北欧五国的延迟退休年龄政策比较研究，认为激励性社保政策、就业环境的改善以及老年教育的推进等措施使国家在实行延迟退休年龄政策下就业率大幅提高[5]。

五 一个简要评价

通过对现有文献研究中关于延迟退休年龄必要性之争、延迟退休年龄的路径之辩、延迟退休年龄的影响因素以及延迟退休年龄的效应方面的研究可以看出，当前有关延迟退休年龄的研究既有关于理论构建方面的质性研究，也有关于计量检验、实证分析方面的量化研究，

---

[1] Talosaga Talosaga & Mark Vink, "The Effect of Public Pension Eligibility Age on Household Saving: Evidence from a New Zealand Natural Experiment", *Treasury Working Paper*, 2014. Series 14/21, New Zealand Treasury.

[2] Staubli, Stefan & Zweimüller, Josef, "Does Raising the Early Retirement Age Increase Employment of Older Workers?", *Journal of Public Economics*, Vol. 108 (C), 2013, pp. 17–32.

[3] Brunello, Giorgio and Comi, Simona, *Education and Earnings Growth: Evidence from 11 European Countries*, FEEM Working Paper No. 29, 2000; IZA Discussion Paper No. 140. Available at SSRN: https://ssrn.com/abstract=229279 or http://dx.doi.org/10.2139/ssrn.229279.

[4] Haan, Peter & Prowse, Victoria, "Longevity, Life-cycle Behavior and Pension Reform", *Journal of Econometrics*, Elsevier, 2014, Vol. 178 (P3), pp. 582–601.

[5] 杨志超：《北欧老年就业政策对我国延迟退休制度的启示》，《学术界》2013 年第 7 期。

这些丰富的研究成果为本书的研究奠定了坚实的理论基础。然而，纵观现有关于延迟退休年龄政策的研究，更多的是集中于对延迟退休年龄政策效应的评估与预测、对延迟退休年龄政策方案及路径的设定与验证，以及从个体微观视角出发而生发出的关于个体退休决策的影响因素的研究，以及在此基础上扩展出的关于决策环境的探讨，鲜有从政策实施约束条件出发，针对延迟退休年龄政策在我国的适应性方面的研究。尽管在有的文献中提到了我们不能照搬西方国家延迟退休年龄经验，要考虑到特殊的国情，但都没有进行系统的理论构建，缺乏从理论层面对延迟退休年龄政策实施约束条件的客观考量。基于此，本书构建了一个退休年龄政策演变与退休年龄政策约束条件之间的经济学分析框架，期望从典型国家退休年龄政策演变中探寻其规律，在对延迟退休年龄政策约束条件的考量中寻找支撑其演变的内在机制，在退休年龄政策演化的政策博弈中发现延迟退休年龄实施顺利国家政策相关者之间博弈机制的特殊性。在此理论框架下进一步展开对典型国家延迟退休年龄政策经济效应的实证分析。最终找到对我国延迟退休年龄政策实施具有可资借鉴的成功经验和政策思路。

第三章 退休年龄政策演化与社会经济条件
——一个分析框架

第一节 退休年龄政策演化

制度作为约束人类经济行为的规则，在提高资源配置效率、降低交易成本、提升社会整体福利水平方面具备了天然的功能性与导向性。退休年龄时间节点在本质上说是劳动者所做劳动贡献与退休后所享福利之间的均衡。退休年龄政策为退休年龄这一时间节点赋予了法律意义和权威，同时也给公众或这一政策的相关利益者提供了行为规范。康忙斯认为制度就是一定社会范围内每个人必须遵守的行为准则或规范。舒尔茨认为制度是管束人们行为的一系列规则。退休年龄政策从某种意义上来讲与退休年龄制度具有同一性或同质性。公共政策是连接政府和民众的桥梁，是国家表达其意志的主要方式。政府通过退休年龄政策，一方面能够实现对整体劳动力供给水平的调控；另一方面作为再分配手段，实现对无劳动能力或劳动能力减弱群体的福利供给。既然是政府宏观调控的手段，退休年龄无论是制度还是政策从诞生就注定了其演化的轨迹要遵循政府治理逻辑的演变规律。

退休年龄政策既然是政府调控劳动力供给的手段，其基于劳动者个体的决定因素主要有人均寿命、初始劳动年龄、工作性质等，基于宏观政策制定环境的有劳动环境、劳动力供求状况、养老保险基金储备以及社会经济发展水平等。其中，人均寿命、初始劳动年龄、劳动力供求状况及社会经济发展水平等要素的分析，都是在工业革命带来的劳动关系变革的基础上展开的。劳动关系是一种特殊的雇佣关系，雇佣关系的演变伴随着产业革命的发展而不断发生变化。因而，退休年龄政策演变也遵循社会发展生命周期理论。基于此，退休年龄政策演变主要经历了以下两个明显的演化阶段。

一　工业社会初期：从自然退休到强制退休的转变

在人类社会进入工业化之前，退休在本质上是因劳动能力衰弱而做出的一种自然选择。早期的退休形态主要通过被雇主解雇或劳动者主动辞职来实现，双方解除了劳动关系，雇主一般不会再为因劳动力衰退而退出的雇员支付任何费用。最早的"退休补贴"来自1722年日本三井企业中的"三井家宪"，彰显的主要是主仆关系下的退职金制度。直到18世纪自由主义发展兴盛阶段，雇佣关系也倡导自由原则，雇主可以随意自由解雇员工，而无须支付养老费用[①]。与此同时，个别大企业为了提高劳动产出，倾向于摆脱劳动力产出下降、知识和技能水平低下的老年劳动力，退休金计划对鼓励这部分群体退出企业雇佣队伍具有重要意义，因而退休年龄规范最早缘起于企业管理行为选择。

大工业革命的到来将人类社会带入了工业化时代，大量的雇佣工人以及对雇佣工人个人知识技能的要求赋予了职业劳动者退休以法律和社会意义。18世纪基于劳动契约伦理，企业逐渐开始对年老退休的劳动者给予一定补贴。1889年5月1日，德国煤矿工人举行大罢工，促成了《老年人及伤残保险法》的颁布，标志着以政府行为介入老年人退出劳动力市场福利供给的开端。该法案规定将退休金年龄从70岁降为65岁，成为第一个具有法律意义的规范劳动者退休行为的政策。至此，退休已经由个体行为和企业提高劳动力生产效率、实施劳动力优胜劣汰的社会行为演变为政府维持社会稳定的有力工具。当退休演变为一种社会行为规范时，所有符合政策覆盖范围内的劳动者到

---

① 张维迎：《企业的企业家：契约理论》，上海人民出版社2015年版，第1页。

了政策规定的时间节点，就不得不退出劳动力市场并获得由政府财政给付的养老金。退休年龄政策已经演变为规范个体退休行为的重要制度安排，并规范着整个社会人们的行为模式，从而使退休成为集体性的行为选择。如日本、法国、瑞典等国到了退休年龄就要强制劳动者退出劳动力市场进入退休状态，并给予养老金支持。

二 工业社会后期：从"一刀切"到有弹性、可选择退休模式的演化

当退休年龄成为规范人们劳动力供给的重要制度安排的时候，为所有人提供相同的退出劳动力市场的时间便成为调节一个国家或地区整体劳动参与率的重要决策。这种制度安排作为衡量劳动者在职期间所做贡献的重要标识，关系到其退休后所享受养老金福利的多寡。在政策演变的初期，当社会发展生命历程处于工业社会初期的时候，在企业、工人和政府等相关利益主体的博弈下，退休年龄政策起源于企业对所雇佣员工劳动生产力的控制，形成了"一刀切"的制度安排，即所有人在达到退休年龄时间节点的时候都必须停止劳动力供给行为，并进入退休期。在这样的政策形塑下，各个国家劳动力供给在退休年龄时间节点上表现出断崖式下降的态势。这种政策效应，在劳动力充足或者劳动力供给红利期对就业和社会经济的影响不是很明显，但在人口结构持续老龄化的时代背景下，这种断崖式的增长已经或即将成为制约各个国家和地区经济增长活力的重要因素。

随着老龄化程度的进一步加深（如图 3-1、图 3-2），各国在退休年龄政策的调整中都是致力于在社会生命历程和个体生命历程、在个体生命历程里在职期间的劳动贡献和退休后所享受福利之间构建一个动态平衡机制，试图寻求个体生命历程在社会生命历程中的适存度。在面对个体异质性的时候，退休制度从最初的"一刀切"到根据个体从事行业以及身体健康状况设立提前退休年龄，亦即允许政策规定范围内满足一定条件的劳动者按照提前退休年龄的时间节点提前退出劳动力市场。这种制度安排，在实践中逐渐演变为政策作用对象之间违规操作、"逆向选择"等偏离政策预期的现象大量涌现，结果导

致提前退休一度成为各国养老金支出上涨的主要因素。随着社会生命历程的不断演进，个体退休阶段的生命历程被赋予了更丰富的内涵。退休不再意味着必须停止劳动力供给行为，退休后继续就业和再就业成为各国退休政策的基本导向。退休年龄对于个体劳动者的意义更多的是领取养老金开始的时间节点，而不是退休年龄的时间节点。在个

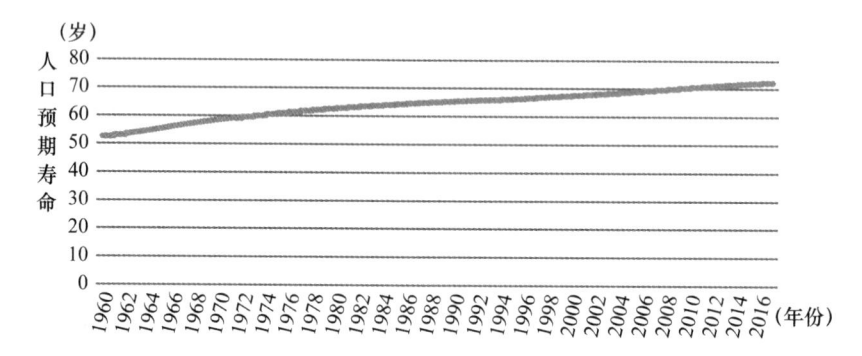

图3-1 世界人口预期寿命趋势图

注：数据来源于http://www.oecd.org/。

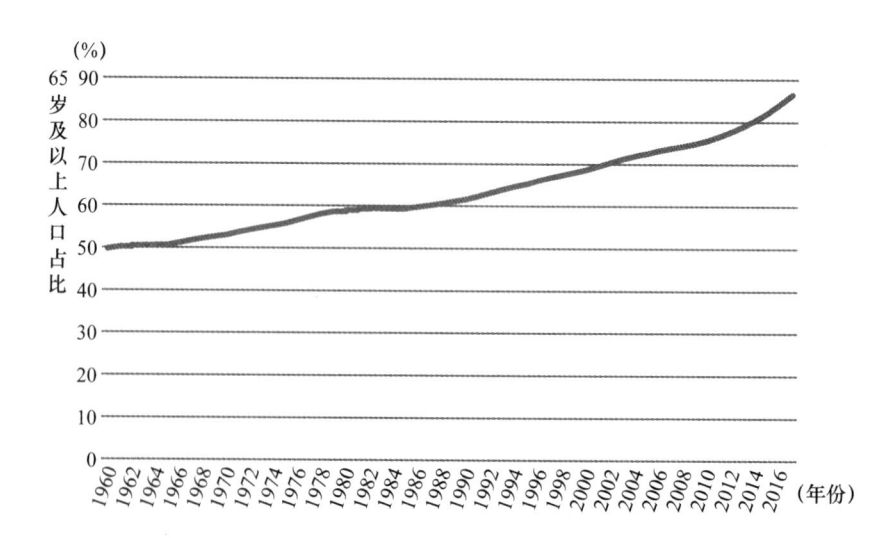

图3-2 世界总人口65岁及以上人口占比图

注：数据来源于http://www.oecd.org/。

体异质性的基础上形成了以个体职业种类、健康状况、教育水平、劳动能力等为依托的可选择性的退休机制。退休年龄从"一刀切"开始走向了有弹性、可选择的演变阶段。这种特征主要表现在对到达退休年龄后个体继续从业的干预，如美国、加拿大、新西兰、英国和澳大利亚等国基于年龄歧视的视角将雇主强制雇员退休视为非法行为。瑞典则在20世纪70年代就规定退休年龄可选择的区间，给予了个人更多的选择权。尼古拉斯·巴尔、彼得·戴蒙德认为，老年就业人员在健康状况、工作兴趣、工作能力和就业机会等方面存在很大的异质性，偏好也是不一样的，并且雇主对老年就业人员的需求也不尽相同，在全国范围内制定一个强制性的退休年龄是没有必要的，也是不可取的[①]。

对退休年龄未来演变走向的预期，马利坦·贝尔托基、桑德拉·施瓦兹、威廉·津巴从老龄化视角出发，指出随着很多国家现收现付的养老金制度被赋予了更多的市场主导下的DC计划的内涵背景下，退休年龄将失去当前对劳动力供给量较强的干预功能，一种随着年龄增长和体力下降仍可以继续下去的职业生涯将会产生[②]。

强制退休的衰落与福利国家改革也有很大的关系。在福利国家承诺的退休养老保障不足以维持人们原有的生活水平或生活状态的情况下，劳动者对强制退休自然是抗拒的。因此，为了鼓励老年劳动力延迟退出劳动力供给市场，各个国家针对老年劳动力群体形成了能够兼顾个体异质性的有弹性、可选择的退休年龄政策，从而推进了退休年龄政策的进一步演化。可以预见，随着老龄化程度的进一步加深，随着产业结构的不断调整与科学技术的发展与进步，退休年龄政策还会随着政府治理模式和理念的不断调整而发展变化，但在退休年龄政策中注入更多的个性化要素将成为其演变的重要基因被传承下去。

[①] Barr N., Diamond P., "Pension Reform: A short Guide", *London*: *Oxford University Press*, 2009.

[②] North, D. C. Institutions, "Institutional Change and Economic Performance", *Cambridge*: *Cambridge University Press*, 1990.

第二节 退休年龄政策演化的社会经济条件

诺斯（North, D. C., 1990）认为，制度是"一个社会的博弈规则，更正式地说，是人为制定的用以规范人们互动行为的约束条件"。与此同时，任何一项制度的产生与演变也都是其约束条件不断调整演化的适应性选择。当约束条件发生变化时，制度若不能及时调整，制度本身就会逐渐消亡[1]。退休年龄政策无论是作为一种社会政策、经济政策，还是公共政策都是政治组织为了维护社会稳定、促进社会经济发展、提高资源配置效率对一定的社会政策生态环境中存在的劳动力供给问题进行调节和控制的政策干预[2]。既然是对既定社会环境下的政策干预，那么该项政策的执行就具有一定的时代性或时效性，即政策实施的效率性和质量会随着政策生态环境的变迁而产生从量变到质变的发展，从而会影响到政策的执行效率，造成资源配置效率的低下甚至无效，从而损害了社会经济增长，降低了社会福利水平的帕累托改进。因此，对任何一项政策的评估以及制定都要基于一定的政策生态环境。政策执行的效率和效果有很多的影响因素，但对政策实施前的约束条件的正确评估则是政策能否有效实施的关键。林义在《社

---

[1] 许国志：《系统科学》，上海科技教育出版社2000年版，第24页。
[2] 英文中本无政策一词，只有政治politics，源于古希腊语中的poiteke，意为关于城邦的小学问。随着西方政党政治的发展，从政治演变为政策policy一词，用来指政党或政府为实现特定任务和目标所采取的行动。古汉语中政策中"政"为政治、政事、纲要、正义等，"策"则是政令、文件、规定、计谋和对策等的意思，即治理国家、规范民众行为的谋略或规定。《辞海》定义政策是国家政党为实现一定历史时期的路线和任务而规定的行为准则。因此可以说，政策的实施是制度形成的措施或手段，是制度有效运行的方法，是制度的重要内容，通过制定和实施某项政策能够建立或对某些制度进行变革。因此，制度包含政策，两者都有权威性和强制性，但相对于制度所具有的整体性、延续性和可继承性而言，政策更具有阶段性和时代性特征。政策往往是政府意志的集中体现，制度更多意义上建立在广泛的群众基础上，要获取更多民众支持，这也是制度稳定性和持久性的重要保障。两者的共同目标都是提高资源配置效率，不同在于发展阶段、不同地区的制度和政策目标有所不同。本书中在理论构建部分引入退休年龄政策，以退休年龄政策演变为基础，试图研究延迟退休年龄政策在老龄化时代所有具有适用性和特异性，并构建起延迟退休年龄政策实施的约束机制。

会保险》一书中提出，经济条件是退休制度调整的重要约束条件，政治因素和政治决断是制约退休制度调整的关键性约束条件，社会文化、行为习惯、社会心理等对退休制度调整具有不可忽视的重要约束作用[①]。在此基础上，本书认为对退休政策的社会经济条件的科学研判主要取决于一个国家或地区的经济条件、人口结构、劳动力供给及其受教育年限、政治文化等变量（如图3-3）。

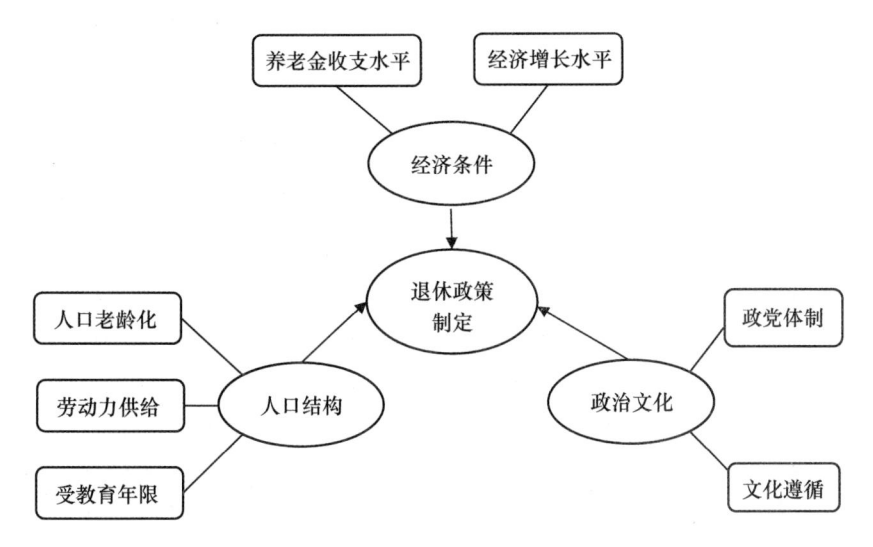

图3-3 退休年龄政策演化的社会经济条件图

一 经济条件

养老金待遇水平及其保障程度是影响退休年龄政策演变的重要约束条件。从微观上讲，个人退休意愿与收入水平、经济负担等密切相关。直到目前，公共养老保险制度提供的退休待遇在欧美国家仍然是占主导地位的收入来源。人们退休后的待遇水平与个人在职时的差距是各国退休年龄政策调整的关键要素。从宏观来看，一个国家总体的经济增长情况和养老金收支负担水平则成为各国退休年龄延迟政策出台的重要节点。在经济金融危机背景下，人们对危机后果的预期具有

---

① 林义：《社会保险》，中国金融出版社1998年版。

较大的不确定性，从老年劳动者稳定收入的角度看，则较有利于延长退休年龄；而从金融危机导致矛盾尖锐的角度看，政府则难以实施延长退休年龄的政策主张。再者，如果退休前后的收入出现较大波动，也对退休制度调整具有重要的影响。因此，经济发展、收入水平、物价波动、经济金融稳定等相当长时期内都会对退休制度调整具有直接或间接的作用。鉴于本书主要分析延迟退休年龄的社会经济条件，主要选择从一国经济增长水平和养老金支付水平等宏观视角来选择考量指标。

（一）经济增长水平

宏观上来看，经济基础决定上层建筑，经济环境对公共政策的制定具有决定性的影响。经济条件是一个国家或地区公共决策出台或调整的重要依据和基础。政府要制订合理的政策方案并取得预期效果，其首要的和最根本的就是从本国或本地，尤其是社会经济发展的实际情况出发，制定出适合本国实际情况的制度和政策设计。在不同的经济条件下，同一种政策运行会产生不同的政策效果和运行规则。公共政策执行或运转的经济条件是指对公共政策系统有重要影响的，如经济制度、经济体制、生产力结构、性质和生产资料所有制形式等各种经济要素的总和。经济增长水平一方面展示的是一国经济社会发展的整体运行能力；另一方面也是各国财政支付能力的晴雨表。"银发浪潮"的持续冲击使世界各国养老金制度的可持续性遭到了质疑，不断增长的财政支付比例让诸多国家的社会经济运行不堪重负。退休年龄政策调整通过影响个体退出劳动力市场的时间从而达到减少退休人员养老金支付规模和提升人力资本存量等效应，进而对储蓄、投资和消费带来影响，从而影响经济活力与经济发展。退休年龄调整对经济增长的效应决定了退休年龄政策应该随不同经济发展阶段进行相应调整。因此，世界各国都将延迟退休年龄政策作为调控经济发展和社会稳定的重要政策之一。另一方面，一国经济增长处于低迷阶段会直接影响该国养老金支付能力。经济增长水平处于高速或持续增长期，则养老金积累以及个体所能获得的收入来源要远比经济发展水平处于减速或持续下滑期的要充裕得多。

(二) 养老金支付水平

养老金支付水平是养老金制度可持续性的重要指向标。人口老龄化导致老年人口增加，引起养老保险制度尤其是现收现付制度对人口结构的变化更加敏感。在老龄化程度较高的国家，由于需要支付的养老金规模不断上升，而能够提供缴费的群体则在不断萎缩，从而导致养老金的收入和支出的差额不断减少甚至出现负增长，从而给国家财政带来的压力也越来越大。通过退休年龄政策调整，尤其是延迟退休年龄政策在预期寿命固定的条件下，将在很大程度上减少养老金的支付压力，从而使得养老金积累得以增加，进而提升养老金制度的可持续性。延迟退休通过延长劳动力的工作年限，使得原本退休的劳动者继续保留在劳动力市场，继续缴纳养老金。一方面，延长参保年限，相对增加了养老保险基金收入，增加社会储蓄；另一方面，从保持参保人数的角度增加收入，缓解基金收支不平衡，减少政府社保支出，使财政支出倾斜向生产性投资，从而共同助力于社会资本积累，作用于经济增长。因此在分析典型国家延迟退休年龄政策实施的社会经济条件的时候，将各国养老金制度的支付压力作为其制定和实施延迟退休年龄政策的影响因素具有重要的意义。在各国实施延迟退休年龄政策之前，其养老金制度所面临的支付压力，成为本书考量典型国家延迟退休年龄政策实施的重要的内部驱动力，因而被提出来。

二 人口结构条件

(一) 人口老龄化程度

人口是影响和决定一国经济发展的基础性因素。人口结构可以反映出一个国家大体的社会和经济状况。其中，年龄是最重要的因素。年龄是人口基本的自然属性。任何一个人口群体都由许多不同年龄的人口组成，各个年龄组的人口在其总人口中所占的比重就构成该人口的年龄结构。人口年龄结构受长期以来该国家或地区人口的出生率、死亡率以及人口迁徙的影响下而形成。在其他条件不变的情况下，人口出生率越高，少年儿童组人口越多，其在总人口中占的比重就越大，则人口年龄结构就较轻；反之则会出现人口出生率低下、人均预期寿命延长、老龄人口增加等老龄化现象。在人口结构处在较为年轻的阶段时,其经济发展则会极大程度上受益于"人口红利"。这一时期,充足的劳动力供给和高储蓄率成为经济增长的重要引擎。而当人口结构处于老龄化阶段时,劳动力供给不足则会成为阻碍一国经济发展的重要因素。随之而来的各种社会问题也将成为一国社会治理的重要课题。国际上通常把15—64岁组归为劳动年龄人口,65岁及以上年龄组归为老年人口。当前世界各国的人口结构都逐渐或已经迈向了衰老型,都在或即将面临老年人的养老保险支出及医疗等社会问题,用于老年人的财政支出占各国财政支出的比例将会越来越大。

随着世界范围内人口生育率的日渐衰减,社会经济技术进步带来人口平均寿命的日益增长导致老年人口扶养比不断下降,给各国社会保障制度尤其是养老金制度的可持续性发展带来了严峻的挑战,其中现收现付制度下的养老金压力及负债更为明显。随之而来的社会、家庭、管理等问题也将成为世界各国面临的共同挑战。在"银发浪潮"日益严峻的形势下,世界各国针对老年人的财政支付,尤其是养老金的支付日益成为国家财政压力或财政负债的重要组成部分。在此背景下,各国纷纷开始对原有的养老金制度进行调整和变革。因此,一国人口年龄结构的老龄化程度就成为各国养老金机制改革中需要考量的重要变量之一。

(二)劳动力供给

劳动力供给是劳动力结构中对社会经济增长产生重要影响的指标之一,主要由劳动参与率、工资水平以及劳动者对闲暇的偏好等要素组成。劳动参与率是指已经参加劳动和要求参加劳动的社会总劳动人口占劳动力资源总数的比率,是测量劳动人口参与社会劳动程度的一个指标[1]。劳动力参与率主要取决于社会经济发展水平和文化教育发展程度。影响劳动力参与率的因素很多,主要是劳动力资源中从事家务劳动的人数和正在接受教育的学生人数。由于国民经济的发展和科学技术在生产中的广泛应用,对劳动者的文化知识和技术水平提出更

---

[1] 限于篇幅,本书仅从劳动参与率这一指标来衡量劳动力供给水平。

高的要求，劳动者接受教育的时间相对延长，劳动力资源中受教育的人数比例上升。因此，在一些经济发达的国家中，劳动参与率有稍下降的趋势。不同的年龄群体有不同的劳动参与率。劳动力参与率的高低取决于工资率、失业水平、教育水平以及工作态度。

老龄化是一个从更多的年轻人移民到老年人群体的"年龄移民"的过程，结果导致不同年龄群体的相对人口规模发生改变，从而导致整体经济劳动参与率的改变。退休年龄政策的本质是对个体作为劳动力供给主体的劳动参与行为的干涉或制度安排，因此，其实施是否有效的判定标准之一，在于对当时或当前的劳动力供给主体行为的干预是否到了政策预期。退休年龄政策本就包含了对年龄界限的认定与规范，并将劳动力供给行为与劳动贡献相连接，起到对整个经济体中劳动力供给水平的调整与控制。郑君君等将劳动年龄人口份额和劳动力老龄因素引入索洛模型中，利用1995—2010年9省市面板数据进行实证检验发现，劳动年龄人口份额对经济增长有正向促进作用，劳动力老龄化对经济增长有负向影响。因此，劳动参与率就成为分析一个国家或地区退休年龄政策必须考量的主要变量之一。

（三）平均受教育年限

受教育年限的延长意味着个体进入劳动力市场的时间即初始劳动力年龄也要推迟。如果保持退休年龄不变，势必会使劳动者的工作时间缩短，造成人力资本投资收益减少，从而降低个体人力资本投资的数量。以罗默为代表的部分经济学家把人力资本作为独立变量纳入内生经济增长模型，得出人力资本是经济增长的不懈动力，因此，保持退休年龄不变会很大程度影响一国的经济增长动力。世界各国在面对人口红利不断消失，老龄化水平日益加剧的情况下，通过延长人均受教育年限提升人力资本质量，以推动经济持续增长。

受教育水平是人力资本积累的直观反映。依据劳动经济学理论，人力资本通过收入效应和替代效应影响劳动者劳动供给行为。收入效应是指随着年龄的增加，高水平受教育者劳动收入增长的幅度比低受教育水平者高，因此，对于高水平受教育者而言，其年龄越大所产生的社会效益和经济效益就越大，他们更倾向于更晚退出劳动力市场。

替代效应是指高人力资本劳动者放弃劳动的边际损失较大。高水平受教育者由于相对低水平受教育者将更多的时间用于人力资本投资，如果两者在同一个时间节点退出劳动力市场，则会降低高水平受教育者人力资本投资效率和产出。因此，为追求一生的效用最大化，高水平受教育者在年龄较大时退出劳动力市场所带来的机会成本较大，所以过去的人力资本投资情况会影响中老年群体的劳动供给行为。基于此，受教育程度高的劳动者更倾向于延长劳动力供给时间。罗双成等利用 CHARLS2015 数据发现，随着受教育年限的增加，为了获取更多的社会和经济效用，中老年劳动者倾向于提供相对于其他低受教育年限者更长的劳动力供给时间劳动供给的时间增加[①]。原因在于，受教育年限的增加提高了他们参加工作的意愿。由于教育水平高的劳动者增加了获得好工作的机会和职业，就业意愿较强。研究发现，受教育年限每增加 1 年，中老年劳动力供给时间增加 1.16%。而受教育水平低的人，处于低技能就业或不稳定的就业，经常间断性工作，年总工作时间较少。因此，可以说劳动者受教育时间与其进入劳动市场的时间呈负相关关系。受教育时间越长，进入劳动力市场时间越晚。按照退休时间是劳动者在职期间所做贡献与退休后所享福利之间的均衡原则来看，高水平受教育者退出劳动力市场的时间应该被延迟。而且上述劳动经济学理论中关于中老年群体中高水平受教育者收入效应大于替代效应的基本事实也证明，高水平受教育者的退休时间应该随着其受教育年限的延长而相应延长。这既是对高水平受教育者人力资本投资效率的充分利用，也可以形成对整体国民受教育水平的制度激励效应，从而有利于一国通过提升整体人力资本水平，而规避"人口红利"消失导致的经济衰退风险。

三 政治文化条件

政治文化最早由阿尔蒙德 1956 年提出，并主张用政治文化取代

---

① 罗双成、陈卫民、邱士娟：《人力资本如何影响中老年劳动供给?》，《南方周末》2019 年第 3 期。

公共舆论。阿尔蒙德和维巴认为政治文化是内化于民众认知、情感和评价之中的政治制度[①]。鲍威尔认为政治文化是包括经验性信仰、表达的符号和价值三者交织成的体系，即政治制度中所有成员的主观取向[②]。伊斯顿认为政治文化是一系列影响政治输入和制度运行的信念、规范和价值，形塑着人们的思维、情感和行为模式。政治文化是通过外在强制而内化成的主观习惯。哈贝马斯认为，现代社会的集体认同或社会团结应该建立在一系列抽象且具有普遍性的法律规范之上，而且，通过广大群众积极的政治参与，创造一种"政治文化"，就能使这种理性的力量逐渐地深入人心，并取代民族主义成为政治生活的主导力量。

（一）政党体制

政党体制是影响一国政治文化的重要因素。政党体制即政党执政模式，是指一个或几个政党执政时与周围环境中的各要素（政党、民众、政府）发生作用而形成的机制。政党体制分为一党制、两党制和多党制三种，西方普遍为多党制和两党制。

两党制是西方国家政党执政模式中一种比较典型的类型。其基本特点是，在一个国家中同时存在若干个政党，其中两个较大的政党有能力单独获得多数选民的支持而轮流执政。一个政党体制中，相关政党达到三个以上，就进入了多党制范畴。

多党制源于法国大革命。在多党制国家中，政党数目不同，少则3—5个，多则十余个，甚至数十个。然而，党派竞争必然形成优胜劣汰，最终导致政党分化组合，并根据执政理念的不同形成几个较大的政党联盟，而在各大联盟中又明显表现出左右两大阵营的特点。多党制下政府的决定权在于选举结束后各党派的讨价还价机制，选民没有直接发言权。多党制的优势在于社会各阶层都能找到他们对应的政党来代表他们的利益，从而使国家政策法规能够彰显这些阶层的利益。

---

① ［美］加布里埃尔·A. 阿尔蒙德、西德尼·维巴：《公民文化 五个国家的政治态度和民主制》，东方出版社2008年版。
② ［美］小G. 宾厄姆·鲍威尔：《当代比较政治学：世界视野》，杨红伟、吴新叶、曾纪茂、汪仕凯译，上海人民出版社2017年版。

另外，多党制能够通过代表和维护各阶层的利益，从而使公众对政治体制产生较高的认同感。多党制的弱点在于各党之间分歧很大，难以联合的情况时有发生；一旦某一政党退出执政联盟，就会导致内阁倒台，造成政府危机；另外，在多党制的执政联盟中，各政党之间意识形态的分歧和政策偏好的不同也会导致政党组合和政府频繁交替，影响执政效果。

萨托利将多党制分为温和多党制、极端多党制两种和一党独大制三种属性。温和多党制是指大量投票人处在中间位置，政党竞争主要表现为争取中间投票人。左翼政党限制其激进主义，右翼政党淡化其保守主义，最终形成温和多数。在这种体制下，由于各政党间意识形态距离较小，在政治上温和而稳定。温和政党虽然是多党轮流执政，但在联合执政的情况下实现交替，是两个政党联盟，而不是两个政党，各政党竞争的方向仍然是向心性的。温和多党制下也存在多个竞争党，其中三个以上政党获得比较稳定的支持，在相互选择的前提下联合执政。瑞典是温和多党制的典型。极端多党制下政党则以离心的方式进行竞争。法国是极端多党制的典型代表。一党独大制是多党制中一种特殊情况，即在一些国家中，进入议会的政党不止一个，但政权却长期为一个政党所垄断。从理论上看，其他政党都有执政的可能性，但实际上小党处于劣势，很难打破一党独占政权的格局。传统政治学一般把这种政党制度视为多党制的一种特殊形式。

（二）文化遵循

政治文化和政治体制相互影响、互为约束不断发展演变，从而形塑着一国人民的行为模式与思维范式。延迟退休年龄政策由于涉及最广大利益相关者的切身利益，常常被作为政党竞争的工具，在政党竞争激烈的国家中尤为明显。

国外学者多利用社会心理理论来研究公众对政治候选人的态度。由于政治文化约束下不同国家社会心理的客观存在，社会心理引起的效应问题常常会引起连锁反应，从而影响政策的执行效果。把握某一事物发生过程中产生的社会心理效应，有利于更好地促进事情的解决，比如光环效应、刻板效应、马太效应和塔西陀效应等。在这样的效应下，公众对公共政策的评价或判断会形成认知定势，公众运用自己的心理状态、对政治的感受以及思维方式形成自己对某一公共政策的解读和认定。社会心理具有相互性，能够在社会成员间相互沟通和传播，个体或者某些群体的社会心理会在一定的环境与范围内持续发酵，从而产生集聚效应，影响公共政策实施的效果。从社会心理的视角来理解政治文化在延迟退休政策实施中的社会条件，能够更好地展现政治文化差异性对政策演化与博弈机制形成的内在动力。

第三节　退休年龄政策演化的博弈

博弈论认为"政策的形成过程，实质上是各种利益群体把自己的利益要求投入到政策制定体系之中，由政策主体依据自身利益的需求，对复杂的利益关系进行调整的过程"[①]。退休年龄政策博弈本质上是不同利益主体通过各种方式表达自身利益诉求的过程，是一个合作博弈的演进过程。延迟退休年龄短期看能够缓解养老金支付压力，从而增加养老金制度的可持续性，从长期看是社会经济发展到一定程度人类寿命延长、初始劳动年龄推迟的必然结果。世界各国在人口老龄化的压力下纷纷提出延迟退休年龄政策。

任何一项社会政策的出台和调整都会涉及不同的利益主体。在政策出台之前，各种利益主体都会基于"自利性"的理性思维对即将出台的政策表达自己的诉求，这就构成了各个利益主体之间就该政策实施与否以及如何实施之间形成博弈格局。延迟退休年龄政策所涉及的利益主体包括：政府、雇主与雇员（如图3-4）。延迟退休年龄政策实际上是政策制定者为了达到政策目标而选择的政策工具，从政策实施、政策效应到政策调整，实际上是政策制定者与相关利益主体相互作用和理性决策的结果，是一个动态的博弈过程。退休年龄政策演化

---

① 管斌彬：《非零和博弈：延迟退休的利益之辩》，苏州大学出版社2016年版，第54页。

的博弈要素及特征如下。

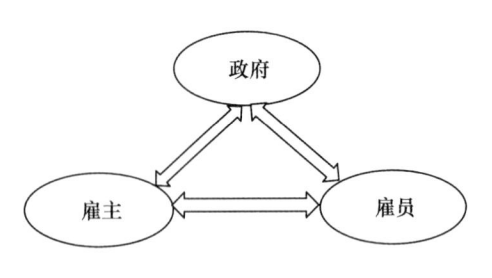

图 3-4 退休年龄政策博弈关系图

首先，博弈的主体。退休年龄政策的制定者一般是政府、议会或专家团体；政策调节对象则为雇员及其雇主。任何一项政策的制定过程都涉及政策制定者与政策作用对象之间，以及政策作用对象与政策作用对象之间基于各自利益最大化的诉求而进行博弈的过程。这个过程一般产生于政策实施之前或实施后的整个过程当中。由于加入了政策调节对象的适应性调整，导致政策实施效果有所变化。当这种作用能够反馈到政策制定者或者被其及时发现的时候，就会在政策制定和政策执行中进行相应的调整，从而要么使政策得以优化，要么为政策的变革提供了突破口①。延迟退休年龄政策的制定和实施过程实际上是政策制定者、雇主和雇员之间的力量博弈的过程。因此，退休年龄政策博弈是一个由多方主体参与且其行为相互影响和作用的过程。

其次，博弈规则。博弈规则即各利益主体博弈必须遵从的行为规范，对参与博弈的双方都具有约束力。制度安排不同，利益主体的策略选择就会有所不同。马克思主义认为，任何改革都建立在对原有社会系统的改变和对新的政策实践环境的塑造两方面。一旦政策被社会主体所接受，就会自觉按照政策规范对自身的行为范式进行调整，从而使得政策实施效果得以显现。既然是政府主导下的制度变革和政策

---

① 席恒、翟绍果：《退休意愿、退休政策与退休准备》，西北大学出版社2018年版，第162页。

调整，那么就会形成各方博弈局面。在博弈过程中，会产生积极和消极的社会心理反应机制。这两种相互对立并相互作用的社会心理效应直接关系到政策的实施与效果。反过来，决策者又可以通过科学合理预判政策变革过程中的社会心理承受情况实行一种适中的政策，从而在政策预期的基础上，对社会主导的心理预期进行有利于政策实施的干预，从而使各方博弈力量达到均衡状态（如图3-5）。

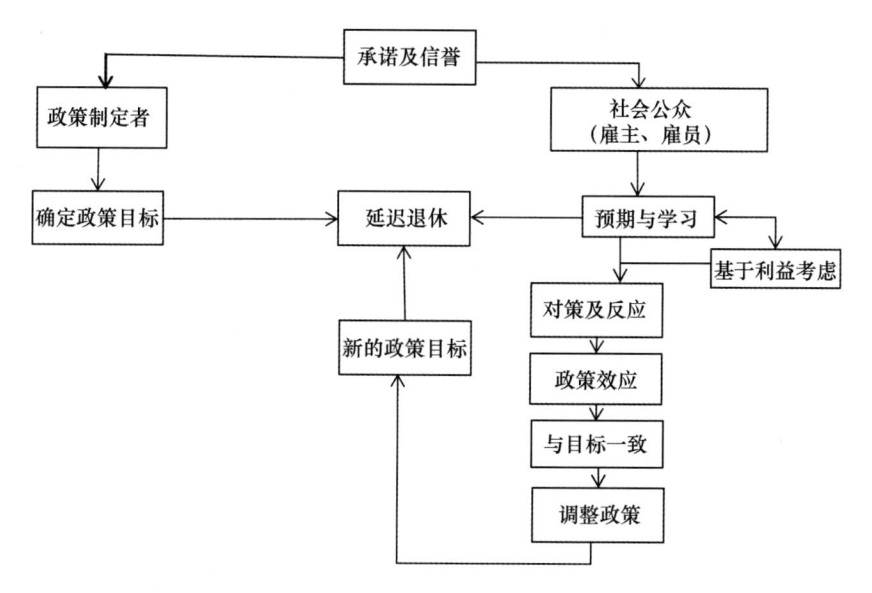

图3-5 退休年龄政策演化中政策博弈的动态均衡图

根据退休年龄政策演化的历程，延迟退休年龄政策的博弈规则在于不同制度的安排，政策制定者和政策作用对象之间所遵循的或所面对的约束条件的异质性，导致相同的政策取向及政策内容在不同国家会产生迥然不同的结果。因此，在延迟退休年龄政策的实施前或实施过程中要充分重视政策环境的博弈规则，并将其作为一项重要的影响变量纳入政策制定与政策效果评估中。

再次，博弈的过程。退休年龄政策演化中政策博弈的各方利益主体，基于各自的利益诉求构建了不同的利益目标或拥有不同的目标函数。在不同时期，政策制定者（政府）的政策目标不同，所选择的政策工具及侧重点也不同。政府的经济政策是否具有稳定性、前后时期是否保持一致性，以及政策将如何调整等，都将引起其他当事人的不同反应，从而产生不同的政策效应。政策制定者在经济社会等约束条件变化下提出的政策具有天然的促进经济增长、社会稳定和就业等。政府在确定政策目标时，只代表某些利益集团的利益或者当政者的政党利益；而当政策制定者发现实际的政策效果与既定的目标不一致时，或当前的政策选择在当初看来是最优的而现在看来却不是最优时，就要进行政策调整[1]。雇主具有天然的追逐利益最大化、利润最小化的驱动力。雇主会根据政策制定者的行动不断调整自己的价值取向；雇员则关心的是自身利益在政策调整之后是否会受到影响。可见，退休年龄政策演化中政策博弈是一个动态的博弈过程，短期来看是有限次的；长远来看，则表现为无限次的重复博弈。各方主体利益的异质性及其力量的较量是退休年龄政策演化中政策博弈的另一个主要特征[2]。

最后，博弈的结果。基于以上特征可知，延迟退休年龄政策能否达到政策制定者预期的目标或效果，起决定作用的因素在于利益主体之间力量博弈的情况。一般情况下，政府在退休年龄政策调整过程中，针对不同的政策目标选择政策工具，会产生不同的效果。政策制定者要考虑到社会公众对政策的反应，针对公众的反应强度对政策做出调整和取舍。与此同时，社会公众也会通过"预期"和"学习"，基于自身的利益调整其行为决策。因此，政策效应实际上是政策执行过程中各利益主体理性决策和选择的结果，是一种均衡博弈[3]。

第四节 退休年龄政策演化的经济学分析

一 政策演化与政策环境

演化经济学强调时间与历史在经济演化中的重要作用。诺斯认

---

[1] 姚海鑫：《经济政策的博弈论分析》，经济管理出版社2001年版，第86—88页。
[2] 姚海鑫：《经济政策的博弈论分析》，经济管理出版社2001年版，第86—88页。
[3] 姚海鑫：《经济政策的博弈论分析》，经济管理出版社2001年版，第86—88页。

为，制度或政策是博弈规则，博弈规则决定了博弈模型及其形成的原因①。哈耶克认为在社会演化过程中，有两类规则支配人们的行为，一是遗传的规则；二是文化的规则。其中文化规则主要经由模仿而被传播，对社会演化路径具有决定性作用。遗传的规则和文化的规则就构成了个体或组织决策或活动的约束集。政策的演化受政策所处环境的约束，在约束集中完成自我蜕变与转型。在这一过程中，政策演化路径与其所处的政策环境形成互动与交融的耦合关系，就促成了政策的嬗变。因此可以说，任何政策演化的动力都来源于政策环境中的某一个或某几个要素的扰动或变化而导致的冲击。政策演化的路径则直接由冲击波的大小而决定。对于个体而言，个体和社会制度的环境是共生的。社会制度环境构成了个体的内在和外在约束，个体又能推动社会制度环境不断演化，社会制度环境的演变方式是累进性质的，推动制度变迁的个体的认知也会随着社会制度环境的演变而不断发生变化。

诺斯认为，制度是"一个社会的博弈规则，更正式地说，是人为制定的用以规范人们互动行为的约束条件"，旨在约束追求主体福利或效用最大化利益的个人行为。新制度经济学认为制度变迁的本质是产权界定和配置的改变。需求和供给往往是制度变迁的重要条件，也是制度演变动力机制分析的重要视角。从动力学角度来看，政策变迁是政策适应环境对制度做出边际调整的过程②。退休年龄政策诞生于工业革命的发生与发展，并随着工业革命的进一步发展而不断演化。人类社会进入工业革命时期就是退休年龄政策产生与发展的环境或者约束集。反过来，随着工业革命的不断发展带来的人们劳动关系的变化以及劳动力供给水平的变化，成为决定退休年龄政策演化轨迹的主要因素。

---

① North, D. C., "Insitutions, Institutional Change and Economic Performance", Cambridge University Press, 1998.
② [美] 道格拉斯·C. 诺思:《制度变迁与美国经济增长》，格致出版社、上海人民出版社2019年版，第124—179页。

二 社会经济条件与政策演化

社会经济条件是政策演化赖以生存的土壤,也是决定其演化路径及最终样态的决定性要素,是政策环境的重要组成部分。政策的演化随着社会经济条件的发展变化而不断变化,与其具有天然的、不可割裂的联系。退休年龄政策是缘起于政府对劳动力供给的调控,从最初的天然内涵转换为具有法律与强制意义的现代意蕴,经历了从工场手工业社会向资本主义工业化历程的转型与爆发。随着社会经济条件发生变化,机器取代了手工劳动,工厂取代了手工工场,大规模工厂化催生了大量的雇佣关系。雇佣关系下劳动契约伦理促成早期退休年龄政策的诞生。工业革命催生巨大的生产力,同时也使社会关系分裂为工业资产阶级和工业无产阶级两大对立阶级。伴随对立阶级出现而致的各种社会矛盾,成为影响一国经济发展和社会稳定的主要因素。阶级矛盾的日趋尖锐化促成政府的介入。政府将退休年龄以制度的形式来调控一个国家或地区整体劳动力供给水平,尤其是中老年群体劳动力供给水平。这一时期退休年龄政策由最初的自主行为演变为政府或企业的强制要求。因此,这一阶段退休年龄政策演变的约束条件是大工业革命爆发形成的巨大的生产力。从社会生命历程来看,正处于资本主义工业化的早期历程。这一时期,由于预期寿命较低,人口年龄结构正处于年轻形态,强制性的"一刀切"式的退休年龄政策更有利于政府或企业对中老年劳动者劳动力供给行为的调控与把握。而人类社会发展进入工业社会后期的时候,以普遍福利为指导的社会保障思想带来了诸多弊端。1950年世界人口中60岁及以上人口仅占8%,到2011年已经上升到11.2%,预计到2050年将达到22%。20世纪70年代以后,在石油危机的阴影下,西方经济发展进入低迷甚至负增长阶段。在福利支出的刚性下社会保障基金尤其是养老金支出陷入了入不敷出的局面。同时在高福利、高补助社会保障模式下,人们的就业积极性被限制,自愿失业倾向较为严重,不利于经济发展。面对不断下行的经济压力和日益扩张的养老金财政支出的压力,各个国家纷纷开始对退休年龄政策进行调整。一方面通过延迟退休年龄增加老年群体的劳动参与率；另一方面通过政策干预引导人们通过多元化的养老支持缓解养老金财政支付压力。在这样的约束条件下，退休年龄政策演化进入有弹性、可选择的发展阶段。退休年龄政策在演变过程中，随着人口、经济、产业结构的变化不断调整，因此从供给与需求的角度来看，属于强制性制度变迁。强制性制度变迁的动力来自于现存制度与环境之间的自洽程度。

尽管社会经济等约束条件的变化是退休年龄政策演变的内在需求，但长期以来作为制度演变的主体政府、企业雇主与雇员则是影响制度变迁的助推器。退休年龄政策演化的轨迹及其各阶段所呈现出的不同的特征都是这三方力量博弈的结果。在早期的制度供给中，制度变迁的客观条件常常起决定作用。而晚期的制度供给往往是被动采纳，制度变迁中的行动者变得至关重要。强国家或国家权威主义、法团主义的国家更多运用强制机制推进制度变迁。在工业化初期，人类社会人口结构的年轻态给大规模的企业工厂提供了充足的年轻劳动力，企业为了赚取更多的利润，需要对雇员中处于劳动力产出率以及工作效率较低的人进行末位淘汰，只要雇员达到规定的某一年龄就要停止工作。为了安抚这部分群体不会因为停止工作而不愿意离开工作岗位，企业为其提供了从离开工作岗位到去世的退休金作为停止工作、离开工作岗位的代价。然而因大工业革命而逐渐分裂的阶级界限不断凸显，资产阶级与工人阶级成为最主要的两种对立的社会阶级，长期存在资本主义社会中。马克思主义认为阶级斗争是制度变迁的重要动力。伴随其发展的还有不断壮大的工人阶级代表的工会组织等利益集团。利益集团尤其是工会组织在社会政策，尤其是关系到工人阶级利益的社会政策的制定与发展演变中扮演着重要的角色。尤其是在退休年龄政策演变中，由于涉及每个雇员的切身利益，在各个国家退休年龄政策的调整中工会组织力量的强弱直接决定了政策实施的成败与绩效表现，这在发达国家表现得尤为突出（如图3-6）。

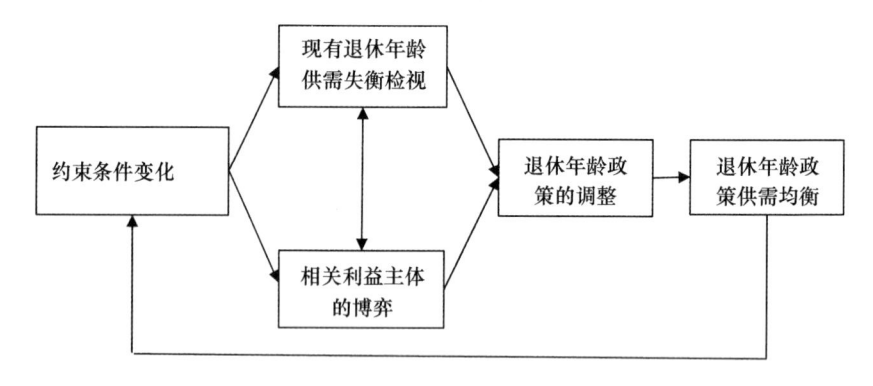

图 3-6 社会经济条件与政策作用机制图

三 约束条件与政策选择

任何一项制度的产生与演变都是其约束条件不断调整演化的适应性选择。当约束条件发生变化时，制度若不能及时调整就会逐渐消亡。前述关于约束条件的论述表明，退休政策的约束条件主要取决于一个国家或地区的经济条件、人口结构、劳动力供给及其受教育年限、政治文化等要素构成的政策环境。退休年龄政策演化是原有制度或政策规范不能满足客观和主观条件变化的需求的结果，即对内外环境变化所做的适应性选择。适应性概念最先来源于达尔文的进化论，用于解释生物种群的进化与生存环境的关系。生态系统中各种生物有机体，通过适应性的长期积累，越来越有效地利用着地球的资源。适应性现在在生物中极为普遍，生物与环境之间的生态关系表现为适应关系，这种适应是一种相互适应。延迟退休年龄政策的实施是在外部因素和内部因素共同作用下才达成的。外部因素包括现有的公共政策集合以及特定社会制度与传统文化形塑下的社会心理共同构成，外部因素构成了政策演化与政策选择的环境约束条件。内部因素是指能够从需求侧驱动退休政策演化朝着延迟退休的路径发展的核心动能，如经济增长水平、人口结构老龄化程度、劳动力供给水平、劳动力平均受教育年限等要素的变化与发展都推动着延迟退休年龄政策选择的路径。退休年龄政策在外部环境约束和内部需求驱动下不断发展演进，并与这些条件和要素相辅相生，共同推动了延迟退休年龄政策演化的进程（如图3-7）。因此，退休年龄政策实质上是国家为了实现经济增长水平提升和社会稳定而采取的强制性制度变迁的政策选择。

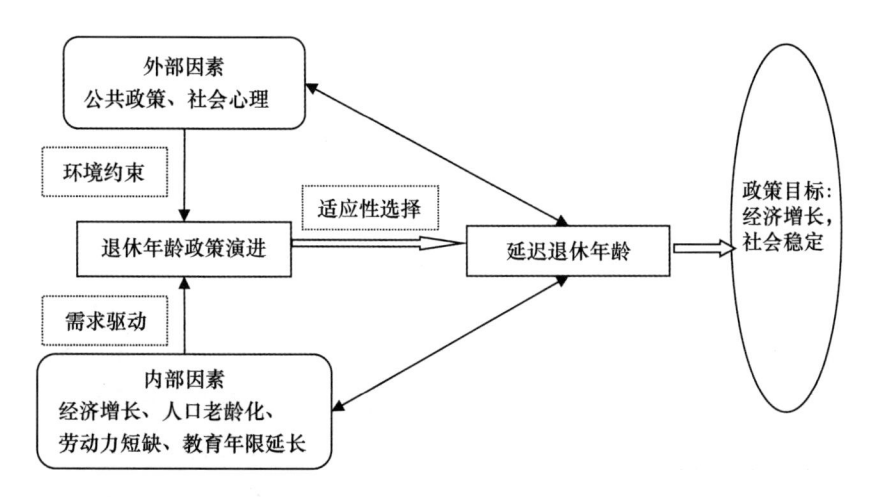

图3-7 延迟退休年龄政策与约束条件作用机制图

第四章 典型国家延迟退休年龄政策实施的社会经济条件

延迟退休年龄是退休年龄政策演化过程中的必经阶段，是人口结构这一重要指标发生变化之后，原有制度均衡被打破，需要重新构建新的制度均衡的必然结果。以政策演变作为延迟退休年龄政策分析的逻辑框架符合比较制度分析的方法要求。中国当前的退休年龄政策无论从时间还是结构上都不能满足当下国家经济社会发展和人民日益增长的美好生活需要，而这一现象在不久的将来会成为世界范围内具有共识性的问题。在此背景下，分析世界各国实施延迟退休年龄政策国家的经验和做法，对我国及其他国家延迟退休年龄政策的制定和实施具有重要的参考价值和借鉴意义。

在OECD典型国家研究对象的选取中，本书主要参考了当前学术界关于不同福利模式的研究成果。典型福利国家以考斯塔·艾斯平－安德森三分法下形成的自由主义福利模式、保守主义福利模式和社会民主主义福利模式下的典型国家（分别以美国、德国、瑞典）为代表来分析不同福利模式下各典型国家延迟退休年龄政策实施的社会经济条件[1]。然而对于安德森的三种福利模式并不能完全涵盖所有国家的制度架构，学界对此已达成基本共识[2]。因此，本书在典型国家选取

---

[1] ［丹］考斯塔·艾斯平－安德森（Gosta Esping-Andersen）：《福利资本主义的三个世界》，郑秉文译，法律出版社2003年版，第89—112页。
[2] 席恒、田宋：《合作收益视角下的东亚社会保障模式》，《山东社会科学》2017年第7期。

中，亦引入东亚福利模式，并将日本作为典型福利国家进行分析。法国作为保守主义福利国家的典型被单独列出，原因在于其特有的社会心理及政治文化对政策出台及实施的影响效应较大，故作为单独研究对象，分析其在退休年龄政策演变中各方利益博弈格局的变化及其影响因素。艾斯平－安德森指出中东欧地区一向是各种改革的"实验场"。同时，在国家发展阶段上亦处于转型中国家。退休年龄调整作为一项制度改革或政策调整的实验场地所展示的政策改革，对于同属于转型中国家的中国无疑具有重要的参考价值。故而，本书将转型国家列入研究对象的范畴，同时，基于转型国家在政治、经济以及社会心理方面与中国有更多的契合之处，所以主要选择东欧转型国家中具有典型代表的捷克、波兰和匈牙利作为主要研究对象。

发达国家的经验可以为我们借鉴和参考树立标准和向导，而转型中国家的经验可以拿来与中国当下政策环境发展现状进行比较，从而有利于建立起更加符合我国国情的延迟退休政策和养老金机制。

第一节　典型国家延迟退休年龄政策过程

从典型国家退休年龄政策发展的历程来看，主要分为两类：一类是用很长时间来逐步延迟的国家，如美国、德国、日本、匈牙利、波兰等国；另一类是在法案出台与政策实施之间间隔不是很明显的国家，如瑞典、法国、捷克等国。从延迟退休年龄政策实施的顺利与否来看，实施顺利的国家有美国、德国、瑞典、日本、捷克、匈牙利等国，而延迟退休年龄政策实施受阻或失败的国家主要有法国和波兰等国。本书主要从延迟退休年龄政策实施顺利与否来展开分析。

一　延迟退休年龄政策实施顺利国家的政策过程

（一）延迟退休年龄政策实施顺利国家退休年龄政策的演化

以史为鉴，可以明得失。研究各国延迟退休年龄政策的实施及其效果，从其制度过程的视角来分析其经验教训能够更加清晰地看到各国在改革的具体实践中所面临的制度约束。实践表明，以安德森笔下的三种福利模式为代表的国家，除了以自由主义福利模式为代表的美国外，其余国家的退休年龄基本都沿着"高—低—高"的三阶段演化轨迹不断发展，而对于自由主义福利模式典型代表国家则基本沿着"低—高"的二阶段发展。

1. 美国

美国退休年龄政策演化主要分为两个阶段。第一阶段是1935—1983年法定领取养老金年龄为65岁。1956年《社会保障修订法》将女性最早领取养老金的年龄调整为62岁，1961年改革法案将男性最早领取养老金年龄也调整为62岁，同时规定法定退休年龄为65岁。就业者达到65岁后可以推迟领取养老金直至70岁。1978年4月签署禁止对私营企业部门70岁以下的职工实施强制性退休的法律规定。第二阶段是1983年至今的退休年龄延迟阶段。1983年，时任美国总统里根签署法案规定，将法定正常退休年龄由65岁提高到67岁，从2002年开始正式执行，每几年提高1岁，直到2027年完成，法定正常退休年龄为67周岁。在此期间雇员可以选择在62—70周岁退休[①]。与此同时，美国法案规定对于66岁之前领取养老金的人，在提前时间不超过36个月的情况下，每提前1个月养老金会在全额养老金的基础上减少0.56%。如果超过则对超过的部分实行每提前1个月养老金减少0.42%。对于没有超过的部分仍按照0.56%的标准扣减养老金。相应地，如果个人选择延迟退休年龄，每延迟1个月，养老金就会在原来的基础上增加0.67%，直至最晚退休时间[②]。1986年11月签署除某空中交通调度员、中央情报局和联邦调查局特工人员外禁止根据年龄强制退休的法案，进一步扩大了禁止强制退休年龄规定的范围。

[①] 郑秉文：《从奥巴马医改看美国与欧洲福利制度差异性》，《红旗文稿》2010年第8期。
[②] 殷俊、陈天红：《美国延迟退休年龄激励机制分析——兼论对中国延迟退休改革的启示》，《经济与管理》2014年第4期。

可以看出，美国的延迟退休政策过程最先从部分取消强制退休的决策开始，逐渐过渡到延迟退休政策的出台。在政策设计的激励机制中给延迟退休年龄的人的经济激励要高于提前退休行为的惩罚力度，这是为了给提前退休者提供最基本的、低于延迟退休年龄者的养老金支持，使他们不至于因为提前退休而对自己的生活水平产生太大的影响。但将鼓励延迟退休年龄的激励程度的设置高于对提前退休的惩罚的举措，在一定程度上会形成倒逼效应，从而不利于政策效果更充分的发挥。

2. 德国

德国养老保险制度设立之初规定退休年龄为70岁，之后进行了多次下调。德国退休年龄政策演化主要分为三个阶段。第一阶段是开启延迟退休年龄。1980年公共养老金支出占GDP的比重大于9%，财务可持续压力增大。1992年德国《养老金改革法》公布了延长法定退休年龄方案，规定男性法定退休年龄2000年启动，2001年结束，从63岁延长至65岁；女性法定退休年龄2001年启动，2006年结束，从60岁延长至65岁，同时大大削减了养老金制度中存在的退休激励因素。与此同时，德国1992年在公共养老金的计发公式中加入时间调节因子，以抑制提前退休，鼓励延迟退休。规定提前退休的劳动者养老金月扣减比率为0.3%，1年扣减3.6%（12×0.3%）。也就是说，提前1年退休的养老金数额只相当于正常退休养老金的96.4%。延迟退休年龄每超过法定退休年龄1个月，养老金增加5%，1年则增加6%（12×0.5%），[1]加快了延迟退休年龄的速度和力度。2000年施罗德内阁改革的重点将德国单一的现收现付养老金计划调整为三支柱体系，政府将以各种税收优惠政策和直接补助家境贫困者等作为刺激手段，鼓励职工本人进行"退休储蓄"，作为将来退休金的重要补充。第二阶段是加快延迟退休年龄的速度。2002年社会保险制度财

---

[1] 林熙、林义：《德国退休制度的实践形态研究——基于退休渠道的视角》，《德国研究》2015年第3期。

务可持续委员会提议，从 2011 年到 2035 年将法定退休年龄提高 2 岁，2004 年立法机构批准，从 2011 年开始实施，花 12 年的时间延长 1 岁，而后加快步伐，用 6 年时间将退休年龄再延长 1 岁，最终从 65 岁提高到 67 岁，到 2030 年结束。2007 年德国社会保险制度可持续委员会立法规定将法定退休年龄延长到 67 岁，到 2029 年完成，比原提案中的 2035 年提前了 6 年。此外，2007 年的改革还将伤残者的养老金领取年龄提高到 65 岁，加快了延迟退休年龄的速度和力度。2002 年设立新的养老金待遇计发公式，加入了可持续因子自动调整当前的养老金支出，以冲抵制度赡养率的恶化。除此以外，为了促进 50 岁以上的群体就业，德国政府立法机构批准了"动议 50 +"的计划，鼓励失业的老年人从事工资待遇不及失业前的工作，由失业保险公司支付一定比例的补偿；就资方来说，政府给予一定的补贴，条件是公司必须提供工作岗位。2008 年颁布《歧视法》为老年人就业歧视问题提供法律支持。《就业保护法》里规定老年人在到达强制退休年龄或者是 67 岁时可以与用工单位签订定期劳动合同。第三阶段是延迟退休年龄告别"一刀切"。2012 年起，德国实行新的退休年龄政策，规定 1947 年以后出生的在职人员必须不同程度地延迟退休年龄，迄今为 65 岁，而 1964 年以后出生的德国人则必须工作到 67 岁才可以退休[①]。

在德国延迟退休年龄政策过程中，延迟退休的迫切性与重要性不断被强化。其中的激励因子如同美国一样，注重对延迟退休行为的激励。

3. 瑞典

瑞典退休年龄政策过程主要分为三个阶段。第一阶段是从统一的退休年龄到可选择的退休年龄。1946 年瑞典议会通过新的养老金法案，规定年龄达到 67 岁以上的老人就可以领取养老金。1962 年《国民保险法》规定领取全额国家基本养老金的年龄为 67 岁，投保人可

---

① 丁建定：《德国社会保障制度的发展及其特点》，《南都学坛》2008 年第 4 期。

以提早（从63岁开始）或推迟（70岁为止）领取。1962年规定63岁开始领取国家基本养老金的人，按照全额国家基本养老金的11.2%领取，而70岁开始领取国家基本养老金者，其领取标准为全额养老金的121.6%[1]。第二阶段是1976年将退休年龄从67岁下调到65岁。第三阶段是2003年规定退休年龄为65岁，参保者可在61岁至70岁之间自主选择退休时间。2018年瑞典养老金机构建议将1958年出生者养老金的领取年龄提高到66岁，针对1961年出生的人，养老金领取年龄则要提高到67岁。在此之后，养老金领取年龄每三年提高一岁，直到72岁的退休年龄[2]。2003年把养老金计发标准与退休年龄挂钩，激励居民延迟退休年龄，公民每提前一个月退休，扣减养老金的0.5%，每延迟1个月退休增发养老金的0.7%[3]。

4. 日本

日本退休年龄政策演化主要分为四个阶段。第一阶段是退休年龄延迟引入期。日本退休制度是明治20年代初期在官营军需产业中产生，按照50岁和55岁两个层次开始实行，到明治20年代末，退休制度统一为55岁。第二阶段是1965年到1972年，阶段性延迟退休年龄，60岁退休制导入时期。日本延迟退休年龄有关举措源于20世纪70年代——1971年为了提高45岁以上劳动者就业，出台《中老龄雇用促进特别措施法》，并对55—60岁继续工作的人给予经济激励。第三阶段是20世纪70年代后半期到2003年，60岁退休制普及时期。1986年出台《中老龄雇用促进特别措施法》统一男女退休年龄为60岁，男性提高5岁，女性提高10岁。1986年，《中老龄雇用促进特别措施法》出台，正式将法定退休年龄从男性55岁、女性50岁统一提

---

[1] 陈维佳、丁建定：《社会民主主义福利国家福利紧缩研究——以瑞典养老金改革为样本》，《兰州学刊》2011年第5期。
[2] 陈维佳、丁建定：《福利紧缩改革中的政治——基于瑞典养老金改革的分析》，《贵州社会科学》2011年第6期。
[3] 斯温·霍特、郑秉文：《20世纪90年代瑞典社会保障改革综述：从"慷慨"到"吝啬"》，《国外社会科学》2004年第4期。

高到60岁。一次性在统一男女退休年龄的基础上，完成了无性别差异的法定退休年龄。与此同时，1998年禁止60岁之前退休的行为，并鼓励企业将最高退休年龄规定为65岁。第四阶段是2004年至今，延迟退休年龄至65岁，退休制度多样化发展。2004年通过修改《老龄雇用安全法》，退休年龄由60岁延迟到65岁。开始实行分步骤、分性别的渐进式提高退休年龄[①]。2018年日本安倍政府提出要将企业的雇佣年龄从65岁提高到70岁，期望通过提高高龄劳动者参与率，缓解劳动力不足的现象，到2020年会在国会会议上提出相关法律修正案[②]。日本规定劳动者在65岁之前，60—64岁之间退休，每提前一年养老金替代率将减少6%；如果在65岁之后退休，每延迟1年退休养老金替代率将增加8.4%；70岁以上继续工作的老人不用再缴费，可以边工作边领取养老金[③]。2004年12月修改《老年人雇用稳定法》要求企业从2006年开始，自由选择"提高退休年龄""建立继续雇用制度"（不退休继续工作或退休后重新工作）或"废除退休制"三项措施中的一项执行阶段式延迟雇佣年龄。到2013年延长到65岁。2012年8月29日《老年人雇用稳定法》再次修改，规定在迎来退休的60岁的员工中，企业必须继续雇佣所有希望继续工作的员工一直到65岁，这一决定从2013年4月实施。同时创立银色人力资源中心（SHRC）等机构，以促进老年群体劳动参与率的提升。

5. 捷克

第一阶段是1995年至2001年阶段式延迟退休年龄。捷克1995年颁布《养老保险法案》并规定，到2007年以前，将女性和男性的法定退休年龄从当前的53—57岁和60岁分别提高到57—61岁（依

[①] 张伊丽：《人口老龄化背景下日本公共养老金制度的经济学分析》，硕士学位论文，华东师范大学，2013年。
[②] 佚名：《日本将把企业的雇佣年龄提高到70岁》，（2012-11-23）[2020-01-05]，https://baijiahao.baidu.com/sid=1615078132556372038。
[③] 殷俊、陈天红：《美国延迟退休年龄激励机制分析——兼论对中国延迟退休改革的启示》，《经济与管理》2014年第4期。

据生育情况而有所浮动）和62岁。1996年建立惩罚和激励机制：规定职工可以在法定退休年龄前3年提前退休，但养老金会相应减少。每提前1年，退休金减少3.6%；如果提前了3年，则第3年要扣减4.5%的养老金。在延迟退休年龄的激励方面，职工可以延迟退休年龄，每延迟1年，养老金增加6%。第二阶段是2002年至2007年统一男女退休年龄。2002年捷克提出到2013年将男性和女性的退休年龄分别提高到63岁和61岁。2003年捷克政府就退休年龄又做出了新的规定，提出到2016年和2019年将男性和女性（没有生育孩子）的退休年龄统一提高到63岁。第三阶段是2008年至今渐进式地提高男女退休年龄[1]。2010年规定从2011年起以每年推迟2个月的速度将男性决定退休年龄延迟到67岁，而女性则以每年4个月的速度延迟到62—67岁[2]。

捷克由于历来较为慷慨的视同缴费期给养老金的缴费造成了一定的压力，1997年改革取消了上学期间的视同缴费期的规定。捷克2001年提前退休受到严格控制，而延迟退休年龄则得到鼓励。2004年规定缴费年限为25年，2010年开始又以逐年提高一年的速度延长投保年限。到2019年增加到了35年。缴费率2004年为26%，其中雇主负担19.5%，雇员负担6.5%。2007年，雇员继续承担6.5%，雇主缴费率则提升到21.5%。2013年雇员缴费率上涨为8.5%，雇主仍为21.5%。

6. 匈牙利

匈牙利退休年龄调整主要经历了两个阶段。第一个阶段是启动延迟退休年龄，退休年龄为62岁。20世纪90年代初，匈牙利成立了全国退休基金会，对退休年龄不断调整。1991年规定，到2010年将男

---

[1] 孙帮俊：《中东欧国家养老金制度改革研究》，博士学位论文，中国社会科学院研究生院，2016年。
[2] 捷克女性退休年龄由养育孩子的数量而定，没有养育子女或者只养育1个子女的，退休年龄为65岁；养育了2个子女的女性，退休年龄为64岁；养育3个孩子的，退休年龄为63岁；养育4个及以上的，退休年龄为62岁。

女职工的退休年龄分别从 60 岁和 55 岁逐步增加到 62 岁。匈牙利 1991 年延退的同时，采取延长申领养老金所需的参保期限和计算养老金所参照的平均工资年限，从而增加了养老金收入。1997 年《养老金制度改革法》进一步严格提前退休资格，男性提前 2 年、女性提前 3 年退休，养老金都要根据不足的缴费年限与法定退休年龄之间的差额来计算。与此同时，还规定对处于特殊工作环境行业如高危、高气压和重体力行业的从业的人员可以提前退休。降低提前退休待遇的同时，还对养老金指数化进行了调整，从原来的单独与每年的工资指数关联，转变为同时与价格指数关联。从匈牙利延迟退休年龄演变的历程来看，每次的延迟退休年龄都伴随着企业缴费率和雇员缴费率的相应调整。雇主的缴费率从剧变前的 40% 到 1995 年调整为 24.5%，1999 年下调为 23%，2000 年则为 22%，2010 年雇主负担为 24%。而雇员则从最初的完全不用缴费到 1995 年的 6%；1998 年第一支柱缴费率为 1%，第二支柱为 6%；1999 年和 2000 年雇员的缴费率份额分别达到 8% 和 9%；2010 年第一支柱缴费率为 1.5%，同时第二支柱为 8%[①]。第二阶段是加快延迟退休年龄的步伐，退休年龄从 62 岁提高到 65 岁。1997 年 7 月，匈牙利的《养老金制度改革法》通过，1998 年 1 月 1 日匈牙利启动了养老金制度的全面改革。逐步延长退休年龄，到 2008 年从原来的男性 60 岁、女性 55 岁调整为男女皆为 62 周岁，从 2014—2022 年逐渐延长到 65 岁，至 2030 年将统一延长至 65 周岁。2009 年匈牙利总理久尔恰尼在政府的"一揽子"改革计划中宣布，逐步提高退休年龄，到 2025 年提高到 65 岁。比之前的计划提前了 5 年[②]。匈牙利将女职工领取全额养老金的年限还与生育孩子数量相挂钩。2011 年起，具有 40 年资格期限的女职工可以领到全额养老金，这 40 年的资格期限包括至少 32 年的缴费期以及领取产妇补

[①] 孙帮俊:《中东欧国家养老金制度改革研究》，博士学位论文，中国社会科学院研究生院，2016 年。
[②] 孙帮俊:《中东欧国家养老金制度改革研究》，博士学位论文，中国社会科学院研究生院，2016 年。

贴、幼儿补贴或生育补贴的年限，对于生育 5 个以上孩子的妇女，资格期限可以根据生育孩子的数量进行扣减，每个孩子减 1 年，最多可以减去 7 年。从 2013 年起，政府对第一支柱养老金的待遇公式也进行了根本性的调整，不但统一了增长率，还取消了对收入的递减加权[①]。

（二）延迟退休年龄政策实施顺利国家的政策过程及利益博弈

政策过程是指政策主体、政策客体与政策环境之间相互作用的一个动态的过程。延迟退休政策过程是政策制定者为了达到政策目标而选择的政策工具，从政策实施、政策效应到政策调整，实际上是政策制定者与相关利益主体相互作用和理性决策的结果，是一个动态的博弈过程。在这个动态博弈过程中，利益主体由政府、雇主和雇员三方组成。在延迟退休年龄政策实施顺利的典型国家，其政策过程主要表现为各方利益主体之间的博弈。

1. 政府出台相应法律法规约束企业雇佣行为

延迟退休年龄政策条件下，企业需要按照制度规定继续雇佣在之前退休年龄政策条件下已经退休的员工继续工作，而这些人一般都是具有较高职称或具有较高人力资本的员工，抑或是在劳动者薪酬随着年龄的增长而不断上涨的必然要求。在此背景下，在企业劳动力需求量相同的情况下，由于工资刚性上升，企业一方面需要支付给老年员工的佣金就会高于较为年轻的员工，由于劳动力成本上升导致的企业生产成本上升必须由企业来埋单；另一方面，老年员工在身体健康方面的水平要远低于青年员工，这也是造成企业劳动力成本上升的主要因素。在这样的背景下，企业和政府之间的非合作博弈就会发生。企业作为理性经济人从追求自身利益最大化的诉求出发，会选择不去遵从或者表面遵从而实际还是没有提升老年员工雇佣率的策略。因此，雇主就会在选择继续雇佣员工的类别上形成筛选或鉴别机制。要么仅

---

① 孙帮俊：《中东欧国家养老金制度改革研究》，博士学位论文，中国社会科学院研究生院，2016 年。

仅雇佣技术水平较高的老年员工以获得其高人力资本水平带来的生产率提升，同时对那些非经验性的可替代性较强的工作岗位，则会鼓励他们提前退休以用青年的低成本劳动力替换年老的劳动力①。

在延迟退休年龄政策实施顺利的国家中，政府都出台了相关的政策法规来约束企业的雇佣行为。如美国1978年发布了禁止对私营企业部门70岁以下的职工实施强制性退休的法律规定。1986年11月签署了禁止根据年龄强制退休的法案，除某些特殊行业外，禁止根据年龄对职工实行强制退休。就资方而言，在德国政府"动议50+"的计划下，政府必须给予老年失业者或就业报酬降低的老年人提供一定的补贴和工作岗位。2008年《就业保护法》里规定，用工单位必须与已达到退休年龄或67岁的老年员工签订定期劳动合同以保护老年人继续就业与年轻人享有同样的权益。日本1971年出台《中老龄雇用促进特别措施法》，对55—60岁继续工作的人给予经济激励。1986年正式将法定退休年龄从男性55岁，女性50岁统一提高到60岁。2004年修改《老年人雇用稳定法》，要求企业同时采取阶段式延迟雇佣年龄。并提出从2006年开始到2013年企业可以以提高退休年龄、建立继续雇佣制度和废除退休制中任何一种措施来阶段性地延长雇佣年龄。2006—2007年将法定退休年龄延长到62岁，2007—2010年延长到63岁，2010—2013年延长到64岁，从2013年4月1日开始延长到65岁。2012年日本《老年人雇用稳定法》再次修改，规定在迎来退休的60岁的员工中，企业必须继续雇用所有希望继续工作的员工一直到65岁。这一决定从2013年4月实施。典型国家的这些举措一方面从法律规制方面给企业雇主提供了在老年劳动力雇佣中的行为取向，大大制约了雇主在延迟退休年龄政策执行中可能出现的基于自我利益最大化考虑的行为的发生。与此同时，各典型国家中也不断通过调整企业在养老金支付中的缴费比例，来努力寻找能够在不影响企

---

① 李敏：《私营企业雇主与雇员关系的博弈分析》，《华南理工大学学报》（社会科学版）2002年第3期。

业竞争活力的同时不会导致养老金缴费的减少之间的平衡机制。

2. 政府为雇员继续工作提供经济激励和智力支持

经济学假定人都是理性的,在进行任何决策之前都会对某一行为所产生的效应进行自我评估,只有当个人预期所产生的效应符合自己预期时,才会采取行动。延迟退休年龄对雇员个人意味着缴费时间变长,退休了领取待遇的时间减少,从而削减参保者对退休制度的满意度,进而对政府产生不满。在西方国家,民众对政府满意度的高低是决定政府是否拥有或继续拥有证券的唯一指标。因此,在延迟退休年龄政策的设计与执行中,为了减少雇员因为延迟退休年龄政策所产生的不满和阻力,政府纷纷出台了提升老年劳动力人力资本水平的培训、再教育和服务咨询体系。同时,通过法律法规的形式建立对老年人就业群体的保护机制。德国为了促进50岁以上的群体就业,政府立法机构批准了"动议50+"的计划。这个计划一方面为50岁以上失业的群体提供补贴和就业支持,另一方面为延迟退休年龄者提供再就业服务与支持的功能。2008年颁布《歧视法》为老年人就业歧视问题提供法律支持。《就业保护法》里规定老年人在到达强制退休年龄或者是67岁时可以与用工单位签订定期劳动合同[①]。

如日本1971年为了提高45岁以上劳动者就业,出台《中老龄雇用促进特别措施法》,2004年12月修改《老年人雇用稳定法》,要求企业同时采取阶段式延迟雇佣年龄。2012年8月29日再次修改《老年人雇用稳定法》,规定在迎来退休的60岁的员工中,企业必须继续雇用所有希望继续工作的员工一直到65岁。

与此同时,在政策实施中典型国家纷纷通过建立激励机制,鼓励雇员延迟退休年龄。如美国规定每晚1个月退休,就会在全额养老金的基础之上增加0.67%。德国规定每超过法定退休年龄1个月养老金增加5%。瑞典规定每延迟1个月退休增发养老金的0.7%。日本规

[①] 朱素宾:《OECD国家延迟退休的国际经验及对中国的启示》,硕士学位论文,南京大学,2018年。

定每延迟1年退休养老金替代率将增加8.4%；70岁以上继续工作的老人不用再缴费，可以边工作边领取养老金①。这些举措大大激励了老年劳动者的参与率，尤其是日本。2017年日本的实际退休年龄已经达到70岁，而法定退休年龄则为60岁。

3. 雇主与雇员能够根据外界条件变化理性调整各自行为模式

老年员工在管理及工作经验上的优势，在弥补企业因雇佣老年员工而放弃新进青年员工能够带来的潜在成本节约、产出收益等方面显得微不足道。如上所述，老年员工相对青年员工的高工资，相对青年员工较差的健康状况与精神状态，以及在企业员工整体工作状态方面的不足，使得企业天然拥有排斥和拒绝老年员工，尤其是可替代性工种较强的行业及岗位的本能的激励和动机。在延迟退休年龄政策实施之前，企业会选择在达到法定退休年龄时期甚至鼓励员工提前退休的政策，鼓励老年员工尽快离开工作岗位。与此同时，企业员工则会在员工个体对退休前后收益进行理性对比的基础上做出决策。如果员工的退休收益高于在职收入，则会倾向于提前退休；如果退休收益低于在职收入，则会拥有更强的延迟退休年龄的偏好和意愿。在这样的背景下，雇主和雇员之间会形成合作博弈模型，双方合谋、各取所需，从而选择不遵守政策规定，不利于政策顺利实施②。

因此，企业雇主具有与雇员"合谋"进行违规操作的可能性。雇主作为理性经济人，在经营企业过程中追求利益最大化的偏好会促成这种"合谋"的发生。从而出现了许多雇主通过各种形式逃避缴费的情况，而雇员由于雇主的这种规避行为没有受到任何损失甚至还得到了更多的利益，尽管这种利益的增长远低于雇主应当担负的缴费责任和义务，但在雇主与雇员之间达成了一种"双赢"契约。具体到延迟退休年龄来说，企业雇主逐利的本性会使其对更加关注老年雇员因劳

---

① 朱素宾:《OECD国家延迟退休的国际经验及对中国的启示》，硕士学位论文，南京大学，2018年。

② 孙帮俊:《中东欧国家养老金制度改革研究》，博士学位论文，中国社会科学院研究生院，2016年。

动生产率下降、身体健康水平每况愈下而造成的企业利润的削减，因此他们会更加偏好违规提前退休或使用其他服务产品去分散老年风险。由于企业雇主与雇员之间达成了"双赢"契约，因此二者合谋之后，违规操作提前退休手续、伪造病例、变相支付薪酬以降低缴费工资基数等行为就会时有发生。各国允许提前退休领取养老金的政策是造成实际退休年龄低于法定退休年龄的根本原因。固定退休年龄早在20世纪四五十年代已经被认为无法适应某些条件艰苦的行业或有特殊情况的群体的需要，政府出台提前退休政策，这部分人可以在满足一定条件下提前退出劳动力市场并开始领取养老金。而对于没有以上原因的雇员，有的国家也规定在扣除一定待遇水平的同时允许其退休。20世纪70年代开始，各国55—64岁劳动参与率明显下降，从而造成许多国家实际退休年龄低于法定退休年龄。如美国、德国、瑞典、捷克等国实际退休年龄都要低于法定退休年龄，说明大量提前退休行为的发生拉低了整体实际退休年龄。尽管各国在延迟退休年龄政策实施的同时会出台相应的限制或禁止提前退休行为的政策或法规，以抑制人们的提前退休行为。但在雇主与雇员达成合谋的时候，提前退休现象仍然是各个国家劳动参与率，尤其是中老年劳动参与率较低的重要原因。

但是，随着老龄化程度的进一步加深，受劳动力供给总量萎缩的影响，企业的雇佣规模和数量会受到制约。在这样的背景下，雇主也会自主按照政策规定雇佣年龄较大的雇员继续留任。这在老龄化严重的日本表现得尤为突出。

在人口老龄化大背景下，各国政府通过出台法律法规，一方面用制度规范企业的用工行为以使其达到或接近政策目标；另一方面通过制度支持不断增加雇员个人对延迟退休年龄政策的适从度。雇主面对劳动力结构变化及劳动力数量缩减的压力，也不断调整雇佣标准，从而使其更接近政策目标；雇员在政府激励机制与智力支持下，往往会在身体健康条件允许的情况下选择延迟退出劳动力市场。在延迟退休年龄政策实施顺利的典型国家中，政府、雇主与雇员三者之间形成了一个良性的政策博弈过程，从而使得政策得以顺利实施。

二 延迟退休年龄政策实施受阻国家的政策过程

（一）延迟退休年龄政策实施受阻国家的政策演化

1. 法国

法国延迟退休政策演化过程主要分为两个明显阶段。第一阶段是2010年的萨科齐政府改革。法国历来有关养老金制度的改革与争议都是围绕着是否触动了以工会为首的利益集团的利益为主要内容。也因此历来的改革为了减少改革的阻力都要设法避开涉及这一利益集团所覆盖的行业利益相关者的权益调整，或者在改革提出后要与工会展开无数次的谈判与交涉，从而使制度效果大打折扣。第一个动了工会利益群体"奶酪"的是2010年萨科齐政府提出的关于退休年龄政策的改革。通过逐步把退休年龄从60岁延至62岁，将领取全额养老金的年龄从65岁相应地延至67岁。由于改革涉及所有劳动者权益，工会覆盖下的利益群体自然也被纳入改革的范围之内。第二阶段是2018年马克龙政府改革。马克龙政府2018年提出《法国养老金制度改革纲领》，2019年正式发布有关立法草案准备文件，规定逐步取消现行42个特殊退休制，建立统一退休制，维持62岁法定退休年龄，但规定了64岁为均衡退休年龄，64岁才能领取全额养老金。

法国2012年建立激励机制对延迟退休年龄行为进行奖励。萨科齐政府规定从2019年起达到62岁并且缴费年限满166个季度者，必须要再工作一年，才可以领取全额养老金。如果延迟退休年龄两年，则可以在原有全额养老金基础上再增加10%作为补充养老金，延迟退休年龄3年则增加20%，以此类推[①]。

法国2010年延迟退休年龄的同时，从提高缴费率和延迟退休年龄规定等方面进行参数调整；对特殊的人群除外。2012年奥朗德左翼政府在正当竞争中由于在退休年龄方面承诺与萨科齐政府背道而驰从

---

① 彭姝祎：《法国养老制度的现状及改革》，《中国社会报》2019年1月7日第7版。

而获得了公众的支持。奥朗德政府上台以来，放宽了萨科齐政府关于延迟退休年龄的规定，允许20岁之前就开始就业者缴费期满后提前退休的行为不会受到惩罚。同时在2014—2017年奥朗德政府以渐进的方式逐步将雇主的缴费率从2012年的8.3%提高到8.6%，将雇员的缴费率从2012年的6.7%提高到6.9%。2018年马克龙政府在延迟退休年龄的同时，提出将缴费换算为"点数"计入点数账户中。在这样的制度下，雇员的每一个工作日所获得的薪水都参与到养老金计划，雇员每缴纳一欧元就会获得相同的点数。对低收入退休人群承诺给付不低于最低工资85%的养老金。

2. 波兰

波兰退休年龄政策演化主要经历了三个阶段。第一阶段是1999年1月1日，波兰采用"三支柱"模式对养老金制度进行全面的结构性改革，以获得世界银行的资助或贷款，在引入名义账户制的同时，退休年龄由原来的男性59岁、女性55岁提升至男性65岁和女性60岁。1999年将雇主单方缴费改为雇主和雇员共同承担，大大减轻了企业负担，增强企业的竞争力；将缴费与收益之间挂钩，提高了雇员的养老意识，减少了欠费、逃费和提前退休等问题。第二阶段是统一男女退休年龄并延迟退休年龄。2012年5月波兰政府曾签署法令，决定自2013年起将波兰男女退休年龄每年调高3个月，直至统一提高到67岁。退休年龄将在每年的1月、5月和9月增加一个月，直到两性均达到67岁（2040年女性到2040年达到67岁，男性到2020年）。由于新制度还规定最低退休年龄为男性65岁、女性60岁，因此引起了公众的强烈抵触和罢工。波兰在2012年延迟退休年龄的同时，还调整养老金待遇支付，针对退休年龄以前退休的人推出了部分养老金。女性满62岁且工龄满35年，男性满65岁且工龄满40年，如果符合条件，可以领取部分养老金，相当于全额养老金的50%。其支付不以是否正在工作为前提。为了减少来自女性的抗议，推出临时养老金，针对年龄未满65岁，且需要延长工作年限的女性，在2014年至2020年过渡期内，临时养老金领取年龄由65岁逐渐提高到67岁。调整后最低养老金和所有养老金待遇统一提高了。2012年波兰所有养老金待遇统一提升了20%。第三阶段是退休年龄被提前。2016年12月杜达政府通过降低退休年龄的法案，规定自2017年10月1日起，波兰人的退休年龄由现行的67岁，降至女性60岁、男性65岁[①]。针对波兰政府2016年逆潮流而行的降低法定退休年龄的举措，波兰财政部估计，这将使每年的财政预算增加100亿兹罗提，约合180亿元人民币。欧盟法院也就此举措提出了诉讼和抗议，要求其政府立即暂停关于降低退休年龄的立法规定。

波兰延迟退休年龄中的激励机制，一方面主要在于给延迟退休年龄主体养老金的计算注入了精算因子；另一方面则在于建立了女性退休年龄和生育子女数量之间的强联系。女性何时能拿到全额养老金的关键在于其生育子女数量的多少。

(二) 延迟退休年龄政策实施受阻国家的政策过程

1. 工会利益集团的强势介入

在延迟退休年龄政策实施受阻国家的政策实施过程中，博弈各方主要由政策制定者和执行者的政府、代表部分雇员利益的工会组织以及代表雇主利益的利益集团，它们三者之间就延迟退休年龄政策的实施进行不断的博弈。由于工会组织的强势介入从而使得这类国家的博弈机制表现出现与政策实施顺利国家完全不同的状态。工会利益集团的强势介入，使得政策的实施常常会遭遇国内大范围、大规模的示威游行和罢工运动，从而造成政策的夭折或者政府不得不对原有政策方案进行向有利于工会偏好的方向调整，从而使政策的效果偏离原有的政策预期。与此同时，法国工会组织与雇主组织之间的博弈也在继续。法新社曾报道，雇主组织和工会再次就补充退休保险制度筹资问题进行谈判。企业白领的补充退休金管理机构（AGIRC）和一般职工

---

① Katharina Müller, "The Politics and Outcomes of Three-Pillar Pension Reforms in Central and Eastern Europe", in Camila Arza and K. Martin, *Rension Reforms in Europe: Politics, Policies and Outcomes*, Routledge, 2008, p. 91.

的补充退休金管理机构（ARRCO）目前严重亏损。为了恢复这两个机构的财务平衡，雇主组织制订了一套新的解决方案交给了工会，从工会的反应可推测谈判难以立刻达成结果。可见，在延迟退休年龄政策实施中，工会与雇主之间的博弈也是影响政策博弈格局的主要因素。

2. 政党竞争激烈

延迟退休政策实施受阻国家政策实施过程的另一个突出表现在于这类国家特殊的政治体制，如法国和波兰都是典型的多党制体制，政党众多造成政局不稳。各大政党都非常注重对选举中最大投票群体老年人的政策倾斜，为了获得更多的选票，各大政党甚至不顾客观条件的约束，如波兰杜达政府将退休年龄提前的做法就遭到了国际国内组织和专家的质疑和声讨。而法国最大的利益集团工会的干预则是其延迟退休年龄政策无法顺利实施的关键因素。工会在法国具有较强的干预政治的功能。历年来法国的养老金制度改革都是从工会覆盖的行业之外的改革开始，直到最后才小心翼翼地触碰到工会利益集团下的人员的利益，意在对涉及工会行业的雇员及组织形成一种不得不改的压力。萨科齐政府的延迟退休年龄改革大胆地触碰了工会利益集团的奶酪，最后又不得不做出妥协，也因此成为第一届没有获得连任的政府。2019年马克龙政府延迟退休年龄政策更是遭到了有史以来最严重的大罢工、大游行，造成的损失不可估量。马克龙政府已经出现了妥协的迹象，承诺法定退休年龄仍然保持在62岁。马克龙政府表示要在缴费年限上下功夫，并宣布了一些从2020年起延迟退休年龄的措施，并将于2025年设立按积分计算退休金的普遍退休金制，但工会组织的大罢工依然如火如荼地在上演，至今改革将去向何处仍未可知。政府、工会之间利益的博弈仍将继续。

三 小结

典型国家退休年龄政策演变的实践表明，以安德森笔下的三种福利模式为代表的国家，除了自由主义福利模式为代表的美国外，其余国家的退休年龄基本都沿着"高—低—高"的三阶段演化轨迹不断发展，而对于自由主义福利模式、转型中国家和东亚福利模式典型代表国家，则基本沿着"低—高"的二阶段演化轨迹发展。尽管波兰正面临着退休年龄被提前的可能，但杜达政府的这一举措受到了社会各界的广泛质疑与批判。波兰退休年龄演变的轨迹是否会创立一种新的"低—高—低"的演变模式尚未可知。但基于老龄化趋势的不可逆转，以及世界整体经济运行减速背景下对各国经济发展产生的蝴蝶效应，即使这一模式实现了也将会昙花一现，最终走上继续延迟退休年龄的轨道。

从政策过程来看，延迟退休政策实施顺利国家的政策内容的构建中，在注重激励机制构建的同时，都将政策协同改革纳入政策变革的范畴。从典型国家延迟退休年龄激励机制构建的内容来看，无论是OECD国家还是转型中国家，其基本价值取向都在于基于养老金给付的多少设置一定的惩罚与激励措施，而在惩罚与激励比重的分配上，对提前退休行为给予的养老金削减力度要低于延迟退休年龄同样时长内所获得的养老金的增加。其目的在于通过激励延迟退休年龄的同时，不会使提前退休者的养老金削减的幅度太大。可见，各国在激励机制设计中更多的价值遵循还是在以人为本的基础上融入延迟退休年龄的激励与提前退休的惩罚因素。而在转型中国家的激励机制中，普遍在制度设计与变革中赋予了女性及其生育功能在退休年龄方面的权益与偏好。一方面是对女性生育行为的福利关照；另一方面也会在某种程度上对生育行为产生诱导效应，从而有利于国家人口结构的调整与优化。

典型国家在退休年龄政策调整中，都纷纷从能够抑制人们提前退休动机与行为的禁止提前退休、惩罚提前退休行为、延长缴费年限、提高缴费比例等方面的"推力"，和通过激励延迟退休年龄、创设更加适宜老人继续工作的就业环境与就业条件，为老人提供更多的就业保护等"拉力"两个维度，拉开了各国延迟退休年龄政策实施的帷幕。而在转型中国家尤其突出的表现是对企业缴费及其比例的调整——努力释放企业竞争活力与因养老金缴费比例不当而导致的企业竞争力缺失的不断调整。另外，转型中国家在系统改革中的突出表现还在于，改革过程中为了缓解制度变革的压力，采取了各种过渡性的养老金举措。

第二节 典型国家延迟退休年龄政策实施的社会经济条件分析

一 延迟退休年龄政策实施顺利国家的社会经济条件分析

（一）经济增长水平

1. 人均 GDP 增长率

（1）美国

美国延迟退休年龄政策的时间节点是1961年和1983年[①]。20世纪70年代末，对于一直处于世界霸主地位的美国而言是不堪回首的。在20世纪60年代末70年代初期全球经济衰退、石油危机等国际经济环境极为恶劣的背景下，1974年美国爆发国内经济危机。为了避免资本主义世界经济危机，美国长期实施的赤字政策出现，财政与贸易收支的"双子赤字"以破纪录的速度持续增长。美国在世界生产总值中的比例下降到25%，过度透支自身力量。结果导致随后的20年经济陷入滞胀两难困境，财政赤字猛增，债台高筑，失业率、通货膨胀率居高不下。1961年起美国法定退休年龄为65岁，就业者达到65岁后可以推迟领取养老金直至70岁。1969年美国法律禁止就业问题上的年龄歧视，并对40—69岁工人的就业和中止就业实行保护措施。美国人均 GDP 增长率1961年为0.62%，远低于 OECD 平均水平3.07%，1970年为 -1.41%，1974年再次跌入低谷为 -1.45%。到

---

① 1983年美国法案规定将法定退休年龄由65岁提高到67岁，从2002年开始正式执行，每几年提高1岁，直到2027年完成，法定退休年龄为67周岁。这次延迟退休年龄政策可以看作是继1978年4月美国总统卡特签署禁止对私营企业部门70岁以下的职工实施强制性退休法律规定之后提出的关于退休行为的政府干预。

1982年则跌到了GDP增长的最低谷-2.73%,1983年为3.63%。1983年美国规定退休年龄从65岁提高到67岁。可见,美国两次延迟退休年龄都是在人均GDP增长的低谷期发生的,如图4-1所示①。

(2) 德国

从德国退休年龄政策演变的历程可以看出,德国延迟退休的主要时间节点为1992年、2002年、2007年和2012年②。两德统一以后的经济效应让德国的经济出现了高速增长。由图4-1可知,德国在1993年、2003年和2009年经济增长都出现了负增长。1980年以来德国经济增长放缓,人均GDP增长率与OECD平均水平相比尽管处于上升阶段,但从总体增长率情况来看,其GDP增长则明显处于波动之中。1980年德国人均GDP增长率为10.29%,1990年为8.25%,1991年为7.84%,而到1992年则直接下降到3.54%,1993年更甚为0.83%。这就为1992年德国《养老金改革法》中有关延迟退休年龄政策的出台埋下了伏笔。1992年德国《养老金改革法》规定从2000年开始将退休年龄延迟到65岁。德国人均GDP增长率在1991年的4.35%之后急速下滑,1992年跌至1.16%,到1993年已经跌至-1.63%,其原因在于东西德统一,联邦政府大量转移支付以及东德巨额重建费用。2002年的经济增长则在1993年之后的艰难复苏之后又陷入停滞状态,为-0.37%,2003年为-0.77%,主要是德国经济社会福利制度的结构性弊病所致。2007年的规定进一步加快了2002年延迟退休年龄计划的速度。2009年在欧盟经济遭受重创的情

---

① 王才玮:《法国延迟退休年龄所引发的争论》,《法国研究》2010年第4期。
② 德国退休年龄政策演变:1992年德国《养老金改革法》规定到2000年开始将退休年龄延迟到65岁。2002年德国成立社会保险制度财务可持续委员会,提议从2011年到2035年将法定退休年龄逐步从65岁提高到67岁,同时提高提前退休年龄,加大对提前退休的负向激励,加入可持续因子调整养老金支出等。2007年德国社会保险制度可持续委员会立法规定将法定退休年龄延长到67岁,到2029年完成,比原提案中的2035年提前了6年。2012年德国实行新的退休年龄政策,规定1947年以后出生的在职人员必须不同程度地延迟退休年龄,迄今为65岁,而1964年以后出生的德国人则必须工作到67岁才可以退休。因此,可以看出退休年龄政策调整一直贯穿德国养老金制度发展的始终。

况下，德国 GDP 跌至 -5.46%。2012 年德国实行新的退休年龄政策，规定 1947 年以后出生的在职人员必须不同程度地延迟退休年龄，迄今为 65 岁，1964 年以后出生的德国人则必须工作到 67 岁才可以退休。从图 4-1 可以看出德国人均 GDP 增长率在经历 2010 年的 4.34% 和 2011 年的 5.87% 快速增长后跌入 2012 年的 0.23%。由此可见，德国退休年龄是伴随着经济增长水平的起伏而不断延迟的。这一联动效应在德国历次退休年龄政策调整中都表现的较为显著。

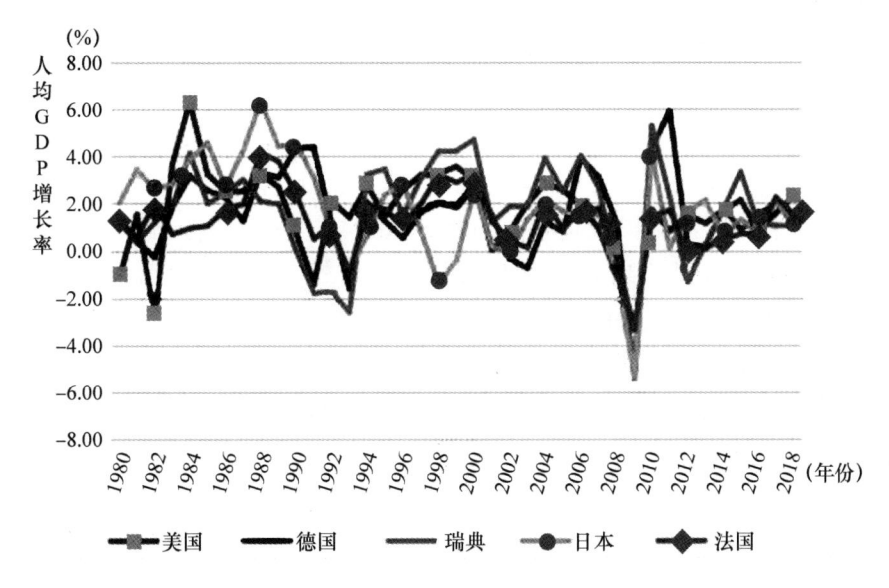

图 4-1　1980—2018 年 OECD 国家人均 GDP 增长率情况图

注：数据来源于 http://www.oecd.org/。

（3）瑞典

瑞典延迟退休年龄调整时间节点在 1993 年和 2003 年。延迟退休之于瑞典更多体现在弹性范围的扩大和对个体自由选择权的尊重。20 世纪 30 年代以来，瑞典在充分就业和普遍保障机制下构建了一套平等公正的保障体系，集体谈判的机制也得以形成，为社会稳定提供了制度保障，经济快速增长，失业率持续下降。到 20 世纪 60 年代，因优越的福利待遇，瑞典一度成为福利国家的典范。1962 年瑞典《国民保险法》规定退休年龄为67岁,但个人可以在63—70岁之间自主选择。63岁开始领取国家基本养老金的人,按照全额基本养老金的11.2%领取,而70岁开始领取国家基本养老金的人的领取标准为全额养老金的121.6%。然而,随着20世纪70年代经济放缓,高额的福利开支难以为继,诸多社会问题开始凸显,财政赤字日趋严重。瑞典社保支出高居主要欧洲国家前列,财政负担沉重。1977年瑞典人均GDP增长率跌至-1.95%。1976年国家法定退休年龄在60—70岁之间选择,以65岁为基准,提前的人每月减少0.5%的养老金收入,推迟的每月增加0.6%的养老金收入。1980—1994年瑞典GDP增长了近一倍,养老金的支出却上涨了2.7倍。1996年瑞典养老金负债接近5亿美元。1993年瑞典人均GDP增长率下跌为-2.63%,同时将退休年龄提高到65—66岁。1994年社民党对社会政策进行了调整,以突出个人作用,减轻财政负担。一直到2001年又一次陷入低速增长状态。2003年瑞典人均GDP增长率为1.86%。由于本身过高的退休年龄,使得通过延迟退休年龄的做法已经显得空间不足,于是历次的退休年龄政策调整都集中在对个体可选择范围的调整上,同时通过对退休行为的激励达到延迟退休年龄的目的。2003年将退休年龄设置在61至70岁之间,法定退休年龄是65岁。每提前1个月领取,养老金收入将会减少0.5个百分点;延迟1个月则可以增加0.7个百分点,可见随着年龄空间的不断被挤压对延迟退休行为的激励程度则在进一步提升[①]。

(4) 日本

日本延迟退休年龄政策调整的重要时间节点是1986年、1994年、2002年和2004年。自20世纪60年代开始日本就开始出现了劳动力短缺的现象。1971年日本出台《老龄雇佣促进特别措施法》,激励55—60岁的人继续工作。1986年修订该法案,规定将退休年龄从男性55岁、女性50岁统一提高到60岁,人均GDP增长率为2.70%[②]。

[①] 杨志起:《北欧老年就业政策对我国延迟退休制度的启示》,《学术界》2013年第7期。
[②] 丁英顺:《日本延迟退休年龄的基本经验及其启示》,《当代世界》2016年第7期。

1992—1995年日本经济年均增长率仅为1%。1994年提出延迟退休年龄,1993年日本人均GDP增长率为-0.76%,1994年上升到0.65%,之后几年处于经济发展向好时期。1995年和1996年日本经济有所复苏,结果导致过剩的生产能力和雇佣状况更加严重。1996年的经济增长是一种超前增长,水分很大。1997年亚洲金融危机爆发,是日本经济进入20世纪90年代以来的第二次衰退。1998年人均GDP增长率下跌为-1.40%,且远低于OECD国家平均水平。21世纪初期日本进入长期的通货紧缩。20世纪90年代到2000年日本经济经历了"失去的10年"[①]。2000年开始,将男性60岁的退休年龄在2013年开始延迟到65岁,将女性退休年龄从60岁到2018年开始延迟到65岁,结束时间分别为2025年和2030年。2000年日本人均GDP增长率为2.61%,2001年小泉政府上台对公共养老金制度进行改革,提出要建立公共养老金和个人养老金相结合的自律自助式的养老金制度。引入美国401K计划的同时,2004年提出延迟退休年龄政策。小泉政府改革之后,日本经济形势虽有短暂的好转,但整体上不容乐观,"失去的10年"之后又是"失去的20年",经济通缩局面没有得到根本改变。2004年始于1994年的延迟退休年龄政策得以落地,2004年日本人均GDP增长率为2.17%,如图4-1所示。

(5)捷克

从捷克退休年龄政策演变的历程来看,主要经历了1997年、2002—2003年和2010年三个时间节点。20世纪80年代剧变以来,捷克政府过于推崇市场的自发调节作用,主张自由市场经济,导致1996年经济连续滑坡。从1997年起,捷克经济陷入了停滞,增长率下降,宏观经济指标恶化,企业国际竞争力下降,失业增加。人均GDP增长率由1995年的6.29%跌入-0.48%,失业率居高不下,人们选择提前退休的行为不断增加。1997年捷克规定女性未生育或只有

[①] 张水辉:《中东欧国家养老保险制度改革的回顾与展望》,上海人民出版社2016年版,第114页。

一个孩子的情况下退休年龄为65周岁,与男性标准持平;生育三个孩子以上的情况下女性退休年龄可降到62—64岁。

经济的严重衰退及其导致的社会问题加上提前退休行为的增加带来养老金支付的不断扩张,使得养老金制度改革成为缓解经济压力和社会矛盾的重要突破口。由图4-2可以看出,2000年之后是捷克经济发展的下滑期,人均GDP增长率为4.56%,2001年为3.29%,2002年跌至1.85%。2002年捷克政府提出到2013年将男性退休年龄提高到63岁,女性提高到61岁。2003年提出到2016年和2019年男女退休年龄统一提高到63岁。最低缴费年限延长到25年。捷克最近的一次退休年龄政策调整是2010年。2009年在世界经济危机的影响下,捷克的人均GDP增长率为-5.343%,陷入空前低谷。2010年达到1.98%,低于OECD国家平均水平。2010年1月捷克修改养老保险法案,规定从2011年开始男性退休年龄每年推迟2个月,女性退休年龄每年推迟4个月,一直到男性达到67岁,女性达到62—65岁。

(6) 匈牙利

匈牙利退休年龄政策演变的重要时间节点有1991年、1998年、2009年和2010年[①]。剧变前,匈牙利就以靠借外债来发展经济。1991年匈牙利的外债累计达到226亿美元,人均2300美元。由图4-2可知,1992年匈牙利人均GDP的增长率仅为-3.03%,1994年上涨到3.09%,1996年又跌为0.25%。1997年上升为1.35%,1998年持续上升,为4.14%,借外债发展经济引起了社会各界的不满,提前退休和申领残疾养老金的人员迅速上涨。对此,匈牙利政府采取鼓励提前领取养老金的做法以缓和不断升级的社会矛盾。结果导致30%的人离开就业岗位选择提前退休,进一步加剧了养老金制度的财务危机。2006年匈牙利陷入严重的经济困境,2008年第二季度国家和企业的外债达到了899亿欧元,约相当于GDP的93.8%。2009年受世

---

① 1991年匈牙利政府规定用19年时间,到2010年将男性法定退休年龄从60岁延长到62岁,女性从55岁延长到62岁。1998年加速了延迟退休年龄的进程和力度。2009年规定到2025年将退休年龄提高到65岁。计划用16年时间将法定退休年龄统一推迟3岁。2010年将男女性退休年龄统一提高到62岁,并预计在2022年进一步提至65岁。

界经济危机的影响，人均 GDP 增长率下跌至历史最低点 -6.56%。

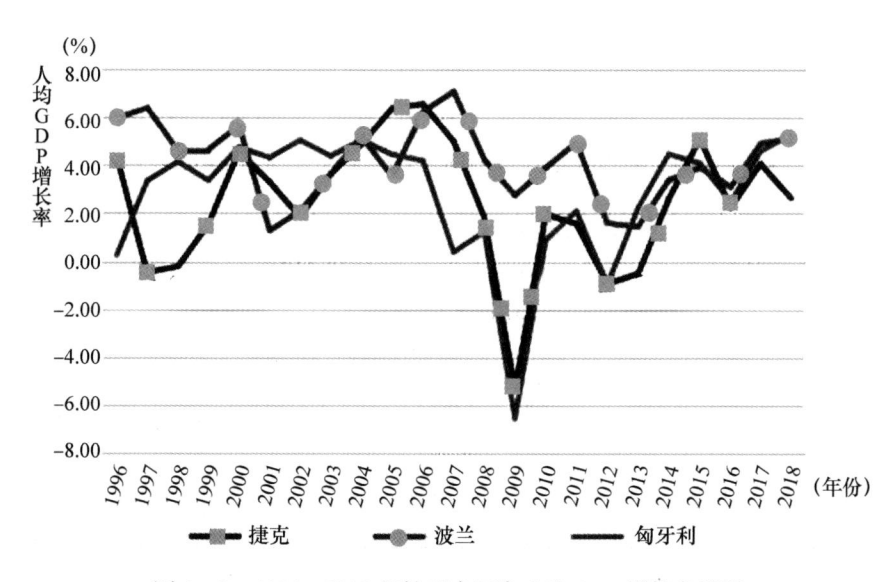

图 4-2　1996—2018 年转型中国家人均 GDP 增长率情况

注：数据来源于 http://www.oecd.org/。

2. 养老金支出水平

（1）美国

20 世纪 70 年代以来世界的经济危机带来的劳动力需求减少，通货膨胀导致美国养老金待遇随物价指数自动调整的机制成为美国社会保障福利支出空前高涨的主要诱因。1950 年到 1995 年美国社会保险项目开支从 50 亿美元上升到 7050 亿美元，占国内生产总值的比重从 1.8% 上涨到 9%。20 世纪 80 年代美国社会保险系统内部出现严重支付危机。1980 年美国养老金支出占 GDP 比重为 5.956%，高于 OECD 的 5.534%，支出比值为 7.63%；1981 年为 6.228%，高于 OECD 的 5.755%，支出比值为 8.22%（如表 4-1）。2010 年"婴儿潮"时期出生的人达到退休年龄意味着养老金开支将会大幅提升。美国社会保障局 1980 年预测老年遗嘱保险赤字在五年内将从 58 亿美元上涨到 162 亿美元。1981—2055 年每年都将入不敷出。在这样的背景下，

1983年里根政府采取了延迟退休年龄政策作为缓解养老金支付压力的重要参量改革之一。其核心目标是解决公共养老金短期和长期财务平衡，以及提高劳动力供给水平，以促进经济复苏和可持续发展。

表4-1　美国1980—2015年养老金支出占GDP的比重情况（单位：年，%）

年份	养老金支出占GDP比重	OECD养老金支出占GDP比重	年份	养老金支出占GDP比重	OECD养老金支出占GDP比重
1980	5.956	5.534	1998	5.802	6.601
1981	6.228	5.755	1999	5.665	6.539
1982	6.558	5.972	2000	5.635	6.591
1983	6.484	6.046	2001	5.706	6.594
1984	6.206	6.024	2002	5.835	6.663
1985	6.018	6.071	2003	5.838	6.704
1986	6.022	6.052	2004	5.774	6.653
1987	5.932	6.079	2005	5.716	6.669
1988	5.897	5.999	2006	5.697	6.596
1989	5.811	5.942	2007	5.772	6.6
1990	5.825	6.128	2008	5.947	6.856
1991	6.057	6.311	2009	6.524	7.619
1992	6.089	6.499	2010	6.625	7.636
1993	6.094	6.63	2011	6.721	7.645
1994	6.039	6.621	2012	6.77	7.868
1995	6.024	6.659	2013	6.935	7.959
1996	5.938	6.698	2014	6.996	7.967
1997	5.909	6.648	2015	7.053	7.468

注：数据来源于http://www.oecd.org/。

（2）德国

就养老金支出占GDP的比重看，德国公共养老金的财政补贴支出一直远高于OECD国家平均水平，在1991年有所下降之后就进入了持续增长期，且支付水平一直以来都远高于OECD国家平均水平。1990年养老金支出占比为9.469%，1991年为9.143%，1992年为

9.506%，此后持续上升，到 2002 年已经上涨至 11.072%（如表 4 - 2）。21 世纪以来 OECD 国家的公共养老金的财政支出占当年 GDP 的比重一直保持在 7% 左右，而德国则一直在 11% 前后波动，2005 年达到 11.080%，财政负担沉重。由于福利刚性，2009 年在经济危机严重的情况下，德国养老金支出的占比仍高达 10.951%，远高于欧盟同期平均水平 7.62%，严重制约了德国经济的复苏与活力。按照德国退休年龄政策演变的时间节点来看，1992 年德国养老金支出占比为 9.506%，2002 年为 11.072%，2007 年进一步加快了退休年龄延迟的步伐和速度，养老金支出占比为 10.288%，2011 年之后养老金支出占比处于稳步的缓慢下降期，2012 年为 10.190%，而同期 OECD 国家平均水平为 7.868%，如表 4 - 2。由此可以看出，在德国延迟退休年龄政策实施的时间节点上，其公共养老金支出占 GDP 的比重都处于较高的点位，尤其是与 OECD 国家的平均水平差距逐渐扩大，因而，较高的养老金支出占比是德国退休年龄政策改革的直接诱因。

表 4 - 2　　　　德国 1989—2015 年养老金支出占比　　（单位：年,%）

年份	养老金支出占 GDP 的比重	年份	养老金支出占 GDP 的比重	年份	养老金支出占 GDP 的比重
1989	9.920	1998	10.702	2007	10.288
1990	9.469	1999	10.720	2008	10.259
1991	9.143	2000	10.813	2009	10.951
1992	9.506	2001	10.863	2010	10.619
1993	9.806	2002	11.072	2011	10.207
1994	10.014	2003	11.264	2012	10.190
1995	10.279	2004	11.131	2013	10.094
1996	10.466	2005	11.080	2014	10.036
1997	10.594	2006	10.718	2015	10.084

注：数据来源于 http：//www.oecd.org/。

（3）瑞典

20 世纪 70 年代以后瑞典经济发展速度明显放缓。社保支出高居主要欧洲国家前列，财政负担沉重。20世纪90年代初经历了自20世纪30年代以来最严重的经济衰退，财政赤字大幅上升，社会公共开支占GDP比重高达40.3%，失业率迅速从1989年的1.3%上升为1993年的8.2%[①]。

从1980年到1994年，瑞典GDP增加了近一倍，养老金的支出却上涨了2.7倍。1996年瑞典养老金负债接近5亿美元。经济下行，失业人口增多，2000年瑞典失业率达到26.44%。1981年瑞典大力削减养老金支出，将退休年龄提高到65岁。1996年瑞典养老金制度改革，实行灵活退休年龄政策，鼓励多工作晚退休，在61岁至70岁之间自主选择，同时将养老金收入与退休年龄挂钩。1996年瑞典养老金支出占比为7.838%，而同期OECD国家平均水平则为6.698%。而在政策提出的1994年养老金支出占比已经高达8.219%。2003年瑞典养老金支出占比为7.406%，同期，OECD国家平均水平为6.704%，如表4-3。从发展趋势上看，瑞典养老金支出占比在2000年之后基本处于稳定的波动中。

表4-3　瑞典1989—2015年养老金支出占GDP的比重表　（单位：年,%）

年份	养老金支出占GDP的比重	年份	养老金支出占GDP的比重	年份	养老金支出占GDP的比重
1989	7.332	1998	7.322	2007	6.805
1990	7.292	1999	7.168	2008	7.005
1991	7.622	2000	6.886	2009	7.768
1992	8.195	2001	6.785	2010	7.306
1993	8.41	2002	6.849	2011	7.023
1994	8.219	2003	7.406	2012	7.407
1995	7.851	2004	7.308	2013	7.698
1996	7.838	2005	7.218	2014	7.408
1997	7.585	2006	6.963	2015	7.168

注：数据来源于http://www.oecd.org/。

① 杨志超：《北欧老年就业政策对我国延迟退休制度的启示》，《学术界》2013年第7期。

(4) 日本

20世纪90年代，日本经济在经历了高速增长以后开始下滑。伴随经济下滑的是养老金支出占GDP的比重，从1989年的4.753%到1991年4.752%，之后一直处于上升阶段。1994年日本养老金支出占GDP的比重为5.561%，到1998年上升为6.561%，与OECD国家平均水平基本一致。到了21世纪，日本养老金支出占比快速持续上涨并高于OECD平均水平。到2004年养老金支出占比已达到7.931%，如表4-4。2004年12月《老年人雇用稳定法》规定，开始分步骤、分性别的渐进式提高退休年龄：在2006年4月、2007年4月、2010年4月分别提高到62岁退休、63岁退休和64岁退休，并且最终在2013年达到65岁退休的年龄，女性退休年龄则从2018年的60岁延迟至2030年的65岁[①]。这次改革提出的时间是1994年，至2000年推出改革方案。可见日本延迟退休年龄政策的出台经历了为期10年的讨论期与准备期。1994年日本养老金支出占比为5.561%，2000年为7.002%，到2004年正式实施的时候占比为7.931%。

表4-4　日本1989—2015年养老金支出占GDP的比重表　　（单位：年,%）

年份	养老金支出占GDP的比重	年份	养老金支出占GDP的比重	年份	养老金支出占GDP的比重
1989	4.753	1998	6.561	2007	8.35
1990	4.718	1999	6.85	2008	8.826
1991	4.752	2000	7.002	2009	9.605
1992	4.999	2001	7.291	2010	9.605
1993	5.282	2002	7.587	2011	9.715
1994	5.561	2003	7.773	2012	9.781
1995	5.873	2004	7.931	2013	9.726
1996	5.978	2005	8.084	2014	9.457
1997	6.164	2006	8.202	2015	9.369

注：数据来源于http://www.oecd.org/。

① 陈文鸿等：《东亚经济何处去：97东亚金融风暴的回顾与展望》，经济管理出版社1998年版。

（5）捷克

公共养老金体系改革是转轨国家社会性支出改革的重要内容。转轨进程导致养老金领取人数和缴纳人数之比上升，从税基数下降，转轨国家养老金体系压力越来越大。缴纳养老金与所享受福利之间的关系不大，导致在转型不久后捷克就面临着沉重的养老金支付压力。1995年捷克养老金支出占比为5.86%，1996年为6.04%。到1997年则上涨为6.70%，甚至超过了OECD的平均水平，而此时的捷克由于经历了剧烈的变革，经济增幅大幅降低，一度停滞不前，失业率激增。原有的养老金制度难以抵御经济的巨大波动，出现了养老金赤字情况[①]。这对于转型初期正处于经济发展恢复期的捷克来说无疑是制约经济发展的重要因素。由图4－3可以看出，2002年捷克养老金支出占比达7.0%，而OECD国家平均水平则约为6.59%；2008年养老金支出占比约为7.1%，OECD国家平均水平则约为6.8%；到2010年延迟退休年龄政策实施时，这一比例达到8.1%，同期OECD国家

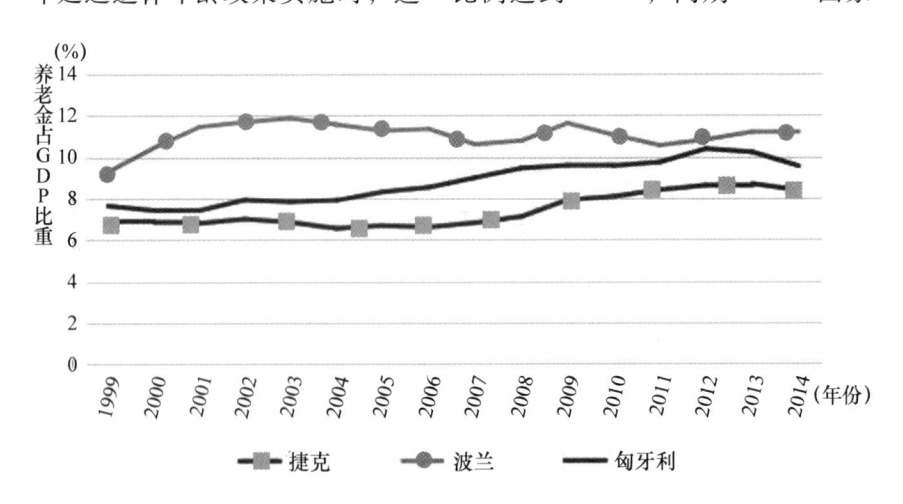

图4－3 1999—2014年转型中国家养老金占GDP比重图

注：数据来源于http://www.oecd.org/。

---

① 张水辉：《中东欧国家养老保险制度改革的回顾与展望》，上海人民出版社2016年版，第357页。

平均水平则为7.6%。可见，捷克自20世纪90年代即进入了"未富先老"的时代。

（6）匈牙利

早在剧变前，匈牙利就以靠借外债来发展经济。经济转型过程中更是引发了债务危机。据统计，1990年匈牙利社会福利制度支出占GDP的28.4%，其中养老金支出占比则高达7.65%，如图4-3。如此高的支出比例在连年经济滑坡的情况下，使得国家财政力不从心。自1993年起匈牙利经历了多年的养老金赤字。1997年匈牙利向市场经济体制转型基本完成，1998年私有化工作基本结束，2006年则陷入严重的经济危机。严重的经济危机导致国家不得不通过举借外债来缓解，导致外债规模进一步扩大。与此同时，匈牙利的养老金支出占比自2006年以来出现了快速提升，更是加重了国家财政支出的压力[1]。2008年第二季度国家和企业的外债达到了899亿欧元，约相当于GDP的93.8%。2010—2011年匈牙利法案规定到2022年男性退休年龄逐渐从62岁提高到65岁，女性到2022年逐渐由62岁提高到65岁。2010年匈牙利养老金占比为9.57%，高于同期OECD的7.64%。

（二）人口结构条件

1. 老龄化程度

（1）美国

1960年美国人口预期寿命为69.9岁，1970年为70.9岁，十年长了1岁，1980年为73.7岁，第二个十年长了将近3岁，1983年为74.6岁。有关数据显示，美国预期寿命1990—1995年为75.5岁，2005—2010年为78.2岁，2010—2015年为78.9岁，2015—2020年为79.6岁，2025—2030年为81.1岁，预计到2045—2050年将达到84.1岁。

美国1970年65岁及以上老人已经达到9.8%，进入老龄化社会，1980年达到11.31%，且65岁及以上老人所占比重日趋增加，到

---

[1] 王志凯：《比较福利经济分析：福利经济的实践是一种发展的创新》，浙江大学出版社2004年版，第72页。

1982年达到11.56%,1983年为11.7%。与此同时,65岁人口的预期寿命分别达到11.6岁和11.7岁(如表4-5)。按照联合国标准,当一个地区60岁以上老人达到总人口的10%,65岁老人占总人口的7%时,即昭示着该地区已进入老龄化社会。人口结构老龄化趋势仍在进一步发展,但这一老龄化发展趋势却比OECD国家的平均水平要低很多。

表4-5　　美国1970—2014年65岁及以上人口占比表　　(单位:年,%)

年份	65岁及以上人口占比	年份	65岁及以上人口占比	年份	65岁及以上人口占比	年份	65岁及以上人口占比
1970	9.805665	1982	11.56305	1994	12.66725	2006	12.4553
1971	9.90147	1983	11.703	1995	12.68195	2007	12.55704
1972	10.0144	1984	11.82127	1996	12.67401	2008	12.75185
1973	10.15764	1985	11.9434	1997	12.61762	2009	12.91618
1974	10.31615	1986	12.07981	1998	12.54981	2010	13.08542
1975	10.50885	1987	12.22762	1999	12.47055	2011	13.27037
1976	10.67631	1988	12.32055	2000	12.42886	2012	13.74188
1977	10.84812	1989	12.43086	2001	12.38391	2013	14.13059
1978	11.00797	1990	12.5178	2002	12.35017	2014	14.50281
1979	11.1678	1991	12.57471	2003	12.36213		
1980	11.31367	1992	12.61372	2004	12.3643		
1981	11.42689	1993	12.65851	2005	12.40194		

注:数据来源于http://www.oecd.org/。

老年扶养比是衡量人口老龄化对养老金制度压力的重要指标。由图4-4可知,美国老年扶养比自1970年至今一直低于OECD国家平均水平。1970—1980年美国的老年扶养比从6.97%上涨到5.10%,1983年达到17.98%,2000年为4.77%,预计到2030年这一比率将下降为28.3%,2050年美国老年扶养比将上升为25.8%。

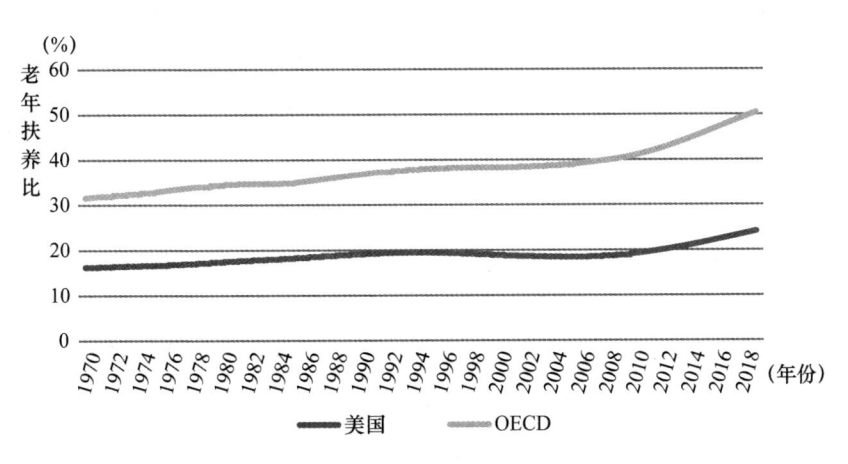

图 4-4　美国 1970—2018 年老年扶养比

注：数据来源于 http：//www.oecd.org/。

(2) 德国

人口预期寿命的延长、生育率的下降导致人口扶养比上升，使德国成为世界上人口老龄化比较严重的国家之一。德国 1970 年预期寿命为 70.6 岁，1980 年为 72.9 岁，十年增加了 2.3 岁；到 1990 年预期寿命上涨为 77.2 岁，比 1980 年增加了 4.3 岁，1992 年为 76 岁；2002 年预期寿命为 78.5 岁，2007 年为 80.1 岁，到 2012 年预期寿命为 80.6 岁，比 1992 年的 76 岁增加了 4.6 岁（如图 4-5）。

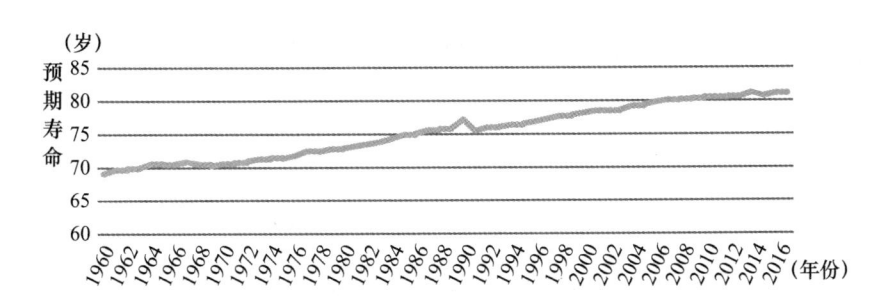

图 4-5　德国 1960—2017 年人口预期寿命图

注：数据来源于 http：//www.oecd.org/。

1960年德国65岁男女平均余命分别为12.2年和14.2年,2013年增加到18.2年和21.2年。2013年男性平均预期寿命为78.6岁,女性为83.2岁,延长了12岁左右。1980年65岁及以上人口预期余命为16.3岁,1990年为19岁,1993年为18.3岁,而到2012年65岁及以上人口平均余命则为21岁。65岁及以上人口平均预期寿命不断增加的趋势,给德国养老金带来的压力也愈来愈大。在退休年龄延迟的时间节点上,德国65岁及以上人口的平均余命分别为1992年为18.3岁,2002年为19.6岁,2007年为20.7岁,2012年为21岁。

1960年德国已经进入老龄化社会,65岁及以上老年人比重为14.2%。20世纪80年代,由于"第二次世界大战"导致德国大量年轻人口减少,从而使得老年人口数量出现负增长,年均增长率为-0.41%。在20世纪90年代之后,德国65岁及以上人口的比重一直处于上升态势,2008年德国65岁及以上人口的比重达到了20%,仅次于意大利和日本。2012年这一比例达到20.6%。有学者预计,德国2020—2060的人口结构到2030年将呈蘑菇状。65岁及以上老人将占到52.8%,67岁及以上老人将占到25.4%,到2040年占比将达到61.9%,67岁及以上老人将占到29.8%,2050年将达到64.4%,67岁及以上老人将占到30.1%(如图4-6)。

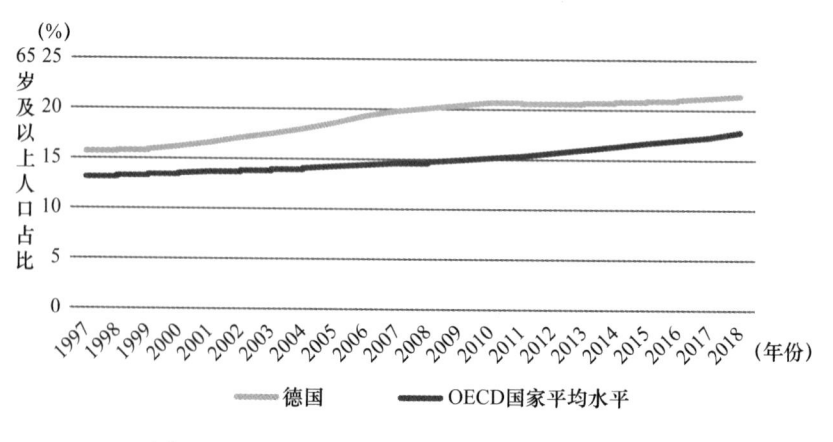

图4-6 德国1997—2018年65岁及以上人口占比

注:数据来源于 http://www.oecd.org/。

在老年扶养比方面，德国还是远低于 OECD 国家平均水平。如图 4-7，1990 年德国老年扶养比为 21.56%；1992 年为 22.12%，OECD 国家平均水平为 18.31%；2002 年为 25.82%，OECD 国家平均水平为 20%；2007 年为 29.72%，OECD 国家平均水平为 21.11%；2012 年为 31.67%，OECD 国家平均水平为 22.98%。

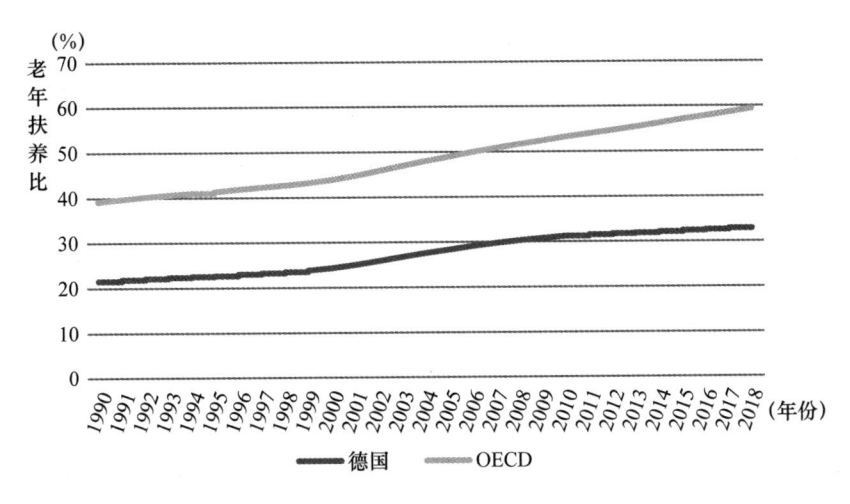

图 4-7 德国 1990—2018 年老年扶养比

注：数据来源于 http://www.oecd.org/。

（3）瑞典

瑞典人口预期寿命从 1960 年的 73.1 岁，到 1970 年的 74.8 岁，十年增加了 1.7 岁；1980 年的 75.9 岁，到 1990 年的 77.7 岁，十年增加了 1.8 岁；1990—2000 年十年增加了 2 岁，增长率不断上升。1993 年预期寿命为 78.2 岁，2003 年预期寿命为 80.3 岁。1955 年 65 岁及以上人口达到 10.92%，标志着瑞典已经进入老龄化社会。20 世纪 90 年代以来瑞典 65 岁及以上人口占比一直高于 OECD 国家平均水平。1993 年瑞典 65 岁及以上人口占比 17.7%，OECD 国家平均水平为 12.02%；2003 年为 17.1%，OECD 国家平均水平为 13.46%（如图 4-8）。瑞典 65 岁及以上人口预期余命整体呈上升趋势。1993 年

65岁及以上人口预期余命为19.3岁,2003年为20.4岁。由表4-6可知,随着社会经济发展与科学技术的进步,瑞典65岁及以上人口的预期余命还会以加速度的方式不断上升。

表4-6　　　　　瑞典1960—2017年人口预期寿命　　　（单位:年,岁）

年份	预期寿命	年份	预期寿命	年份	预期寿命
1984	77	1996	79.2	2008	81.3
1985	76.8	1997	79.4	2009	81.5
1986	77.1	1998	79.5	2010	81.6
1987	77.3	1999	79.6	2011	81.9
1988	77.1	2000	79.7	2012	81.8
1989	77.8	2001	79.9	2013	82
1990	77.7	2002	79.9	2014	82.3
1991	77.9	2003	80.3	2015	82.3
1992	78.2	2004	80.6	2016	82.4
1993	78.2	2005	80.7	2017	82.5
1994	78.9	2006	81		
1995	79	2007	81.1		

注:数据来源于http://www.oecd.org/。

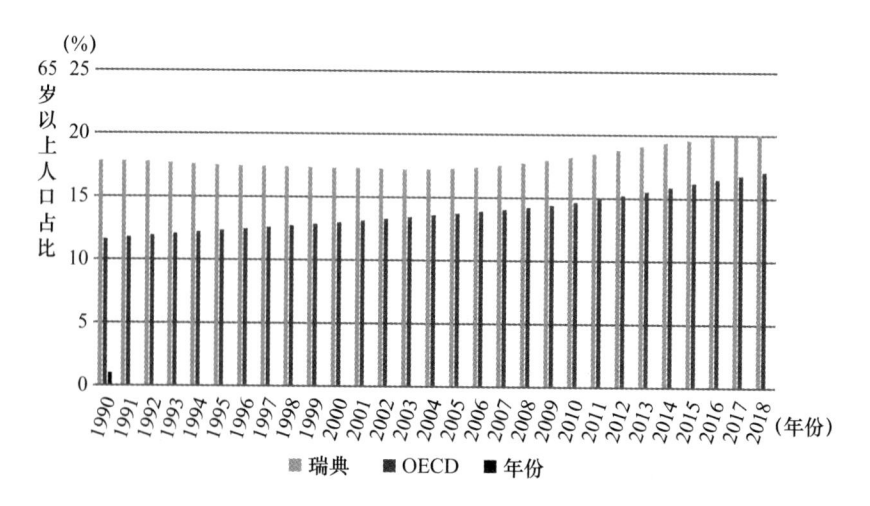

图4-8　瑞典1990—2018年65岁及以上人口占比图

注:数据来源于http://www.oecd.org/。

瑞典老年扶养比远高于OECD国家平均水平。瑞典老年扶养比1955年为16.7%，到20世纪末，老年扶养比为26%，2003年达到26.5%，2012年达到29.5%，近乎翻倍。瑞典人口老龄化明显加速，1960—1985年，瑞典65岁及以上人口比例由12%提高到17%，老年扶养比由18%提高到28%。由图4-9可知，瑞典自20世纪90年代以来，老年扶养比一直高于OECD国家平均水平。1993年老年扶养比为27.76%，同期OECD国家平均水平为18.32%；2003年为26.50%，同期OECD国家平均水平为20.22%。

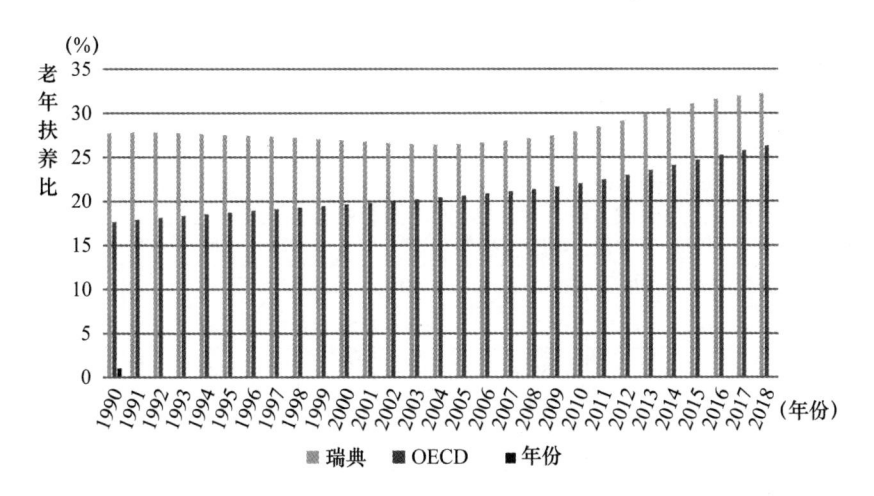

图4-9 瑞典1990—2018年老年扶养比

注：数据来源于http://www.oecd.org/。

（4）日本

随着日本经济的快速发展，公共医疗水平和福利保障制度的日趋完善，日本人口平均预期寿命延长。由表4-7可知，日本平均预期寿命延长分别表现为1986年为78.1岁，1998年为80.6岁，2004年为82.1岁。预计2060年日本男女平均预期寿命将分别增加到84.19岁和90.93岁。

国际标准规定65岁及以上人口占比超过7%即为进入老龄社会，

那么日本在 1970 年这一占比就已经达到 7.1%，说明其已经进入老龄化社会。1986 年日本 65 岁及以上人口占比为 10.6%，1994 年之后 65 岁及以上人口占比上升的幅度进一步加快，老龄化程度进一步加重，1998 年达到 16.2%，到 2004 年这一占比达到 19.5%，2005 年达到 20%，成为世界上老龄化最严重的国家（如图 4-10）。世界银行公布的数据显示：2012 年日本 65 岁及以上人口占总人口的比重为 24.4%，位列世界第一位。预计 2050 年日本 65 岁及以上人口比重将达到 40%。

表 4-7　　　　日本 1960—2017 年人口预期寿命　　　（单位：年，岁）

年份	预期寿命	年份	预期寿命	年份	预期寿命	年份	预期寿命	年份	预期寿命	年份	预期寿命
1960	67.8	1970	72	1980	76.1	1990	78.9	2000	81.2	2010	82.9
1961	68.4	1971	72.9	1981	76.5	1991	79.1	2001	81.5	2011	82.7
1962	68.7	1972	73.2	1982	76.9	1992	79.2	2002	81.8	2012	83.2
1963	69.8	1973	73.4	1983	77	1993	79.4	2003	81.8	2013	83.4
1964	70.3	1974	73.7	1984	77.4	1994	79.8	2004	82.1	2014	83.7
1965	70.3	1975	74.3	1985	77.6	1995	79.6	2005	82	2015	83.9
1966	71	1976	74.8	1986	78.1	1996	80.3	2006	82.4	2016	84.1
1967	71.5	1977	75.3	1987	78.5	1997	80.5	2007	82.6	2017	84.2
1968	71.7	1978	75.7	1988	78.4	1998	80.6	2008	82.7		
1969	71.9	1979	76.2	1989	78.8	1999	80.5	2009	83		

注：数据来源于 http://www.oecd.org/。

如图 4-11 所示，日本老年扶养比在 20 世纪 90 年代之前是高于 OECD 国家平均水平线的。直到 1993 年之后，日本老年扶养比进入迅速的高涨期。与 OECD 国家平均水平不断拉开距离。1986 年日本老年扶养比为 15.19%，OECD 国家平均水平为 16.78%；1998 年为 23.13%，OECD 国家平均水平为 19.25%；2004 年为 28.54%，OECD 国家平均水平为 20.43%。根据日本国立社会保障人口问题研

/ 第四章 典型国家延迟退休年龄政策实施的社会经济条件 /

究所对2010—2060年日本老年人口扶养比的预测显示,日本老年扶养比到2050年将达到75.3%。

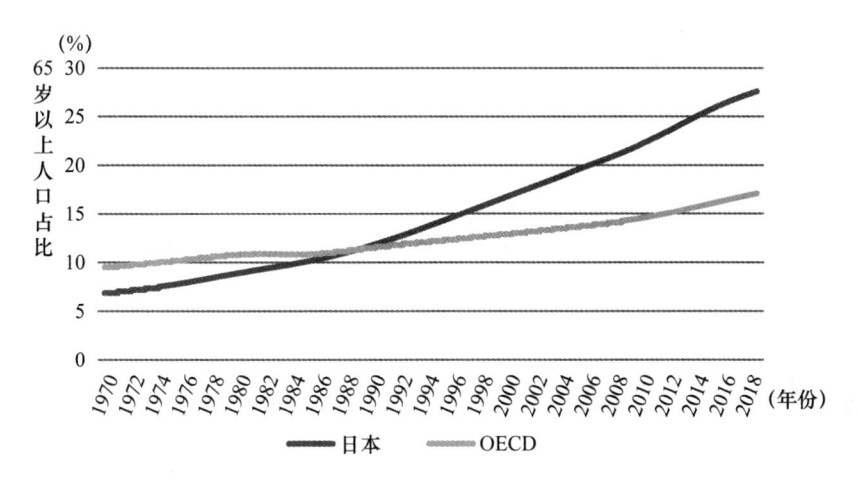

图4-10 日本1970—2018年65岁及以上人口占比

注:数据来源于http://www.oecd.org/。

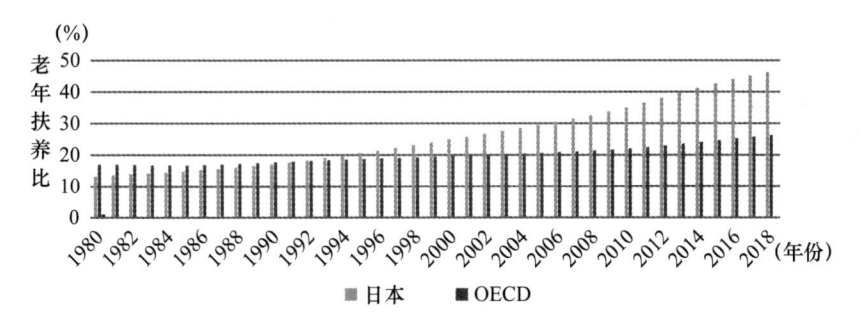

图4-11 日本1980—2018年老年扶养比

注:数据来源于http://www.oecd.org/。

(5)捷克

在转型时期,捷克人口的平均预期寿命在不断增加,1990年为71.6岁,1995年达到73.3岁,1996年为74岁,6年时间预期寿命增加了2.4岁,2010年的平均预期寿命为77.7岁(如表4-8)。随着社会经济与科学技术的发展与进步,捷克的人口预期寿命仍会继续增加。

101

表4-8 捷克1990—2017年人口预期寿命 （单位：年，岁）

年份	1990	1991	1992	1993	1994	1995	1996	1997	1998	1999	2000	2001	2002	2003
预期寿命	71.6	72	72.5	72.9	73.2	73.3	74	74.1	74.7	74.9	75.1	75.3	75.4	75.3

年份	2004	2005	2006	2007	2008	2009	2010	2011	2012	2013	2014	2015	2016	2017
预期寿命	75.8	76.1	76.7	77	77.3	77.4	77.7	78	78.2	78.3	78.9	78.7	79.1	79.1

注：数据来源于http：//www.oecd.org/。

捷克老年人口占全国人口的比重也呈上升趋势。1990年捷克65岁及以上人口占比为12.68%，按照国际7%的标准，捷克早已经进入老龄化社会。1995年的比例为13.22%，OECD国家平均水平为12.33%；2010年为15.44%，OECD国家平均水平为14.67%（如图4-12）。65岁及以上人口占比的增加意味着原有养老金制度下养老金支付的压力在不断增加，给制度的可持续性带来了巨大挑战。提前退休情况加重了养老金财政负担，"未富先老"现象突出。

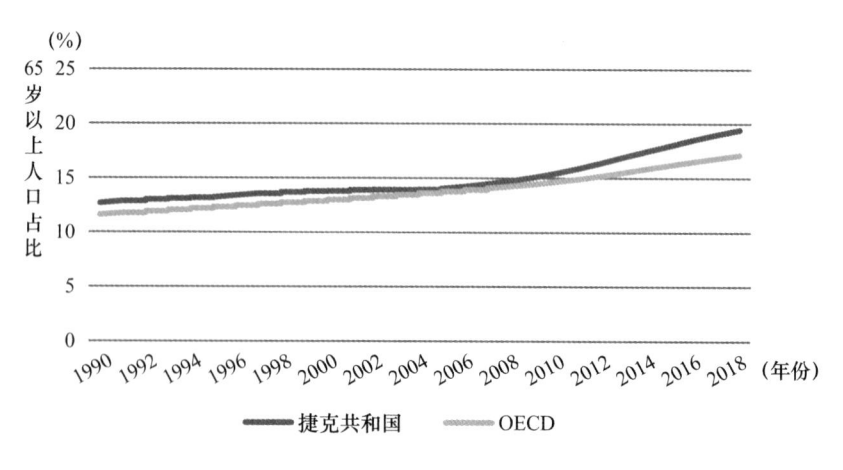

图4-12 捷克1990—2018年65岁及以上人口占比

注：数据来源于http：//www.oecd.org/。

1990—2018 年捷克老年扶养比快速上涨。1991 年老年扶养比为 19.51%，1995 年为 19.39%，2010 年为 21.96%（如图 4-13）。2010 年之后，不但实际数值高于 OECD 国家平均水平，且以高于 OECD 国家平均水平的速度在快速上涨。

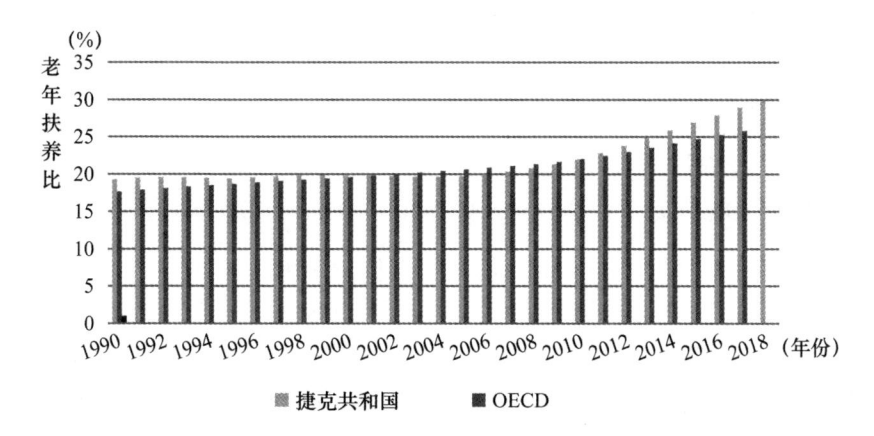

图 4-13 捷克 1990—2018 年老年人口扶养比

注：数据来源于 http://www.oecd.org/。

（6）匈牙利

人口老龄化是困扰所有东欧国家的一个难题，"未富先老"也是匈牙利的特征之一。1991 年匈牙利人口预期寿命为 69.6 岁，退休年龄为 60 岁；1998 年人口预期寿命为 71.1 岁，退休年龄规定到 1999 年，将男性的退休年龄从改革前的 60 岁提高到 62 岁；到 2009 年，将女性的退休年龄从改革前的 55 岁逐渐提高到 62 岁；1999 年人口预期寿命为 71.2 岁，2009 年为 74.4 岁，而 2009 年规定到 2025 年将退休年龄延迟到 65 岁（如表 4-9）。

表 4-9　　　　　匈牙利 1990—2017 年人口预期寿命　　　（单位：年，岁）

年份	1990	1991	1992	1993	1994	1995	1996	1997	1998	1999	2000	2001	2002	2003
预期寿命	69.5	69.6	69.4	69.4	69.8	70.1	70.7	71.1	71.1	71.2	71.9	72.5	72.5	72.6

续表

年份	2004	2005	2006	2007	2008	2009	2010	2011	2012	2013	2014	2015	2016	2017
预期寿命	73	73	73.5	73.6	74.2	74.4	74.7	75	75.2	75.7	75.9	75.7	76.2	75.9

注：数据来源于 http://www.oecd.org/。

1990—2018年匈牙利65岁及以上人口占比高于OECD国家平均水平。从65岁及以上人口占比来看，匈牙利1990年之后一直处于上升趋势。1990年65岁及以上人口占比达13.35%，1998年为14.75%，2009年则为16.48%，2014年已达17.7%（如图4-14）。可见匈牙利的老龄化水平远远超过其经济实力，属于"未富先老"的国家之一。

根据世界银行发布的相关统计数据，匈牙利的老年人口扶养比从1994年开始逐渐提升，从1994年21%上升至1995年的21.1%，到了2012年上升至24.9%。由表4-10可知，匈牙利老年扶养比一直要高于OECD国家平均水平。1991年为20.71%，1998年为21.88%，2009年为23.25%。老年人口扶养比的提升意味着领取养老金的人数的增长速度高于缴纳养老金的人数的增长速度。而现收现付制度只有在人口结构稳定的情况下才能顺利运行，因此，老龄化问题推动着匈牙利养老金制度的改革。

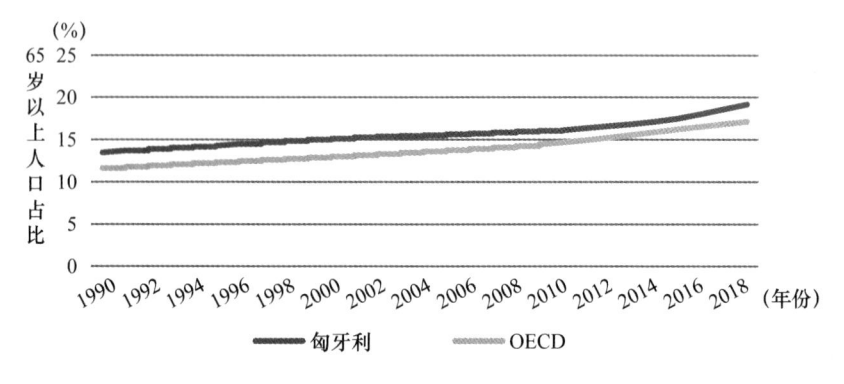

图4-14 匈牙利1990—2018年65岁及以上人口占比

注：数据来源于 http://www.oecd.org/。

表 4 – 10　　匈牙利 1990—2018 年老年扶养比表　　（单位：年,%）

年份	1990	1991	1992	1993	1994	1995	1996	1997	1998	1999
老年扶养比	20.35	20.71	20.90	20.97	21.02	21.08	21.35	21.63	21.88	22.07
年份	2000	2001	2002	2003	2004	2005	2006	2007	2008	2009
老年扶养比	22.18	22.36	22.46	22.52	22.58	22.68	22.84	23.01	23.16	23.25
年份	2010	2011	2012	2013	2014	2015	2016	2017	2018	
老年扶养比	23.31	23.72	24.10	24.50	25.00	25.66	26.62	27.71	28.84	

注：数据来源于 http://www.oecd.org/。

（三）劳动力供给水平

1. 美国

美国 1970 年的劳动力供给增长率为 2.52%，1980 年为 1.88%，1983 年仅为 1.22%，达到空前的最低值（如表 4 – 11）。20 世纪美国劳动力市场最为显著的特征就是 65—69 岁的老年劳动者劳动参与率的大幅下降。1950 年这个群体中还有 60% 人在工作，到 1990 年这一比重就下降到了 26%。1960 年美国 55—64 岁的老年男性劳动者的劳动参与率为 84.73%，但到 1994 年降至最低点 65.47%，下降了几乎 20 个百分点。其中 60—64 岁老年男性劳动者劳动参与率下降幅度最大，从 1960 年的 80.5% 下降到 1994 年的 52.8%，下降了近 30 个百分点。与此同时，老年劳动者实际退出劳动力市场的年龄也不断下降，男性从 1970 年的 68.5 岁下降到 1994 年的最低点 64.1 岁。1970 年美国 65 岁及以上劳动参与率为 16.95%，1980 年下降到 12.53%；1982 年为 11.93%，1983 年为 11.75%。在 1986 年之后美国 65 岁及以上老年人的劳动参与率一直处于持续缓慢上升的态势，在 1993 年达到 11.22%，再次出现低参与率的拐点（如图 4 – 15）。美国 65 岁及以上劳动参与率持续处于下降趋势。但总体仍要高于 OECD 国家平均水平。可以看出在 1983 年的时间节点上，在美国劳动力供给增长率为空前最低值 1.22%，65 岁及以上劳动力参与率也下降为之前最低值 11.75%，65 岁及以上人口的预期余命为 18.6 岁之时，美国规定从

2002年开始正式执行延迟退休政策,每几年提高1岁,直到2027年法定正常退休年龄达到67周岁。

表4-11　　美国1970—2018年劳动力供给及其增长率

(单位:年,万人,%)

年份	劳动力人数	增长率	年份	劳动力人数	增长率	年份	劳动力人数	增长率
1970	82771	2.52	1987	119865.2	1.72	2004	147401.2	0.61
1971	84383	1.95	1988	121668.8	1.50	2005	149320.3	1.30
1972	87035	3.14	1989	123846.1	1.79	2006	151427.6	1.41
1973	89430.16	2.75	1990	125839.8	1.61	2007	153124.2	1.12
1974	91950.66	2.82	1991	126346.3	0.40	2008	154286.7	0.76
1975	93775.34	1.98	1992	128105.1	1.39	2009	154142	-0.09
1976	96158.84	2.54	1993	129199.8	0.85	2010	153888.6	-0.16
1977	99009.25	2.96	1994	131061.6	1.44	2011	153616.7	-0.18
1978	102251.2	3.27	1995	132304.1	0.95	2012	154974.6	0.88
1979	104963.9	2.65	1996	133943.4	1.24	2013	155389.2	0.27
1980	106939.8	1.88	1997	136296.8	1.76	2014	155921.8	0.34
1981	108670.1	1.62	1998	137673.3	1.01	2015	157129.9	0.77
1982	110204.5	1.41	1999	139367.6	1.23	2016	159187.2	1.31
1983	111550.3	1.22	2000	142582.6	2.31	2017	160319.8	0.71
1984	113543.9	1.79	2001	143733.9	0.81	2018	162075	1.09
1985	115461.3	1.69	2002	144862.9	0.79			
1986	117834.5	2.06	2003	146509.7	1.14			

注:数据来源于http://www.oecd.org/。

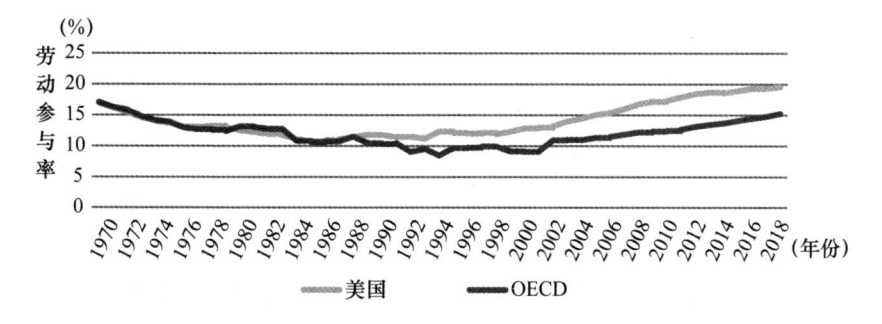

图 4-15 美国 1960—2018 年 65 岁及以上人口劳动参与率

注：数据来源于 http://www.oecd.org/。

2. 德国

1992 年德国劳动年龄人口为 39490 万人，与 1991 年的 39577 万人相比，下降了 87 万人，在增长率方面却相差几乎 30%。2000 年之后德国劳动力人口的供给基本呈现逐渐上升的趋势。2010 年的增长率为 -2.06%。2012 年劳动力供给为 41350.93 万人，增长率为 0.40%。如表 4-12，德国劳动力人口比重在 20 世纪 80 年代初就开始下降，21 世纪稳定在 66% 左右，没有跌破 60% 的原因在于移民政策所作的贡献。德国生育率很低，平均为 1.4，即使在欧洲也属于较低水平。加上不断增长的平均寿命，德国人口结构 2010 年开始明显恶化，劳动力明显减少。预计到 2030 年适龄劳动力人口将从 4200 万人减少到 3300 万人，领取养老金的退休人员与工作人口的比例将从 0.55 增加至 1.15。1992 年德国劳动力人口 39490 万人，2002 年为 39727.25 万人，2007 年为 41589.63 万人，2012 年为 41350.93 万人。

德国一直以来 65 岁及以上人口的劳动参与率都远低于 OECD 国家平均水平。提高 65 岁及以上老年人的劳动参与率是各国延迟退休年龄政策实施的重要目的之一。1970 年德国 65 岁及以上人口的劳动参与率为 10.39%，此后一直处于下降趋势，1980 年下降为 4.51%，1992 年下降为 2.57%，在 1994 年达到最低 2.51%。之后又呈现出一个上涨的趋势，到 2012 年这一比例已经上升到 4.97%，但却远低于

OECD 国家平均水平 13.16%。65 岁及以上人口劳动参与率 1992 年为 2.57%，2002 年为 2.85%，2007 年为 3.12%，2012 年为 4.97%（如图 4-16）。可见延迟退休年龄政策在提升 65 岁及以上人口劳动力供给水平，以及缓解劳动力供给压力方面起到了一定的积极作用。

表 4-12　　　　德国 1990—2018 年劳动力供给及其增长率

（单位：年，万人，%）

年份	劳动力供给量	增长率	年份	劳动力供给量	增长率
1990	30771	3.87	2005	40932.45	2.25
1991	39577	28.62	2006	41417.7	1.19
1992	39490	-0.22	2007	41589.63	0.42
1993	39557	0.17	2008	41677.48	0.21
1994	39492	-0.16	2009	41699.27	0.05
1995	39376	-0.29	2010	40838.35	-2.06
1996	39550	0.44	2011	41185.98	0.85
1997	39804	0.64	2012	41350.93	0.40
1998	40133	0.83	2013	41713.2	0.88
1999	39614.35	-1.29	2014	41961.25	0.59
2000	39531.61	-0.21	2015	42160.43	0.47
2001	39682.3	0.38	2016	43041.38	2.09
2002	39727.25	0.11	2017	43284.82	0.57
2003	39827.39	0.25	2018	43382.32	0.23
2004	40032.62	0.52			

注：数据来源于 http://www.oecd.org/。

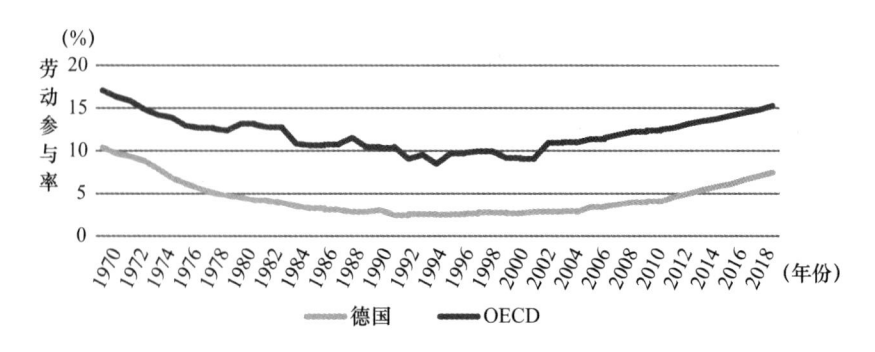

图 4-16　德国 1970—2018 年 65 岁及以上人口劳动参与率

注：数据来源于 http://www.oecd.org/。

第四章 典型国家延迟退休年龄政策实施的社会经济条件

3. 瑞典

20世纪七八十年代，瑞典进入了福利国家发展模式，从而成为"从摇篮到坟墓"型的高社会福利国家。丰厚的社会福利导致一些人劳动积极性不高、劳动效率低下，甚至形成一批依赖福利制度、坐享其成的懒汉，拖累经济活力和社会就业率的"福利病"。在这种福利模式下，瑞典长期以来劳动力供给不足，从1956年至今一直维持在65%左右，1983年开始瑞典劳动力人口占总人口比例一直低于OECD国家的平均值，2000年瑞典劳动力供给人口上涨为49.8%，劳动参与率为78.97%；2003年瑞典劳动力供给人口上涨率为51.06%，15—64岁劳动力参与率为79.02%（如表4-13）。

表4-13　　瑞典1980—2018年劳动力供给量及增长率

（单位：年，万人，%）

年份	劳动力	增长率	年份	劳动力	增长率
1980	4328.2	1.19	2000	4418	0.82
1981	4344.2	0.37	2001	4538.125	2.72
1982	4374.4	0.70	2002	4554.875	0.37
1983	4395.1	0.47	2003	4574.05	0.42
1984	4408.9	0.31	2004	4589.525	0.34
1985	4436.2	0.62	2005	4687.325	2.13
1986	4396.2	-0.90	2006	4766.25	1.68
1987	4418	0.50	2007	4838.8	1.52
1988	4459	0.93	2008	4898.35	1.23
1989	4515	1.26	2009	4909.325	0.22
1990	4568	1.17	2010	4949.85	0.83
1991	4545	-0.50	2011	5017.475	1.37
1992	4470	-1.65	2012	5060.75	0.86
1993	4380	-2.01	2013	5116.475	1.10
1994	4354	-0.59	2014	5184.475	1.33
1995	4391	0.85	2015	5225.125	0.78
1996	4402.5	0.26	2016	5278.925	1.03
1997	4367.2	-0.80	2017	5383.3	1.98
1998	4347	-0.46	2018	5459.1	1.41
1999	4382	0.81			

注：数据来源于http://www.oecd.org/。

然而，瑞典65岁及以上老年人的劳动参与率经历了从高参与率到政策引导下的下滑波动。从1970年的18.056%到1977年的8.56%，1985年更是下跌到6.73%。随后这个比率处于在波动中上升的态势，到2000年上升至10.32%，这与瑞典鼓励延迟退休年龄的激励机制密不可分。2003年瑞典65岁及以上老年群体的劳动参与率为10.2%。在2004年的9.29%之后一直到2018年都处于一个快速提升的阶段，2018年这一群体的劳动参与率已经达到17.69%（如图4-17）。由此可见，退休年龄政策及其激励机制的科学合理是影响老年人个体退休决策及其行为的重要变量。

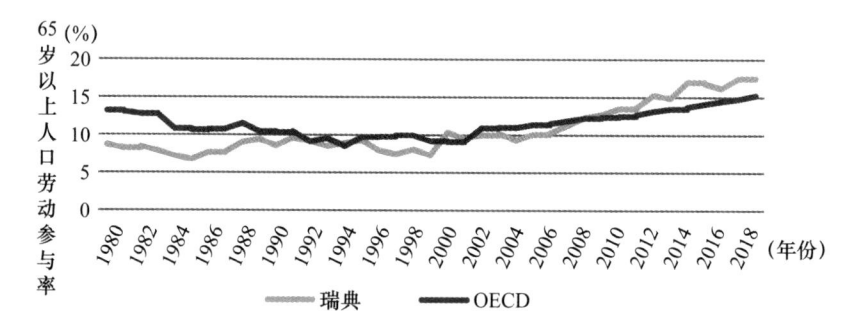

图4-17 瑞典1980—2018年65岁及以上人口劳动参与率图

注：数据来源于http://www.oecd.org/。

4. 日本

日本20世纪70年代出台《中老龄雇用促进特别措施法》，并对55—60岁继续工作的人给予经济激励；1986年正式将法定退休年龄从男性55岁、女性50岁，统一提高到60岁。1998年禁止60岁之前退休的行为，并鼓励企业将最高退休年龄规定为65岁。2004年将退休年龄由60岁延迟到65岁。

由图4-18可知，自20世纪70年代日本就面临着劳动力供给不断下降的趋势。为了鼓励45岁以上劳动者积极就业，1971年出台《中老龄雇用促进特别措施法》，并对55—60岁以上继续工作的人给予经济激励。到了1981年之后，劳动力供给下滑的趋势开始得以扭转，呈现上升态势，1986年达到62.25%，1993年达到69.75%的最高值；1994年之后日本劳动力供给出现了大幅下滑，到1998年下跌至68.72%。为了扭转这种下滑趋势，1994年日本提出将退休年龄由60岁延迟到65岁。

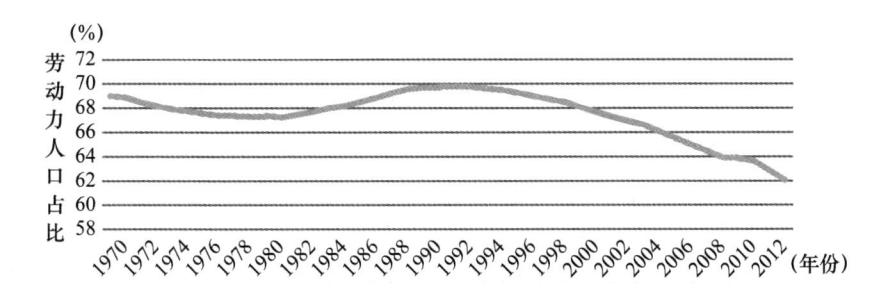

图4-18 日本1970—2013年劳动力供给情况图

注：数据来源于http://www.oecd.org/。

根据日本人口统计资料集公布的数据分析可知，1950年日本15—64岁劳动人口为4968万人，1992年达到峰值8727.1万人，占总人口的69.78%，之后开始下降，到2013年仅为7905.2万人，占总人口的比重下降到62.1%。预计2060年仅剩余4418.3万人，占人口总数的比重为51%。劳动力供给持续不足将成为阻碍日本经济发展的重要因素。

日本65岁及以上的劳动参与率要远高于OECD国家平均水平。1986年日本65岁及以上劳动参与率为23.74%，1992年上升到最高点25.4%，1998年下降为23.79%，2004年下降为19.77%（如图4-19）。日本65岁及以上老年人参与率高的原因：一方面在于传统文化影响下人们思维观念固化；另一方面在于其养老金制度设计中贯穿始终的经济激励机制，以及较为完备的、针对老年人工作权利及环境的保护法律法规，长期以来对人们退休行为和决策具有很大的影响。

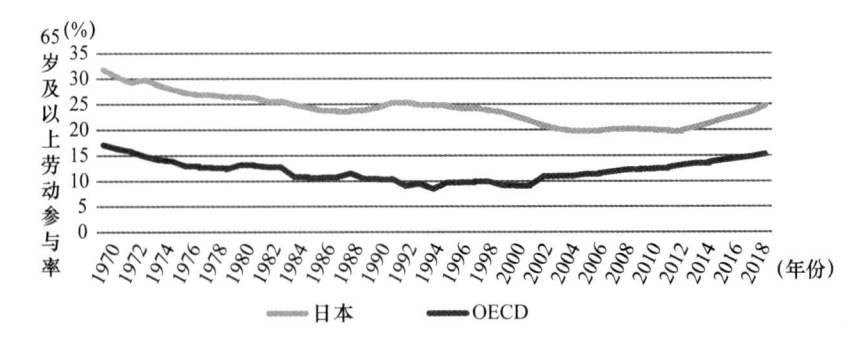

图 4-19　日本 1970—2018 年 65 岁及以上人口劳动参与率图

注：数据来源于 http://www.oecd.org/。

5. 捷克

捷克 1995 年养老保障法规定，男性退休年龄由 60 岁延长至 65 岁，女性退休年龄由可根据生育子女数量在 53—57 岁之间自由选择改为与男性职工一致的 65 岁，同时规定生育 3 个以上子女的女职工可以在 62—64 岁退休。1995 年捷克劳动力供给总量为 5116.057 万人，到 1996 年几乎没有任何增长。1995 年 15—64 岁人口劳动参与率为 64.18%，同期 65 岁及以上劳动参与率为 5.58%（如表 4-14）。

表 4-14　　捷克 1991—2018 年劳动力供给情况　　（单位：年，万人，%）

年份	劳动力供给	增长率	年份	劳动力供给	增长率
1991	5039	0.10	2005	5174.2	1.13
1992	4812	-4.50	2006	5199.725	0.49
1993	5022.574	4.38	2007	5198.575	-0.02
1994	5084.186	1.23	2008	5232.3	0.65
1995	5116.057	0.63	2009	5286.45	1.03
1996	5116.001	0.00	2010	5268.75	-0.33
1997	5132.689	0.33	2011	5223.225	-0.86
1998	5153.424	0.40	2012	5256.8	0.64
1999	5166.625	0.26	2013	5306	0.94
2000	5134.4	-0.62	2014	5297.875	-0.15

续表

年份	劳动力供给	增长率	年份	劳动力供给	增长率
2001	5100.575	-0.66	2015	5309.85	0.23
2002	5104.45	0.08	2016	5349.975	0.76
2003	5099.525	-0.10	2017	5376.975	0.50
2004	5116.275	0.33	2018	5415.3	0.71

注：数据来源于 http://www.oecd.org/。

2003年捷克提出到2016年和2019年将男女退休年龄统一提高到63岁。2003年捷克劳动力供给总量为5099.525万人，增长率为-0.10%。2003年15—64岁人口劳动参与率为70.68%，同期65岁及以上劳动参与率为3.94%。2010年提出从2011年开始男性每年推迟2个月，女性每年推迟4个月，一直到男性达到67岁，女性达到62—65岁。2010年捷克劳动力供给总量为5268.75万人，增长率-0.33%。2010年15—64岁人口劳动参与率为70.31%，同期65岁及以上劳动参与率为4.75%。

从捷克1995年和2010年两次调整退休年龄政策的内容来看，捷克在延迟退休年龄政策的执行中涵盖了鼓励生育的政策内容，生育子女多的可以选择比生育子女少的更早退休，可谓一箭双雕。也足以反映出捷克当时人口结构的老龄化已经成为其经济发展的重要问题。

人口结构老龄化带来的劳动力供给不足问题已经凸显。捷克15—64岁劳动力参与率在变革之后一直处于上升阶段。从1991年的66.46%上涨到2007年的72.21%，2007年之后出现大幅下降趋势。捷克65岁及以上人口的劳动参与率要远低于OECD国家平均水平。1995年这一群体的劳动参与率为5.45%，1995年65岁及以上人口占比达到13.4%，而同期OECD国家平均这一群体劳动参与率为9.76%。2010年捷克65岁及以上人口的劳动参与率为4.75%，OECD国家平均水平则为12.50%（如图4-20）。因此，在提高这一群体的就业率方面还可以有所提升。

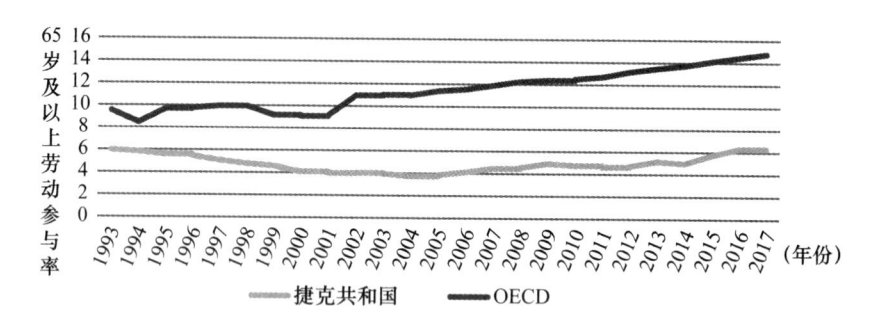

图 4-20 捷克 1993—2017 年 65 岁及以上劳动参与率

注：数据来源于 http://www.oecd.org/。

6. 匈牙利

匈牙利是欧洲失业率最低的国家之一，目前的失业率已经下降至 3.7%，接近历史最低点。同时正面临着严重的劳动力短缺问题。劳动力短缺导致工资增长迅速，企业支出增加。通过延长企业工人劳动力时间的要求遭到了抗议。1991 年匈牙利政府计划用 19 年时间，到 2010 年将男性法定退休年龄从 60 岁延长到 62 岁，女性从 55 岁延长到 62 岁，即男性用 19 年时间延迟 2 岁，而女性用相同的时间延迟 7 岁，并最终完成男女法定退休年龄的统一。1997 年匈牙利实施三支柱改革，对公共养老金支柱的改革规定到 1999 年将男性退休年龄从 60 岁提高到 62 岁，到 2009 年将女性退休年龄从 55 岁提高到 62 岁。2010 年为了削减养老金赤字，提升养老保险制度财务平衡，匈牙利对第一支柱进行参数改革，将退休年龄统一提高到 62 岁，并预计在 2022 年进一步提高到 65 岁。

1991 年匈牙利政府规定用 19 年时间，到 2010 年将男性法定退休年龄从 60 岁延长到 62 岁，女性从 55 岁延长到 62 岁。1992 年劳动力供给总量为 4470 万人；15—64 岁劳动力参与率 66.76%，65 岁及以上劳动参与率为（1992 年）7.74%。2009—2010 年规定将退休年龄提高到 65 岁。2009 年劳动力供给总量为 4165.6 万人，2010 年为 4201.8 万人；

15—64岁劳动力参与率61.23%和61.92%；65岁及以上劳动参与率为3.34%和3.36%（如表4-15）。

表4-15　匈牙利1990—2019年劳动力供给变化图　（单位：年，万人）

年份	劳动力供给	年份	劳动力供给
1992	4470	2006	4246.6
1993	4289	2007	4214.075
1994	4095	2008	4174.625
1995	3992	2009	4165.6
1996	3957	2010	4201.8
1997	3916	2011	4224.975
1998	3949	2012	4300.375
1999	4076.625	2013	4333.8
2000	4091.575	2014	4444.2
2001	4103.275	2015	4518.375
2002	4110.3	2016	4586.225
2003	4166.375	2017	4613.1
2004	4152.85	2018	4641.6
2005	4203.675		

注：数据来源于http://www.oecd.org/。

15—64岁劳动参与率1998年只有58.17%，远低于OECD国家平均水平。65岁及以上人口劳动参与率为2.43%，同期OECD国家平均水平为9.95%（如图4-21）。即使匈牙利延迟了法定退休年龄，法定退休年龄为62岁，匈牙利65岁及以上人口的劳动参与率低下就是制度对人们行为进行规制的结果。而从整个发展趋势来看，1998年规定从2014—2022年用8年的时间将法定退休年龄从62岁延迟到65岁。可以看出从2014年开始这一群体的劳动参与率有了明显的增长。

（四）高等教育人数占比

1. 美国

由图4-22可知，美国自20世纪70年代以来高等院校入学率处于不断上升的趋势。1971年高等院校入学率已达47.32%，到20世

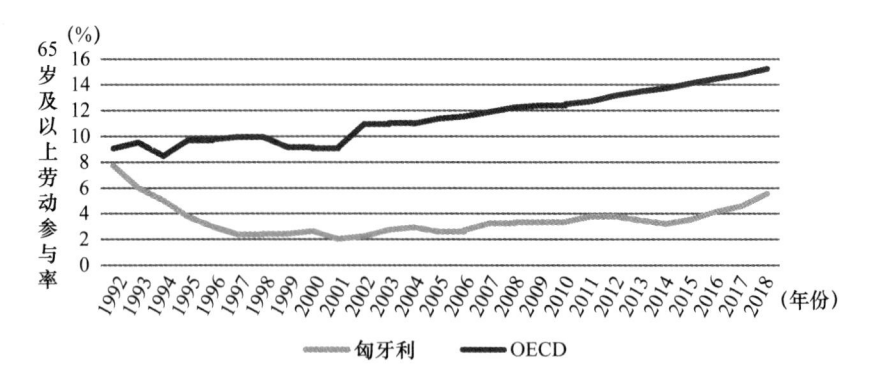

图 4-21 匈牙利 1992—2018 年 65 岁及以上劳动参与率

注：数据来源于 http://www.oecd.org/。

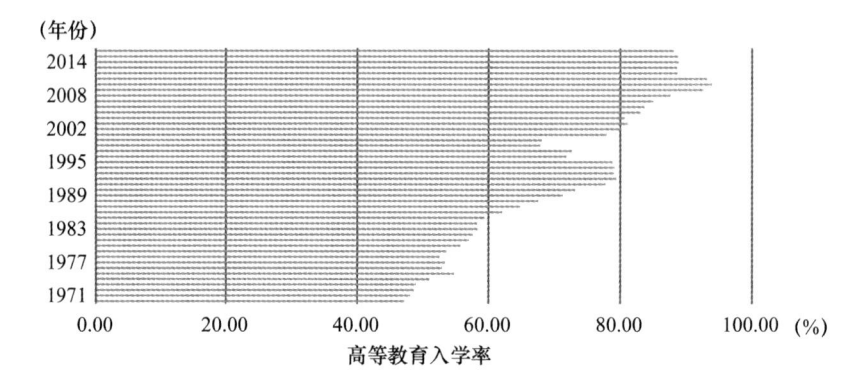

图 4-22 美国 1971—2017 年高等院校入学率

注：数据来源于 http://www.oecd.org/。

纪 80 年代达到 53.62%，1983 年这一比率达到 57.58%。而从 1983 年延迟退休年龄政策开始实施的时间到 2002 年，美国高等院校入学率已达到 77.91%。另外，由图 4-23 可知，在 25—34 年龄组中，1985 年为 23.9%，2002 年达到 39.34%。同时可以看出，美国 55—64 岁老年人的受教育程度很高，1981 年为 12.12%，1982 年为 12.73%，1983 年为 13.72%，1985 年为 14.45%，2002 年为 33.2%，且一直呈上涨趋势。这一群体受教育年限的不断增长就给老年人力资源的继续开发与利用提供了有利条件。这些都为延迟退休年

/ 第四章 典型国家延迟退休年龄政策实施的社会经济条件 /

龄政策的实施创设了适宜的条件。

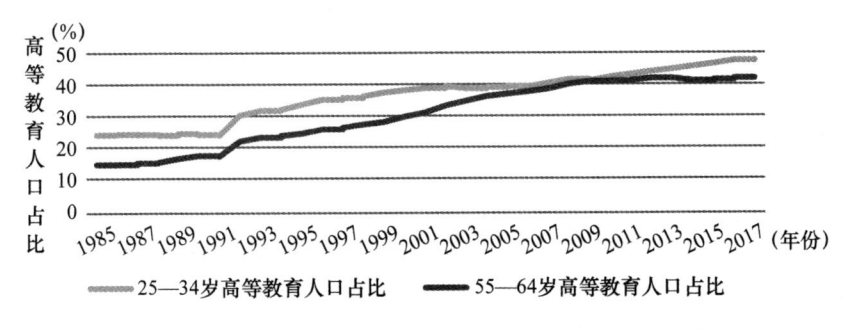

图 4-23 美国 1985—2018 年 25—34 岁与 55—64 岁受高等教育人口占比图

注：数据来源于 http://www.oecd.org/。

2. 德国

20 世纪 60 和 70 年代，西方各工业国高等教育先后迈入大众化阶段，其体系结构随之呈现多种格局。随着经济社会发展对于学历水平要求的提高，德国继续教育做了以下改进：为了保障和提升劳动者就业能力，为所有就业年龄群体，尤其是中高年龄组提供更多的接受职业培训与继续教育培训的机会，以延长就业年限，缩小劳动力市场差异。德国 1992 年高等教育入学率为 35.43%，2013 年这一比例达到 61.39%（见表 4-16）。由图 4-24 可以看出，从 1989—2016 年德国 25—34 岁和 55—64 岁年龄组接受高等教育人数的上升比例都呈上升趋势，说明接受高等教育的人数越来越多，也就意味着越来越多的人开始从业的时间因为受教育时间的延长而被推迟[1]。如图 4-24 所

---

[1] 德国标准职业生涯基于这样的假定：一位德国雇员从 20 岁开始进入就业市场，历经 45 年的全职工作和全职的就业生涯记录，到 65 岁开始进入退休的阶段，根据精算这位雇员可以获得最优厚的养老金——也就是占其收入 70% 的养老金。这样虚拟状态的假定是以就业人员长时间、不间断的就业生涯和养老金交费纪录为基础，这在大规模的福特主义生产阶段（第二次世界大战后的 1950 年代到 1970 年代）是合理且可能的。然而在德国进入后工业化阶段以来，雇员进入就业市场的时间普遍大大推迟，越来越多的年轻人选择长时间的大学教育和职业教育，而且就业也呈现出时断时续的特征。

示,1992 年 25—34 岁达 20.45%,55—64 岁受过高等教育的人数达 16.22%,2002 年分别达 21.74% 和 20.61%;2007 年同时达 23.12%;2012 年分别达 28.96% 和 26.43%。

表 4-16　德国 1991—1997 年、2013—2017 年高等教育入学率

（单位：年,%）

年份	1991	1992	1993	1994	1995	1996	1997	2013	2014	2015	2016	2017
高等教育入学率	33.66	35.43	39.42	42.50	45.33	46.94	47.79	61.39	65.50	67.75	69.58	70.25

注：数据来源于 http://www.oecd.org/。

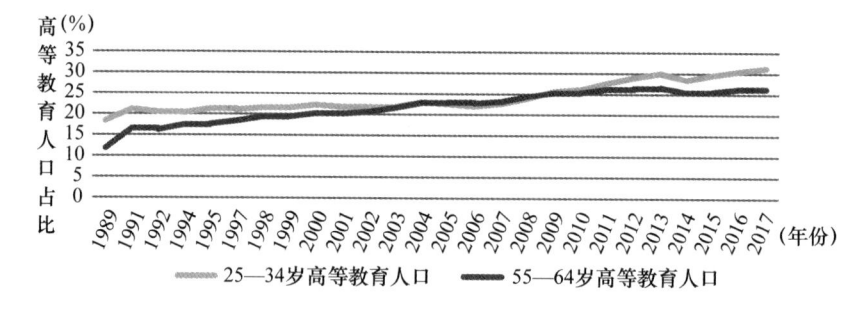

图 4-24　德国 1989—2016 年 25—34 岁和 55—64 岁高等教育人口占比图

注：数据来源于 http://www.oecd.org/。

3. 瑞典

瑞典具有社会自由主义倾向并极力追求平等,是受教育程度最高的国家之一[①]。瑞典所有高校均实行免费教育。年满 16 周岁前,父母均可获得生活津贴。16 岁之后,完成九年义务教育的青年,继续深造还可以获得学习津贴。从高等教育入学率来看,20 世纪 90 年代以来,

---

① 瑞典 9 年义务教育之后,有 90% 的学生进入综合高中学习,这种学校开设有各种职业教育和学术课程,各学科的学习年限为 2—4 年不等,学生自行选择。高等教育机构包括传统的大学、大学学院及短期职业技术教育学院等。

瑞典接受高等教育的人数经历了快速增长阶段，从1990年的30.68%到2003年的81.42%（如图4-25）。分年龄组的受高等教育占比情况中，可以看出25—34岁人数占比和55—64岁人数占比趋势图几乎是同步变化。分别从1989年25—34岁的25.83%和55—64岁的13.51%上涨到2004年的42.3%和27.26%，几乎实现了翻倍增长。2005年有所下降之后一路上升，到2017年25—34岁受高等教育人口占比为47.39%，而55—64岁的高等教育人口占比为31.11%。2003年25—34岁受高等教育人口占比为40.44%，55—64岁占比为26.25%，接受高等教育的人数占比为66.69%（如图4-26）。可以说高等教育的高度发展与瑞典老年劳动力供给比率不断提升有着密切的关系。正是高等教育的发达，使得瑞典人普遍能够接受较高的教育，从而延长了其接受教育的时间，使得个体开始职业生涯的时间节点普遍被推迟。因此，在瑞典通过延迟退休年龄拉长个体的职业生命历程具有在预期寿命延长、劳动力缺乏、受教育程度较高等约束条件下的必然性。固然，从理论上讲，约束条件的变化带来退休年龄政策的调整是一国养老金制度可持续发展的必然要求，但是作为直接利益相关者的个体会处于自己的利益诉求，从而表现出对政策的不同偏好，由此增加了政策执行的难度和障碍，或者说执行的效果会远不如预期的那样。

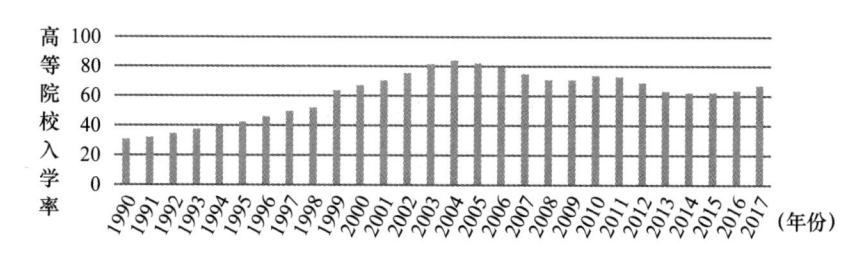

图4-25 瑞典1990—2017年高等院校入学率表

注：数据来源于http://www.oecd.org/。

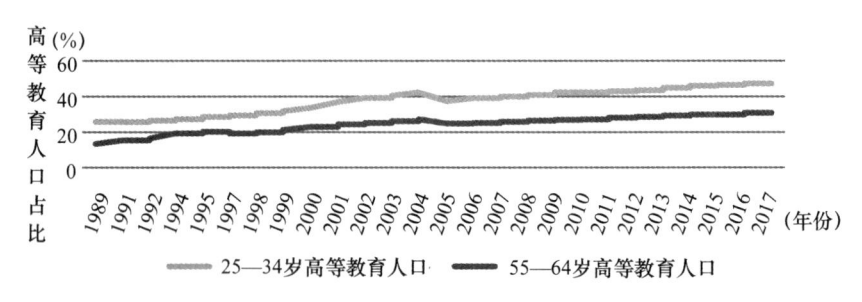

图 4-26 瑞典 1989—2016 年 25—34 岁和 55—64 岁高等教育人口占比图

4. 日本

日本 20 世纪 70 年代出台《中老龄雇用促进特别措施法》，并对 55—60 岁继续工作的人给予经济激励；1986 年正式将法定退休年龄从男性 55 岁、女性 50 岁，统一提高到 60 岁。1998 年禁止 60 岁之前退休的行为，并鼓励企业将最高退休年龄规定为 65 岁。2004 年将退休年龄由 60 岁延迟到 65 岁。

日本的高等教育发展水平要远高于 OECD 国家平均水平。第二次世界大战后，日本更加重视教育，1970 年大学入学率为 23.6%。从 1951 年到 1973 年，日本大学毕业生增加了 15 倍。1963—1973 年硕士研究生由 3000 人增加到 1.2 万人。到了 20 世纪 80 年代末，日本成为世界上教育最普及、最发达的国家之一。到 20 世纪 90 年代初，适龄青年接受高等教育人数达到 50% 以上。战后大力加强实业教育，建立了一批生产科研相结合的综合大学，确立了工人技术教育体制，造就了大批熟练工人、技术人员和科研人员及文化劳动者[1]。发达的高等教育水平在给日本经济带来高人力资本存量的同时，也推迟了这些受过高等教育群体的初始劳动年龄或入职年龄，如果按照标准职业

---

[1] 叶男：《中国城乡社会保障现状及发展趋势研究》，武汉理工大学出版社 2013 年版，第 140—143 页；邹升平：《中国与瑞典经济制度比较研究》，硕士学位论文，大连理工大学，2011 年。

/ 第四章 典型国家延迟退休年龄政策实施的社会经济条件 /

生涯，在规定时间内严格退出劳动力市场，则会带来巨大的经济损失以及人力资本的浪费。因此，日本在延迟退休年龄政策出台之前就已经开始贯彻弹性退休，用区间可选择的退休机制来规范人们的退休行为。1998 年日本 25—34 岁高等教育人口占比为 46.06%，2004 年为 52.64%；1998 年 55—64 岁高等教育人口占比 1998 年为 13.23%，2004 年为 20.64%（如图 4 - 27）无论哪个年龄段，高等教育人口占比都处于稳定上升状态。

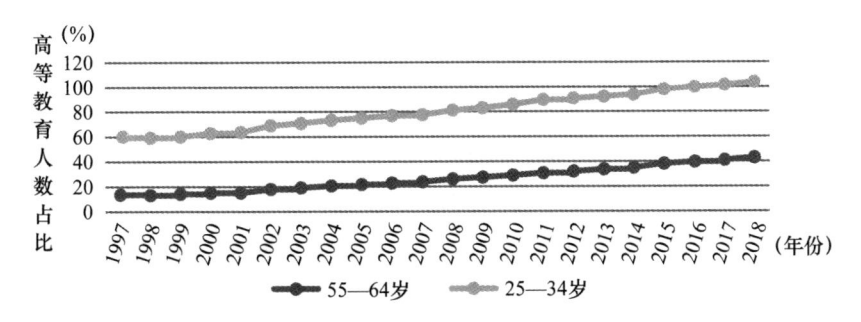

图 4 - 27　日本 1997—2017 年 25—34 岁和 55—64 岁高等教育人数占比表

注：数据来源于 http://www.oecd.org/。

5. 捷克

捷克 1990 年以来在高等教育入学率的提升方面取得了很大的进展。1995 年入学率为 20.58%，2002 年为 34.44%，2010 年达到 63.95%。捷克在 1995 年将女性和男性的法定退休年龄从当前 53—57 岁和 60 岁分别提高到 57—61 岁（依据生育情况而有所浮动）和 62 岁。1995 年高等教育入学率 20.58%。2002 年再延迟 1 岁，高等教育入学率 34.44%；2010 年规定 2011 年开始男性每年推迟 2 个月、女性每年推迟 4 个月，一直到男性达到 67 岁、女性达到 62—65 岁，2010 高等教育入学率为 63.95%，2011 年为 65.57%（如图 4 - 28）。

在 25—34 岁群体的高等教育人数占比中，1995 年为 11.8%，2002—2003 年分别是 10.62% 和 12.05%，2010 年为 22.63%；在

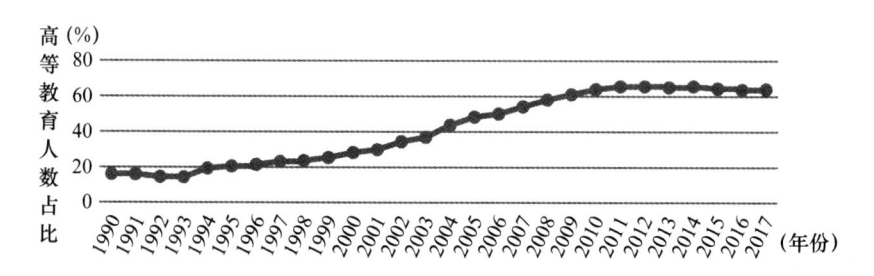

图 4-28　捷克 1990—2017 年高等院校入学率

注：数据来源于 http://www.oecd.org/。

55—64 岁群体高等教育人数占比中，1995 年为 8.29%，2002—2003 年分别为 10.62% 和 10.27%，2010 年为 11.53%（如图 4-29）。由此可知，在 1994—2017 年，捷克在 25—34 岁群体的高等教育人数占比增长较快，但在 55—64 岁年龄组高等教育人数占比则没有表现出明显的上涨，且与 25—34 岁年龄组的差距不断拉大。这说明，捷克在提升 55—64 岁年龄组教育水平方面有足够的空间，因此在延迟退休年龄政策系统方面应该在提升老年群体受教育水平或劳动力质量方面有所侧重。

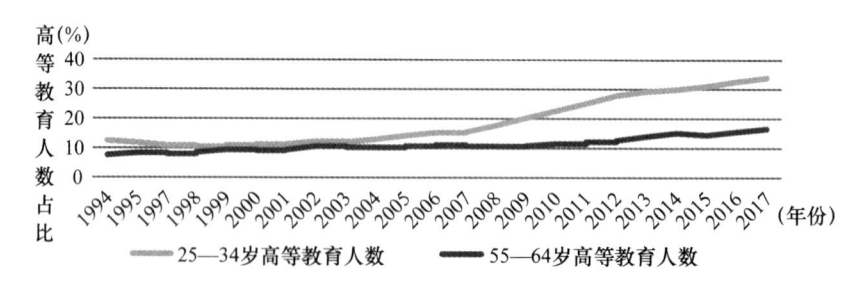

图 4-29　捷克 1994—2017 年 25—34 岁和 55—64 岁高等教育人口占比

注：数据来源于 http://www.oecd.org/。

6. 匈牙利

匈牙利经济转型的关键在于劳动力质量，各种类型的教育培训在提升匈牙利劳动力质量方面做出了积极的贡献。东欧的经济学家指

/ 第四章 典型国家延迟退休年龄政策实施的社会经济条件 /

出,教育水平的提高在劳动生产率增长中占有30%的比重。因此,普遍提高工人的文化水平,以适应生产的高度现代化和自动化,是东欧国家发展经济的主要内容之一。发达的职业教育一方面为匈牙利提供了更多熟练的劳动力;另一方面发达的职业教育体系如同高等教育一般会延迟受教育者进入劳动力市场的时间,推迟初始劳动年龄。1990年匈牙利高等教育入学率为14.69%,1997年达到26.23%,到2007年达到峰值68.28%,2010年下降到63.72%,2017年已经下降到48.5%(如图4-30)。分年龄群体来看,1998年匈牙利25—34岁人口中的高等教育人数占比为13.94%,在2004年之后进入高速增长期,到2010年25—34岁人口中的高等教育人数占比为26.02%,2014年达到最高点32.11%;55—64岁人群1997年占比为8.47%,2010年比为16.48%,2014年达到16.91%(如图4-31)。

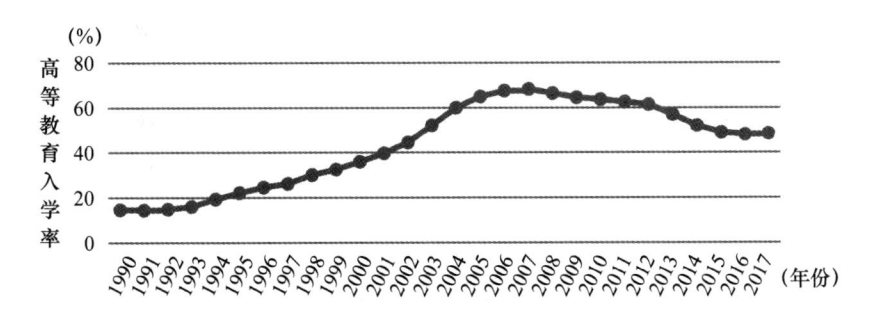

图4-30 匈牙利1990—2017年高等教育入学率

注:数据来源于http://www.oecd.org/。

(五)政治文化条件

1. 美国

美国实行三权分立与制衡相结合的政治制度和两党制的政党制度。政治文化受执政的共和党和民主党的主要信念的影响,被称为"驴象之争"[①]。一方面,基于地域、阶层、宗教、族裔等方面的差别

---

① 林宏宇:《美国总统选举政治研究》,天津人民出版社2017年版,第57—59页。

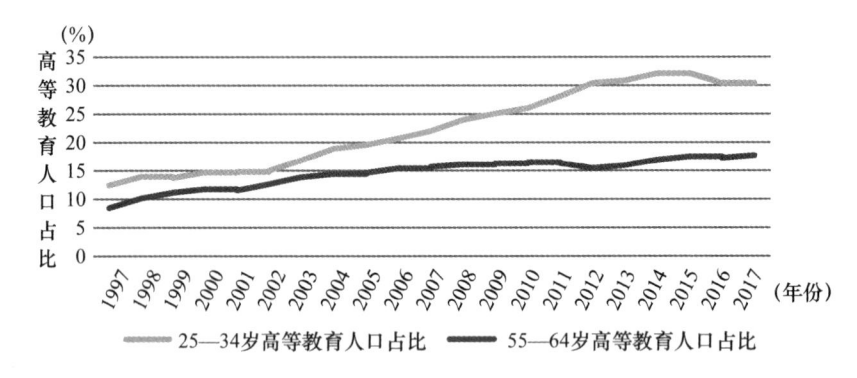

图4-31 匈牙利25—34岁和55—64岁高等教育人口占比

注：数据来源于http://www.oecd.org/。

而形成的民主党和共和党两党制下，每个政党都有自己的政治理念和鲜明的立场，自由主义推崇变革、平等，而保守主义则注重传统价值、社会稳定与宗教的作用，强调文化的延续性。但在大的政策方针上则往往能够保持一致。这为美国社会政策的可持续性和稳定性提供了必要的支持[1]。另一方面，美国总统选举实行的是间接选举制，由选民选出总统选举人，再由总统选举人选出总统。总统候选人为了在选举中获胜，就必须争取选民，在选民中树立良好形象，提出吸引选民的口号和纲领，甚至向选民做出某些承诺。

美国政府倡导自由民主、自强自立的文化遵循及其对人们的行为干预，以及在此文化场域中形成的以市场为主的福利供给机制。因而，政府的公共物品供给行为在美国这样的社会文化体系下，很少会成为人们唯一或者重要的社会资源依赖。在有关养老金制度改革的延迟退休年龄政策的制定与实施中，政府基于经济、人口以及支付压力等原因提出延迟个人退休年龄，通过鼓励和惩罚的措施达到对老人养老金支付压力的缓解，能够较为容易地获得大众的理解和支持。截至

---

[1] 钱满素：《美国自由主义的历史变迁》，生活·读书·新知三联书店2006年版，第5页。

20世纪80年代以前的福利大规模扩张,带来了诸多经济社会问题,也带来了美国政治文化危机。制度演变的路径依赖特征决定了美国社会文化,尽管在外在政治经济条件的变化中产生了认同危机,但并不会因此改变传统自由民主的文化遵循。在对国家政府表现出失望与不信任的时候,美国民众往往更强调市场效率、个人责任和自我承担的重要性,不依赖家庭、不依赖他人、自强自立的处事风格,普遍认为市场机制能够促进充分就业,以及个人有能力也有义务为自己的保障提供支持,鼓励有能力的人通过市场的方式获取保障。在这样的理念下,国家在养老保障计划中旨在为雇员提供最基本生活保障,同时积极鼓励私人福利计划的发展,并促进市场在老年人生活质量提升方面的积极作用。市场在养老支持中处于主要地位,政府则作为市场的必要补充而存在。在市场机制的作用下,老年人的退休意愿普遍较低,加上政府促进中高龄劳动者就业的政策,老年人更愿意积极工作。

2. 德国

德国实行多党制,政党数目众多。由获得议会多数席位的一个或多个政党单独或者联合执政。主要的政党有社会民主党,即社民党和联盟党。联盟党由基督教民主联盟和基督教社会联盟组成,以企业主、农场主、职员和知识分子为主。

德国是议会共和制。联邦总统为国家元首,议会由联邦议院和参议院组成,联邦议院具有立法权,监督法律执行,选举联邦总理,参与选举联邦总理和监督联邦政府的功能。联邦制政府是分散政治权力以及在政治体制中确立权力制衡的一条途径。在大多数政策领域,联邦政府都负有首要的政策责任。州政府有一个院制立法机构,由选民投票直接选出。联邦政府的核心机构是议会,议会实行两院制,人们直接选举产生的联邦议院是首要的立法机构。德国《基本法》将更大的正式权力赋予了作为行政首脑的联邦总理,总理一直控制着政治过程,并通过把权力集中到个人手中而使自己成了联邦政府的象征。总理由联邦议院选举产生。总理权威还来自对内阁的控制,由总理决定政府政策。这种文化提取了普鲁士的服从、义务和忠诚等传统价值观，政府告诉人民，服从是一位好公民的责任，而对国家的支持则本身就是目的所在①。大多数西德人认为自己的参与能够影响政治过程，人们相信民主确实在运转。公众不断改变的政治规范，带来了政治参与的大幅增加。20世纪50年代，近三分之二的公众不讨论政治，如今有近四分之三的人声称自己常常谈论政治。随着对竞选活动和政治组织参与的增加，不断扩大的公民兴趣带来了联邦德国的参与革命。公民行动团体的增长，是由对某一特定问题感兴趣的公民组成的团体，目的在于通过它来表达自己的要求，并影响政策制定者②。

德国人有参加社团的传统和偏好，"三个人一协会"③。利益集团是德国政治过程中必不可少的一部分，广泛存在于德国社会，是德国政治体制的重要组成部分，对制度及政策的出台和实施能够产生重要影响。此外，利益集团在德国的合法存在也为其政策影响力提供了支持。利益集团总体上说是受欢迎的，参与各种政府委员会和实体，有些团体接受来自政府的财政或行政支持，以帮助他们执行与政策相关的活动。联邦行政法规定，若制定的新政策会影响到利益集团的特殊利益，那么在制定时，政府官员会与有关团体联系，以保证政府能够从利益集团代表的专业知识中获益。利益集团的行为方式接近于治理活动。这种政府与利益集团之间的合作被称为新法团主义：这些协会直接参与政策过程，政策制定是在相关协会和政府之间的商讨和谈判中达成的，所达成的协议通过政府行动来实现④。

3. 瑞典

瑞典是议会制君主立宪制，尽管多党派林立，但各党派都能够在宪法允许范围内化解各种冲突和矛盾。各党派通过妥协来解决不同利益主体之间的分歧，使得"共识政治"成了瑞典政治文化传统的典型特征。在这种共识的基础上，瑞典在政治格局上表现稳定，被称为

---

① 于玉宏等：《当代外国政治制度》，北京时代华文书局2016年版，第112—115页。
② ［美］阿尔蒙德、维巴编：《重访公民文化》，东方出版社2014年版。
③ 赵晓芳：《德国的利益集团与社会保险制度的起源》，《兰州学刊》2012年第8期。
④ 郑春荣：《合作主义理论在德国的发展与实践》，《德国研究》2008年第4期。

"温和的多党制"。温和型的多党制在一定程度上能够有效避免政党之间的政治纷争，从而有利于政策制定的传承与稳定性。

此外，瑞典作为后起的发达国家，在中世纪形成的"贵族、教士、市民自由民和农民"四个等级相互制衡的权利结构的基础上，工人阶级凭借强大的工会组织和社民党的支持，与资产阶级形成一种势均力敌的状态，最终形成了工人阶级、农民阶级与资产阶级三足并立的阶级分布格局，各种社会力量之间保持了一种均衡的权力结构。但在资本主义制度形成过程中，封建贵族与市民阶层、农民之间并没有出现流血革命与激烈的暴力冲突，而是通过和平方式实现的。随着传统的沿袭，均衡与妥协的精神渗透到瑞典社会各个领域。"第二次世界大战"以后，在社民党的推动之下，妥协政治更是逐步趋于制度化[①]。

瑞典民主传统悠久。欧洲启蒙主义"自由、平等、博爱"等观念渗透到瑞典民族心理中，形成了人人平等的民族普遍心理。在这种心理作用模式下，妥协与合作成为瑞典人民处理社会矛盾与冲突的主要价值取向。这种民主精神也深刻贯穿在瑞典第一大党社会民主党的执政过程中。只要出台与百姓利益攸关的政策之前，政府都要广泛征求群众的意见，进行深入而广泛的调查研究，并将群众的意见作为政策制定的依据。这也为瑞典合作与妥协社会心理的形成奠定了政治基础。在这种各阶级妥协与合作的文化价值观的影响下，瑞典各利益集团之间在利益分割的问题上采取互相让步的方式解决[②]。故而在有关退休制度调整方面，因为在政策设立之初已经具备了广泛的民众基础，加上妥协与共识的政治文化传统以及原有制度依赖对制度演化的作用机制下，有关退休年龄的制度调整表现得较为顺利。另一个重要的原因还在于，瑞典原本就定有较高的退休年龄政策，基于各种社会

[①] 叶男：《中国城乡社会保障现状及发展趋势研究》，武汉理工大学出版社2013年版，第140—143页。

[②] 邹升平：《中国与瑞典经济制度比较研究》，硕士学位论文，大连理工大学，2011年；林勋建：《西欧多党政治透视》，中共中央党校出版社1993年版，第119页。

经济条件变化之后对退休年龄政策的调整基本都围绕退出劳动力起止区间进行设计和规定,充分显示了对人们自由选择权的肯定与尊重。民意是最大的支持,任何一项公共政策只要顺应了民意,就具备了能够较好的政策效果的基本属性。

4. 日本

日本政府是议会内阁制的代议民主制,实行三权分立,由国会、内阁、法院行使相应权力,国家主权属于国民,天皇作为国家象征被保留。在国会中占有多数议席的政党才能获得组阁权力,执掌政权。

日本多党制表现为典型的一党独大属性。自民党曾连续单独执政长达38年之久。自民党是一个带有民族主义倾向的、长期信奉保守主义的党派。长期执政下与财团形成政治家、官僚、经济界的"铁三角",垄断日本政治。自民党主张立足民主政治理念,维护自由经济体制,修改宪法。民主党是最大的在野党,是由民主党、民政党、友爱新党和民主改革联合四个在野党组成的新政党。一党的绝对地位决定了日本在政策制定中的稳定性与传承性的特征。因此,日本在延迟退休年龄的政策取向上呈现出的是一脉相承的、不会因为执政党的变更而产生较大的变革。另外,20世纪60年代开始日本在家族政治的影响下,政治家族掌握国家最高权力是当代日本政治发展的最大特点。世袭和家族政治在日本流行,源于传统儒家文明的渗透,日本门第观念、家族思想和等级意识非常强烈。有助于保持政权的稳定性,保障国家政策的连续性,避免政策波动带给国家和民众的不利影响,有助于政策的长期执行和目标的实现[①]。

日本是东亚福利体制的典型代表国家。其福利模式的特点是坚持经济发展优先于福利分配的原则,政府的福利供给处于补缺型,加上传统儒学思想的影响,家庭在个人福利供给中处于绝对核心地位,因此在老龄化趋势日益严峻的情况下,低福利、高就业、积极创设适宜的就业支持与环境配套等政策取向,以及鼓励市场积极激发民众参与

---

① 曾令明、滕洪波:《日本社会文化的多维研究》,中国书籍出版社2019年版,第40页。

自愿保险的积极性与动力成为日本政府退休年龄政策调整的基本文化遵循。在儒家文化的影响下，日本民众又十分重视家庭以及在此基础上衍生的诚信、守诺、忠诚等企业文化，这些精神都深深影响着日本民众的行为决策以及企业的行为规范。日本企业传统上有相似的论资排辈制度和终身雇佣制度，日本工会在老龄化政策上与企业和政府达成了妥协，成为推动积极老龄化的重要力量。

5. 捷克

转型后捷克从一党执政转变为多党竞争下的议会民主制。政党竞争经历了多党林立到西欧政治格局演进的发展历程。目前的捷克政党政治正从多党向围绕两大党的发展格局演进。这种貌似党争不断、竞争激烈、矛盾激化、杂乱无序的政治生态，却在民众中产生了较高的认同感。他们认为这种"乱糟糟"的局面相对于一党制下的坚不可摧与高度一致来说是一种进步的表现。然而两年一次的政党选举与政党更迭也产生了不利于政府着眼于长远考虑的政策的出台与实施的体制效应。在短期执行下，当政者做长远打算的不多，基本都忙于制定能够快速显现政党政绩的短期即可出效果的政策。这种政治格局反过来却更加坚定了原有事关长远公共利益的政策的长期贯彻与执行，也保持了公共政策的一贯性与稳定性。这也是捷克养老金制度在剧变之后没有产生较大结构性变革的主要原因[①]。

6. 匈牙利

匈牙利有着较为浓厚的议会制传统，实行多党议会民主制，主要政党有：社会主义工人党、社会党、民主论坛和自由民主主义者联盟。社工党目标是建立社会主义社会；社会党目标是建立民主主义社会；民主论坛的理念是建立民主的法治国家、多党制议会、民主政党的联合政府和地方自治体制，建立社会市场经济、引进外资、改革农业所有制关系，回到共同的欧洲大厦，取得中立等；自由民主主义者联盟主张建立西欧式议会制度及现代化市场经济。匈牙利是维谢格拉

---

① 孙勤：《捷克的公民社会与政治转型研究》，硕士学位论文，西南交通大学，2015年。

德集团（Visegrád Group）中第二个开启"圆桌谈判"模式的国家，选择以和平协商的方式完成政治体制的转型，旨在最大限度地维护政治秩序，同时较快地进行治理体系重建[①]。

转型以来，匈牙利主要政党在青年民主党人联盟和社会党的领导下，完成了政治经济体制转型，成功实现了国家治理体系的重建。2002—2010年匈牙利经济形势恶化导致社会党遭遇滑铁卢，"青民盟"开始了独霸政坛的征程。原因在于左右翼政党的执政绩效基本都是围绕私有化和经济紧缩原地打转；而左翼一味迎合欧盟与国际组织的偏好引起了社会的普遍反感。欧尔班领导的"青民盟"政府自2010年以来加强了对经济的管制。重新执政后，更是采取了诸如国有化战略部门和银行、养老金制度和税制改革以及加大对中小企业补贴等大规模的经济改造，不仅成功摆脱了以高通胀、高负债和低增长为特征的经济危机，而且有力地支撑了庞大的福利体系，赢得了民意支持。

二 延迟退休年龄政策实施受阻国家的社会经济条件分析

（一）经济条件

1. 人均GDP增长率

（1）法国

法国退休年龄政策调整时间节点是2010年。2010年法国政府将法定退休年龄从60岁延长到62岁，将全额养老金年龄从65岁延迟到67岁。法国经济增长在21世纪以来都要低于OECD国家平均水平。2009年受世界经济危机的影响，法国人均GDP增长率跌入空前最低谷 -3.37%。2003年人均GDP增长率为0.11%，法国政府开始对公务员和公有部门雇员等群体进行养老金改革，并通过2008年的改革实现了养老金并轨。这可以看作在养老金制度改革领域对经济增长水平的一次直观映射。2009年世界经济危机的爆发使法国经济又一

[①] 张永辉：《中东欧国家养老保险制度改革的回顾与展望》，上海人民出版社2016年版，第341—343页。

次跌入低谷。2009 年法国经济陷入最低谷，人均 GDP 增长率为 -3.37%。2010 年法国人均 GDP 增长率为 1.45%，从图 4-32 可以看出，此时正处于法国经济发展的上升期。萨科齐政府着手退休年龄政策改革，将法定退休年龄从 60 岁延长到 62 岁，将全额养老金年龄从 65 岁延迟到 67 岁，由于在此之前法国最低退休年龄为 60 岁，法定退休年龄为 65 岁，在原有的基础上都延长了 2 岁，因此引起了大规模、大范围的罢工。

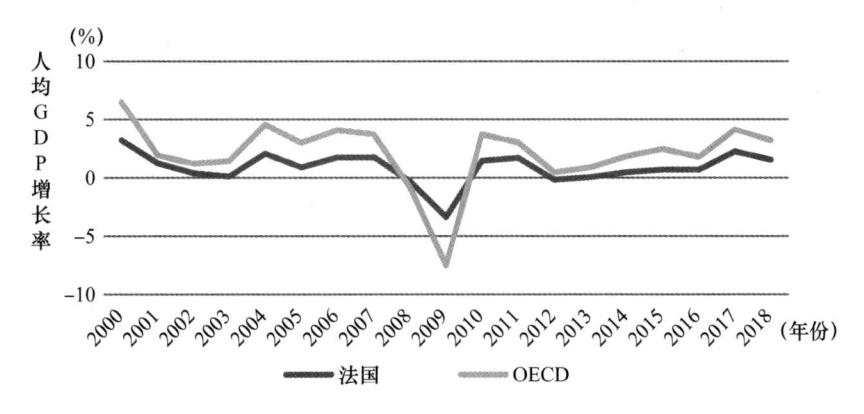

图 4-32　法国 2000—2018 年人均 GDP 增长情况

注：数据来源于 http://www.oecd.org/。

（2）波兰

波兰退休年龄政策调整的重要时间节点是 1999 年、2012 年和 2016 年。在"东欧剧变"中，波兰具有领头羊的作用。随着在政治和经济上的双重转型，原有的养老金制度不堪重负。1990 年 1 月 1 日，波兰开始实行财政、货币双紧缩的措施来稳定经济，俗称"休克疗法"推进市场化改革。虽然休克疗法的初期暂时缓解了剧烈的通货膨胀，也很快实现了私有化，但国内经济很快衰退得更加严重，失业率不断上升，人们的收入大幅缩水。为了缓解由此导致的社会问题，波兰开始不断放宽提前退休的条件以应对不断上涨的失业率，结果导致 1998 年退休者和残疾人福利开支从 1994 年的 12.6% 提高到

15.4%。1995年财政补贴达到GDP的45%,不得不向世界银行贷款支付养老金。另外,波兰养老保障制度缴费全部由雇主承担,1990年为45%,造成企业负担沉重,大大降低了企业竞争力水平。

为此,在世界银行的支持与资助下,波兰选择对原有养老金制度进行结构性改革,采用三支柱模式,引入名义账户制;同时,将退休年龄由原来的男性59岁、女性55岁分别提升至65岁和60岁。

由图4-33可知,1998—1999年波兰人均GDP增长率跌入自1996年以来的低谷期,从5.98%跌入4.65%。2001年进一步跌到1.28%。而从2012年时间节点来看,2011年波兰人均GDP增长率为4.96%,到2012年迅速下跌至1.61%,2012年5月,波兰国会通过法案,决定将男女法定退休年龄逐步统一提高到67岁,以缓解养老金支付增长造成的不利影响,但引起了公众的强烈抵触和罢工。

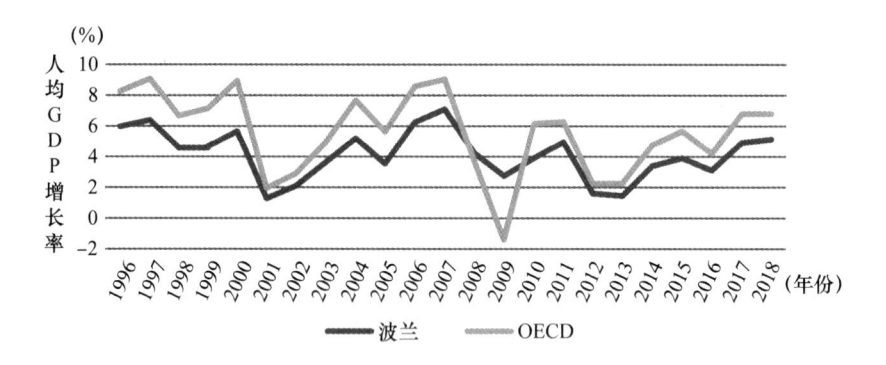

图4-33 波兰1996—2018年人均GDP增长率

注:数据来源于http://www.oecd.org/。

经过2014年的3.4%和2015年的3.9%之后,2016年波兰人均GDP增长率又回落到3.11%。这就成为2015年竞选中杜达政府成功的重要筹码。而从经济增长水平来看,2016年经济增长率从2015年的3.91%下降到2016年的3.11%。可以看出,此次波兰退休年龄调整更多的是作为政党获取选票的手段而已,并未从波兰经济增长的现实环境去考虑。针对波兰政府2016年逆潮流而行的降低法定退休年龄的举措，波兰财政部估计，这将使每年的财政预算增加 100 亿兹罗提，约合 180 亿元人民币。2016 年降低退休年龄的政策选择最终导致 2012 年的延迟退休年龄政策以失败告终。尽管表面看来是政党竞争的产物，但更多说明了 2012 年政策选择对约束条件的估计过于乐观。

2. 养老金支付水平

（1）法国

法国自 20 世纪 70 年代以来整体经济低迷，养老金支出占 GDP 的比重不断上升。在人口老龄化的压力下，法国养老金支出占比从 1990 年的 10.37% 上升到 2000 年的 11.43%，到 2010 年上涨到了 16%。养老金赤字给国家财政带来了沉重负担，且在持续加重。养老金支付压力的上涨给法国经济发展带来了严重阻力。由图 4-34 可知，法国的养老金支出占比一直远高于欧盟平均水平，2009 年养老金支出占比已经达到 GDP 的 13.15%，2010 年则上涨到 13.22%，之后各年持续均衡上涨，2012 年达到 13.66%，同期 OECD 国家平均水平为 7.87%。养老金支付压力日益严重。2010 年萨科齐政府将逐步把退休年龄从 60 岁延至 62 岁，老人老办法、新人新办法；将领取全额养老金的年龄从 65 岁相应地延至 67 岁。从 2011 年 7 月起，法国法定退休年龄将以每年增加 4 个月的速度逐步提高，直至 2018 年提高到 62 岁。

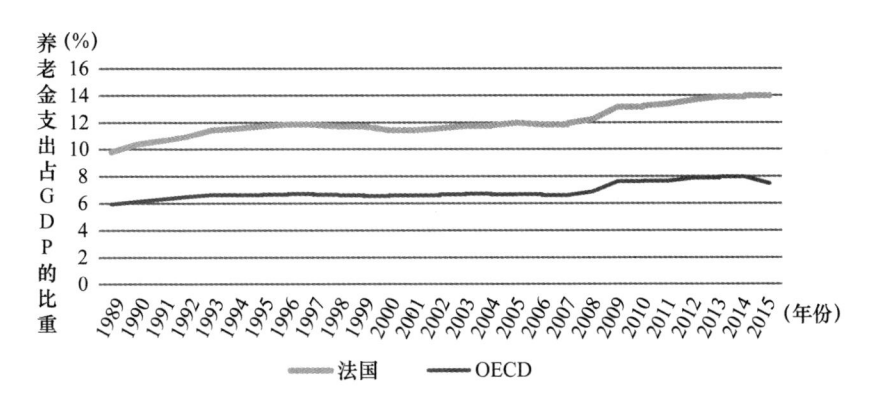

图 4-34　法国 1989—2015 年养老金支出占 GDP 比重图

注：数据来源于 http://www.oecd.org/。

（2）波兰

波兰经济总体上自20世纪以来显示出不断上升态势。与此同时，20世纪90年代以来波兰的养老金支出占比也一直处于上升且高于OECD国家平均水平的发展态势。1990年波兰养老金支出占GDP的比重为5.03%，低于OECD国家平均水平6.13%；1991年上升为7.74%，高于OECD国家平均水平6.31%；1999年为9.3%，远高于OECD国家平均水平6.54%；2003年波兰养老金支出占GDP的比重达到最高峰11.89%，远高于OECD国家平均水平6.7%；2012年为10.83%，远高于OECD国家平均水平7.87%，财政压力较大（如图4-35）。过高的养老金财政压力与波兰要在经济上追赶超越欧洲发达国家的整体发展战略相悖。2012年5月法国政府签署法令，决定自2013年起将波兰男女退休年龄从65岁开始，以每年调高3个月的速度直至统一提高到67岁（2040年的女性、2020年的男性）。对于最低养老金，男性和女性分别需要缴费25年和20年。由于新制度还规定最低退休年龄为男性65岁、女性60岁引起了公众的强烈抵触和罢工。

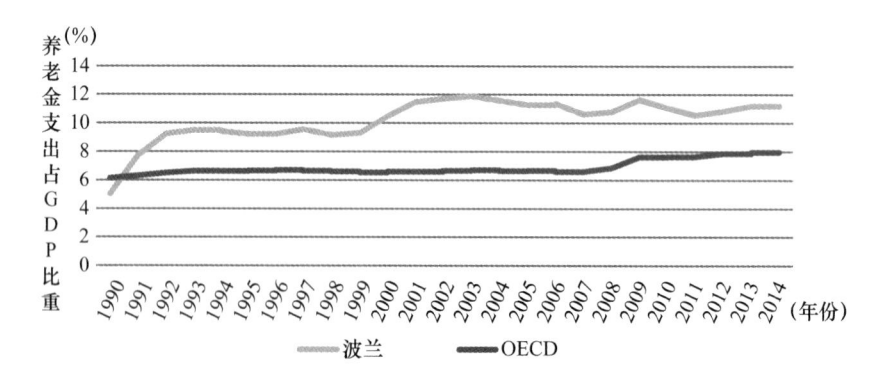

图 4-35　波兰 1990—2014 年养老金支出占 GDP 比重

注：数据来源于 http://www.oecd.org/。

(二) 人口结构条件

1. 人口老龄化水平

(1) 法国

法国人口预期寿命要远高于 OECD 国家平均水平。1997 年法国人口预期寿命已经达到 78.6 岁,而同期欧盟平均水平为 75.3 岁。法国人口预期寿命及预期处于上升趋势。2000 年的预期寿命为 79.2 岁,2010 年为 81.8 岁(如图 4-36)。

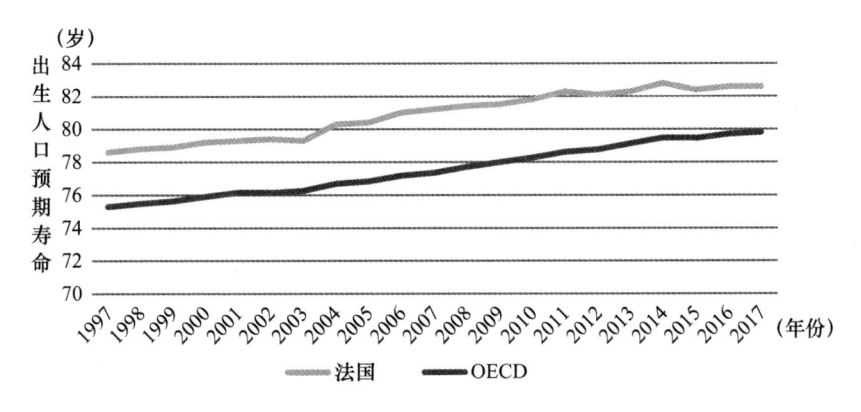

图 4-36 法国 1997—2017 年人口预期寿命

注:数据来源于 http://www.oecd.org/。

由图 4-37 可知,法国自 20 世纪 90 年代之后 65 岁及以上老年人口所占比重一直高于 OECD 国家平均水平。在 2009 年之后进入了快速增长期。2010 年 65 岁及以上人口占总人口比重为 16.85%,OECD 国家平均水平为 14.67%。2010 年老年扶养比为 26.01%,OECD 国家平均为 22.04%(如图 4-38)。

(2) 波兰

东欧国家在 20 世纪 90 年代大都迈入了老龄化门槛,人口普遍出现了负增长。随着医疗技术和生活水平的提高,波兰人的平均预期寿命也不断提高,从 1990 年的 70.8 岁,至 1999 年改革前预期寿命达到 73.2 岁,2012 年的预期寿命为 76.9 岁,2016 年为 78.0 岁,低于

/ 延迟退休年龄政策演化的社会经济条件研究 /

OECD国家平均水平的78.8岁和79.1岁；到2017年，波兰人口的预期寿命达到77.9岁，低于OECD国家平均水平的79.7岁（如表4-17）。数据显示，波兰人口预期寿命处于不断增加的趋势，但增长幅度基本与OECD国家平均水平相当，预期寿命一直低于OECD国家平均水平。

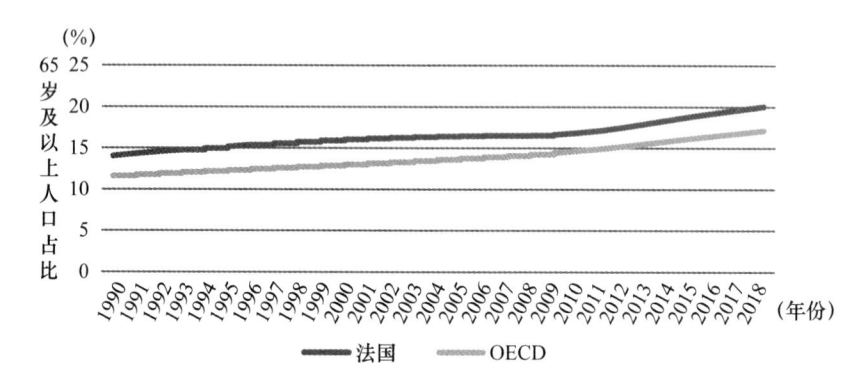

图4-37　法国1990—2018年65岁及以上人口比重

注：数据来源于http://www.oecd.org/。

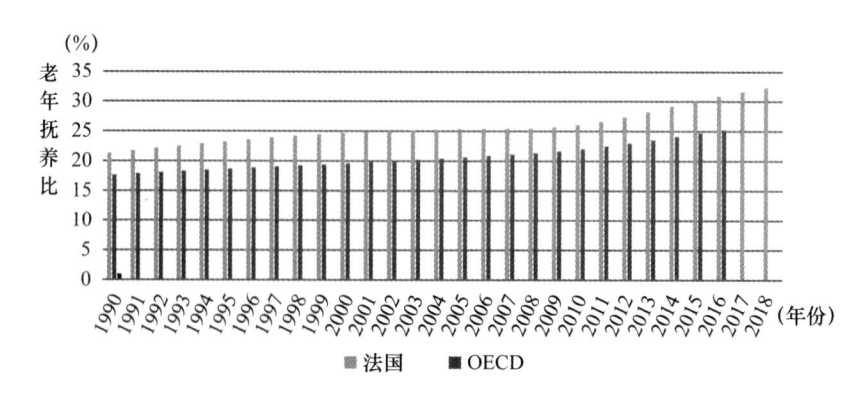

图4-38　法国1990—2010年老年人口扶养比

注：数据来源于http://www.oecd.org/。

/ 第四章 典型国家延迟退休年龄政策实施的社会经济条件 /

表4-17　　　　　波兰1990—2017年人口预期寿命　　（单位：年，岁）

年份	预期寿命	年份	预期寿命
1990	70.8	2004	74.9
1991	70.5	2005	75.1
1992	71.1	2006	75.3
1993	71.6	2007	75.4
1994	71.8	2008	75.7
1995	72.1	2009	75.8
1996	72.4	2010	76.5
1997	72.8	2011	76.8
1998	73.2	2012	76.9
1999	73.2	2013	77.1
2000	73.8	2014	77.7
2001	74.2	2015	77.6
2002	74.6	2016	78.0
2003	74.7	2017	77.9

注：数据来源于https：//data.worldbank.org.cn/。

1999年波兰65岁及以上人口预期余命，为17.1岁，波兰在引入名义账户制的同时实施延迟退休年龄政策，规定男性退休年龄为65岁，女性为60岁。在这样的制度下，男性享受养老金的时间为17.1年，女性则为21.1年。2012年法国退休年龄调整为67岁，2012年65岁及以上人口预期余命为19.8岁。预期余命相比之前增加了3.8岁，但却延长了2年退休。在这样的制度安排下人们可享受的养老金时间仅仅增加了1.8年（如表4-18），引起了公众的强烈抗议。

表4-18　　　　　　波兰65岁人口预期余命　　　　（单位：年，岁）

年龄	1990	1991	1992	1993	1994	1995	1996	1997	1998	1999
预期余命	16.2	16.0	16.3	16.2	16.4	16.5	16.5	16.8	17.1	17.1

续表

年龄	2000	2001	2002	2003	2004	2005	2006	2007	2008	2009
预期余命	17.5	17.7	18.0	18.0	18.3	18.5	18.8	18.9	19.1	19.2
年龄	2010	2011	2012	2013	2014	2015	2016	2017		
预期余命	19.5	19.9	19.8	19.9	20.4	20.1	20.5	20.2		

注：数据来源于 https：//data.worldbank.org.cn/。

2016年波兰退休制度从67岁下调到65岁，更多的原因在于特殊政治体制下，政党之间将退休年龄政策作为获得选票的砝码而导致的结果。2016年预期余命为20.5岁，比1991年提高了4.5岁，如果按照65岁退休，则个人享受养老金的时间为20.5年，如果按照67岁退休则个人享受养老金的时间为18.5年。无疑杜达政府在退休年龄政策上的偏爱会导致波兰养老金支出占比的快速扩张。

在老龄化程度方面，虽然波兰自1997年就已经进入老龄化国家行列，但其老龄化水平一直低于OECD国家平均水平。因此，在老龄化方面的压力，要远远小于其他欧盟成员国。1999年65岁及以上人口占比为11.84%，2012年为14.19%，2016年为16.34%，2018年为17.1%（如图4-39）。1990—2018年波兰在老年扶养比方面也处于持续上涨阶段。1991年老年扶养比为15.65%，2012年为20.04%，

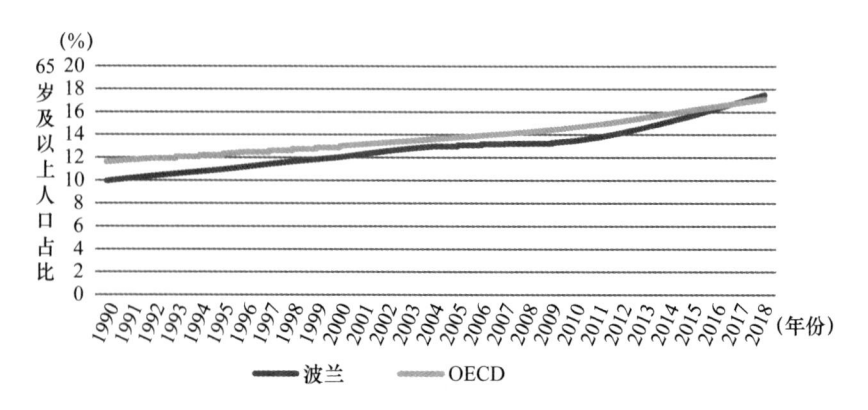

图4-39 波兰1990—2018年65岁及以上人口占比

注：数据来源于 https：//data.worldbank.org.cn/。

2016 年为 23.72%（如图 4-40）。

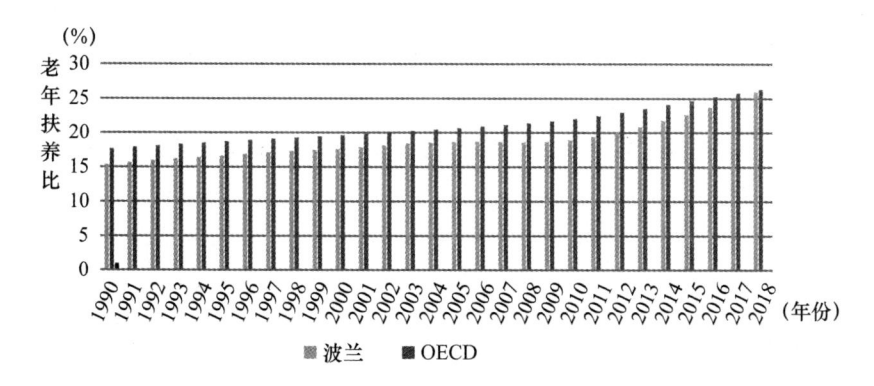

图 4-40　波兰 1990—2018 年的老年扶养比图

注：数据来源于 https://data.worldbank.org.cn/。

2. 劳动力供给

（1）法国

法国劳动力供给水平自从 20 世纪 90 年代之后就一直低于欧盟平均水平。1970 年以来法国劳动力人口就低于欧盟国家平均水平，直到 1982—1991 年略高于 OECD 平均水平之外，1991 年之后又出现不断下滑趋势，到 2010 年下降到 64.75% 且呈现大幅下降趋势，低于 OECD 国家平均水平 66.68%。另一方面，法国 15—64 岁劳动参与率尽管在 1997 年到 2004 年都处在一个高速增长期，但却远低于 OECD 国家平均水平。2010 年在劳动力供给量的大幅回落下，15—64 岁劳动参与率为 70.25%，低于 OECD 国家平均水平 70.57%（如图 4-41）。

1970 年以来法国 65 岁及以上群体的劳动参与率出现了大幅度下跌。从 1970 年的 12.84% 一直跌到 1983 年的 3.45%。到 2006 年达到 1.057% 的最低参与率水平，随后开始缓慢上升（如图 4-42）。2010 年法国 65 岁及以上劳动参与率为 1.54%，同期的 OECD 平均水平为 12.39%。可见，法国在促进 65 岁及以上劳动参与率方面依然有很大的空间。2010 年在劳动力供给量的大幅回落下，劳动力参与率也处在较低水平，在65岁及以上劳动参与率与OECD国家平均水平差距不断扩大的情况下，法国政府2010年开始实施延迟退休年龄政策，旨在促进这一群体的劳动参与率，从而减轻养老金的支付压力，增加制度的可持续性，提高经济增长水平。2010年法国15—64岁劳动参与率为70.25%，65岁及以上劳动力参与率为1.54%，远低于OECD国家平均水平。

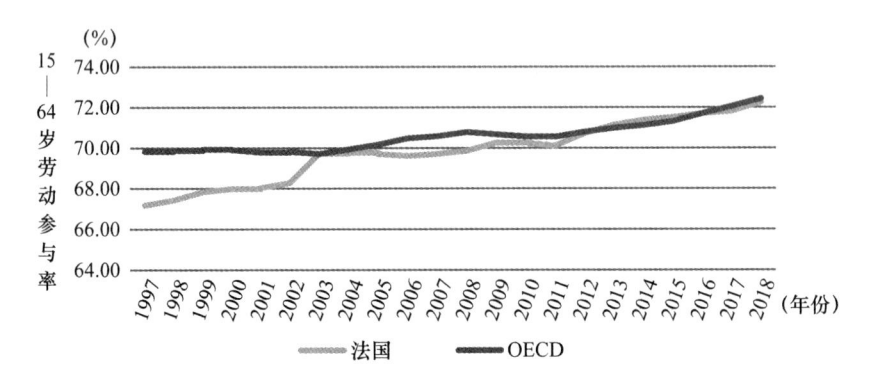

图4-41 法国1997—2018年15—64岁人口劳动参与率

注：数据来源于https://data.worldbank.org.cn/。

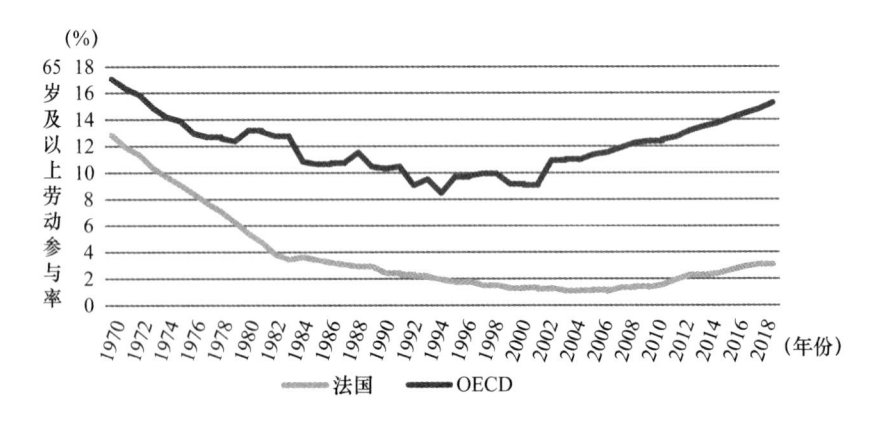

图4-42 法国1970—2018年65岁及以上劳动参与率

注：数据来源于https://data.worldbank.org.cn/。

（2）波兰

波兰的延迟退休年龄开始实施是继 1991 年私有化改革之后，国内经济出现滑坡，国民收入大幅缩水，失业率激增的情况之后采取政策调整。为了缓解来自劳动力市场的巨大压力，波兰只能实行提前退休政策来提高就业率。

1999 年随着波兰养老金模式向 NDC 模式的转型，退休年龄也由原来的男性 59 岁、女性 55 岁提升至 65 岁和 60 岁。1999 年劳动力供给总量为 17148 万人，增长率 -0.08%；15—64 岁劳动力参与率 65.95%，65 岁及以上劳动参与率为 8.74%，远高于 OECD 国家平均水平（如图 4-43）。

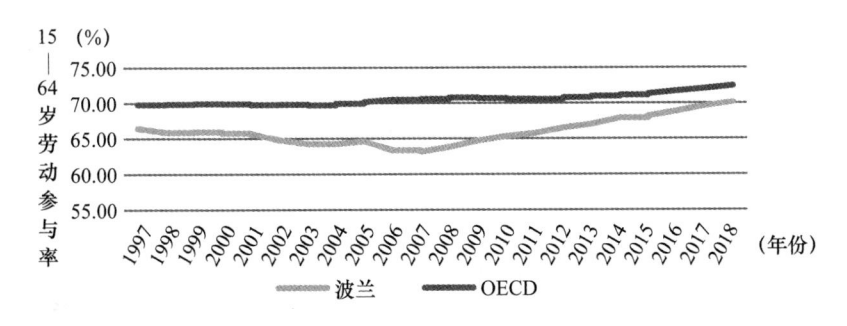

图 4-43　波兰 15—64 岁人口劳动参与率

注：数据来源于 https://data.worldbank.org.cn/。

2012 年 5 月波兰政府签署法令，决定自 2013 年起将波兰男女退休年龄每年调高 3 个月，直至统一提高到 67 岁。2012 年波兰劳动力供给总量为 17339.88 万人，增长率为 0.69%；15—64 岁劳动力参与率为 65.32%，65 岁及以上劳动参与率下降为 4.79%。2016 年将退休年龄下调到男性 65 岁，女性 60 岁。由此带来 2017 年波兰退休人口从 23 万人激增到 55 万人。波兰面临严重的劳动力短缺问题。有机构预计到 2050 年波兰劳动力人口数量将减少至 1360 万人，比 2015 年的劳动力总数减少 27%。2016 年劳动力供给总量为 17260.28 万人，增长率为 -0.74%；15—64 岁劳动力参与率为 68.81%，65 岁及以上劳动参与率下降为4.94%（如表4-19）。

表4-19　　　　波兰1991—2018年劳动力供给情况表

（单位：年，万人，%）

年份	劳动力供给	增长率	年份	劳动力供给	增长率
1991	17482	0.44	2005	17160.97	0.80
1992	17516	0.19	2006	16937.93	-1.30
1993	17321	-1.11	2007	16859.25	-0.46
1994	17135	-1.07	2008	17010.55	0.90
1995	17068	-0.39	2009	17279.2	1.58
1996	17078	0.06	2010	17123.28	-0.90
1997	17102.8	0.15	2011	17220.78	0.57
1998	17162	0.35	2012	17339.88	0.69
1999	17148	-0.08	2013	17360.7	0.12
2000	17313.93	0.97	2014	17428.25	0.39
2001	17375.88	0.36	2015	17388.13	-0.23
2002	17212.93	-0.94	2016	17260.28	-0.74
2003	16939.88	-1.59	2017	17266.57	0.04
2004	17024.15	0.50	2018	17143.28	-0.71

注：数据来源于https://data.worldbank.org.cn/。

如图4-44所示，波兰65岁及以上人口劳动参与率自1999年8.74%之后出现了大幅下滑的趋势。2012年65岁及以上人口劳动参与率为4.76%，2013年为4.71%，2016年为4.94%。1999年的延迟退休年龄政策之后，不但没有起到激励这部分群体延迟退休年龄，反而起到了抑制作用。

3. 高等教育水平

（1）法国

法国2010年的高等院校入学率为54.88%，如图4-45所示。自

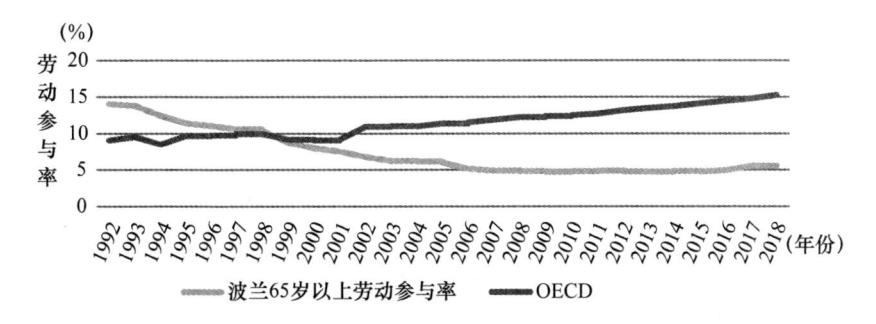

/ 第四章 典型国家延迟退休年龄政策实施的社会经济条件 /

图 4-44 波兰 65 岁及以上人口劳动参与率

注：数据来源于 https://data.worldbank.org.cn/。

1990 年以来，法国高等院校入学率呈波浪式上升趋势，而在 2010 年之后则出现了较为快速的上升。2010 年法国 25—64 岁受高等教育群体的人数约是该年龄段总人数的 42.87%。与此相对应的是 55—64 岁群体中受高等教育人口数，从 1989 年的 6.46% 到 1999 年的 12.42%，到 2009 年的 17.98%、2010 年的 18.28%（如表 4-20）。这一群体中受高等教育人数的增加，一方面意味着这一群体对延迟退休年龄支持的可能性要大于其他低受教育群体；另一方面意味着这一群体拥有较高的人力资本水平，能够更好地适应延迟退休年龄后的工作需要。

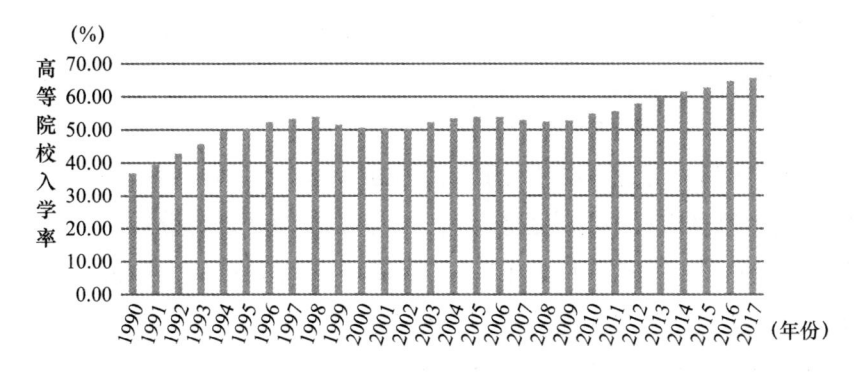

图 4-45 法国 1990—2017 年高等院校入学率

143

表4-20　　法国1989—2017年分年龄受高等教育人口占比　　（单位：年,%）

年份	25—64岁	55—64岁	年份	25—64岁	55—64岁
1989	17.731331	6.4586864	2005	39.776222	16.120726
1991	20.082354	6.6053443	2006	41.416058	15.951933
1992	21.5602	7.3216763	2007	41.444328	16.528402
1994	24.265591	8.4115839	2008	40.825264	17.30196
1995	25.39583	8.8687944	2009	43.149895	17.980341
1997	27.807184	10.46591	2010	42.87175	18.2812
1998	29.644657	11.241883	2011	42.988277	18.65066
1999	30.937677	12.419321	2012	42.909988	19.599545
2000	31.375711	12.904791	2013	44.055721	20.269491
2001	34.232525	14.118081	2014	44.726288	21.62896
2002	36.053307	15.163007	2015	44.687599	22.125341
2003	37.855179	14.002656	2016	44.036968	22.060652
2004	38.220337	14.830506	2017	44.34428	22.815599

注：数据来源于https://data.worldbank.org.cn/。

（2）波兰

1999年波兰高等院校入学率为44.97%，到2010年上升为74.76%（达到最高峰值），2010年之后呈现下降趋势，2012年为73.96%，直到2017年下降为67.13%（如图4-46）。据OECD组织预计，2025年波兰高等院校入学率预计降低至2005年的55%，这是人口结构变化的重要影响之一。1999年波兰25—34岁人口中受高等教育人数占比约为12.32%，55—64岁人口中受高等教育人数占比约为19.41%。到2012年25—34岁人口中受高等教育人数占比约为40.80%，55—64岁人口中受高等教育人数占比约为26.43%（如表4-21）。25—34岁高等教育人口占比的迅速提升，一方面提高了这部分群体的人力资本存量；另一方面也推迟了其进入劳动力市场的时间，那么延迟这部分群体的退休年龄不但是福利公平需要考量的内容，同时也是充分利用人力资本促进经济发展的重要举措。然而波兰2016年却逆势而行，将法定退休年龄降低到1999年的水平。2016年高等院校入学率

66.95%，25—34 岁人口中受高等教育人数占比约为 43.48%，55—64 岁人口中受高等教育人数占比约为 26.29%。引起了社会国内外有关机构及专家的质疑和反对。

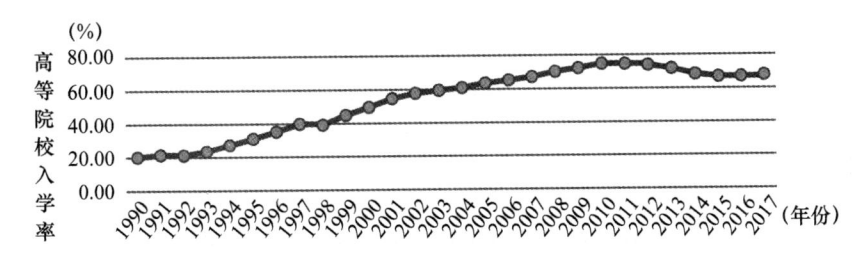

图 4-46　波兰 1990—2017 年高等院校入学率

注：数据来源于 https://data.worldbank.org.cn/。

表 4-21　波兰 1995—2017 年分年龄受高等教育人口占比　（单位：年，%）

年份	25—34 岁	55—64 岁	年份	25—34 岁	55—64 岁
1995	14.571949	17.615973	2007	30.047649	23.11722
1997	10.292628	18.380018	2008	32.133198	24.40427
1998	11.840193	19.34388	2009	35.449848	25.276461
1999	12.323113	19.407833	2010	37.126976	25.354836
2000	14.184261	20.190275	2011	38.998249	26.202288
2001	15.197033	20.162554	2012	40.798927	26.432081
2002	16.765888	20.606361	2013	41.82151	26.589605
2003	20.421402	21.569225	2014	42.60154	25.469536
2004	23.180305	22.817194	2015	43.193764	25.612535
2005	25.536215	22.922871	2016	43.47826	26.290979
2006	28.039427	22.684898	2017	43.526325	26.336317

注：数据来源于 https://data.worldbank.org.cn/。

（三）政治文化条件

1. 法国

法国是极端多党制的典型。总统是国家权力的核心，政府是中央最高行政机关，对议会负责。当前活跃的有30多个政党。政党众多带来法国政局的不稳定，党外有党、党内有派、党派林立。同时，政党的分裂、合并、改组、新建等，左右翼渐渐向中间靠拢，也成为政局动荡的主要诱因。政党林立，数目繁多。政党组织涣散，机构不健全、松散、易变。在法兰西共和国存在的12年里，更换了18位总理和26届政府，最长的政府执政16个月，最短的只有2天。20世纪70年代中期以来，法国形成了以保卫共和联盟和法国民主联盟为右翼，以法国社会党和共产党为左翼的四大党争雄、两大派对峙的党派格局。在两大派别的争雄中形成了"左右共治"的独特现象。最高政治权利在两大政党中随着选民的政治预期及其对前任执政绩效的满意度进行交替。

当执政绩效与选民满意度成为政党竞争的重要筹码时，任何涉及选民自身利益的公共政策的调整与变革都会带来政局的变动甚至更迭。而养老金制度作为涉及每一位选民切身利益的制度规范，一旦有所变革，要么成为政党连任的有力工具，要么就会成为政党被颠覆的有力武器。尤其是在传统政治文化的形塑下，工会利益集团在维护集团利益的诉求下，往往成为维护原有养老金制度下利益分配格局的重要倡导者，也由此导致历届政府关于养老金改革与调整的覆盖范围都对工会覆盖下的行业和人群进行了规避，以免引起较大的社会冲突和动荡。

2010年法国萨科齐政府实施延迟退休年龄政策，将法定退休年龄从60岁延长到62岁，将全额养老金领取年龄从65岁延迟到67岁，在此之前，法国最低退休年龄为60岁，法定退休年龄为65岁，2010年在原有的基础上都延长了2岁。萨科齐在2012年大选中谋求连任失败，是法国自1981年大选以后第一位在第一届任期后谋求连任失败的总统。不得不说2010年延迟退休年龄政策的出台是萨科齐政府连任失败的导火索。2019年马克龙政府出台将退休年龄从62岁延迟到64岁，导致法国20年来的最大规模罢工潮。

马克思认为法国人属于"马铃薯式的生活"，这就是法国的民情。从历史看,法国小农人数众多,每家拥有小块土地,基本都能够自给自足,生产方式彼此独立,自我封闭。家庭生活、成员角色和外部联系产生了根本的有时相互矛盾的变化。尽管家庭结构、价值观和行为都已发生变化,但家庭仍是广泛接受的政治价值观相传的重要结构。研究表明,父母在宗教社会化和左右翼的政治选择对孩子有着重大影响。年轻人一致表示,他们重视家庭在生活中的重要作用[1]。

法国是个宗教色彩极强的国家,以天主教为国教,天主教徒占到国民的83%—88%。天主教教义的核心是爱人、爱父母、爱亲人、爱子女等。因此在法国民众意识形态中,家庭的地位是无可替代的。在这种历史文化环境的塑形下,法国人对政府任何公共政策的实施具有天然的抵触,然而在众多政党利益集团的相互牵制下形成并通过的法案,一般都会较为顺利地实施。但对特殊群体利益的维护却成为民众表达对政府行为进行干预的突破口。法国是天主教国家,2008年法国有65%的人认为自己是天主教徒,且法国教会认为自己没有基督教的特色。信不信教者之间的相互敌对成为法国政治文化的一个主要特征。

法国人具有天然的对政府和政治的不信任。法国的文化还在于叛逆,敢于挑战权威、挑战政权,动辄罢工,体现出他们对权威蔑视的思想理念。戴高乐说:"法国被历史压倒了!"启蒙时代,君主制下人们在很多问题上都能自由发表意见。理论抽象的拔高反映在象征符号和仪式的重要性上,思想的自由导致人们对共同赞美的东西却持有不同的意见,甚至相互冲突。至于对政府和政治的不信任,长期以来,法国人就沉浸在摩登时代那广泛存在的矛盾形态中,对政府并不信任但又拥有很高的期望。法国公民既不信任权威又追逐权威,这种态度培养了自力更生的个体;他们深信他对自身或家庭的过去和将来负

---

[1] [美]小G.宾厄姆·鲍威尔:《当代比较政治学:世界视野》,杨红伟、吴新叶、曾纪茂等译,上海人民出版社2017年版,第232页。

责。而政府的存在则制造了生活中的障碍。18世纪以来的思想状况表明，一个强大的政府被认为是天生反动的。当公民参与公共生活时，他们希望削减政府权威，而不是鼓励变革，尽管这种变革早该进行。这种个人主义还与无政府主义搅在一起。法国人也能相当容易地使自己适应官僚规则。行政统治本就是用同一尺度来对待所有状况，对于感到自己一直因政府以及掌权者给予他人的优待而受骗的人来说，一视同仁满足了其强烈的平等感。法国人习惯地认为，全盘改革只能由一场剧变带来。自大革命以来，每一位法国人都经历了不止一次的政治兴奋时刻，尽管这样的时刻往往不尽如人意。这一过程导致了对变化的任何可能性的道德疲惫和普遍怀疑。

对阶级差别的感知塑造了一个社会的权威模式及该模式下行使权威的方式。法国人对于生活中一个划分为阶级的社会里保持着非常清晰的认识。平等的价值受到了很大的重视，对上层的恭敬要少得多，愤愤不平的敌对心理广泛存在。法国人对权威的偏见催生了各种各样的社会团体和协会。法国人对参与团体生活的矛盾心态反映出他们对合作的价值缺乏信任。一方面，因为社团的生活受到法律限制，强大的共和传统也敌视在国家与人民之间起中介作用的团体。另一方面，国家和地方政府传统上就资助大量社团，包括工会，有些社团还获得了政策制定权的优待。法国团体成员集中在加深政治分歧的政治化社团。关键性的行业组织，特别是工会成员，少于欧洲其他国家，但社团的数量却急剧增长。社团成员身份的模式发生了很大变化，传统的游说和政治团体、政治化的工会以及行业协会都遭到了削弱，成员减少，体育协会、自助团体以及先建立的族群社团吸引了大多数人。这些变化反映了法国人对政治忠诚态度的变化。尽管社团生活仍然频繁，但战斗精神意味着热烈而持久的忠诚明显减弱[1]。

---

[1] [美]小G.宾厄姆·鲍威尔：《当代比较政治学：世界视野》，杨红伟、吴新叶、曾纪茂等译，上海人民出版社2017年版，第232页。

法国是欧洲大陆典型的固守社会分层的保守主义福利模式的典型国家。受宗教制度的影响，保守主义表现出极强的强调身份有别的保守主义和将不同阶层和身份者的权利制度化的合作主义传统。国家在社会风险管理中处于主导地位。社会权利的资格以参加劳动力市场和社保缴费记录为前提，养老金支付待遇水平相对较高。

2. 波兰

波兰是半总统半议会制国家。按照萨托利关于政党属性的划分，波兰属于极端多党制国家。国内大小党派众多（至1997年，波兰登记的合法政党高达362个）。目前注册政党就有200多个，不同政党为了赢得大选相互竞争。频繁更替的执政党，赋予了波兰民众更多的决策权和选择权。其主要执政党有公民纲领党、农民党；其他主要政党还有：波兰社会民主党、民主党、自卫党、波兰家庭联盟党等；在野党——法律与公正党和民主左派联盟党。波兰养老金制度改革多成为各党派争取民意的筹码。

波兰是东欧国家中"工会统治下走向资本主义"的典型[①]。波兰剧变的主力是独立工会运动，但强大的工会力量却加深了经济转型时期各方的博弈。在改革的各环节，政府都要与工会及社会群体进行协商。否则即使政策经济效果显著也会因为工会及相关利益群体的反对而导致政府下台。为了赢得大选，不同党派都力求尽可能多地获取老年人的选票，以提升选民尤其是老年选民的投票支持为核心的养老金制度改革及参数调整便成为各党派争取选票支持的重要筹码。1999年波兰养老金制度改革之前，成立了"养老金领取人党"和"退休人党"，发展成了议会中最强大的左翼阵线的一部分，表达出民众对现有养老金制度的不满，改革呼声强烈。从而使得1999年的养老金改革得以顺利出台和实施。至于改革成功的原因还在于将雇主单方缴费改为雇主和雇员共同承担，大大减轻了企业负

---

① 郭庆松：《论劳动关系博弈中的政府角色》，《中国行政管理》2009年第7期。

担,增强企业的竞争力,改革获得了雇主的支持。对于1999年的改革,波兰进行了精心准备,反复协商,充分交流,让公众明确改革措施及其后续的影响以减少改革阻力,得到了公众的理解,从而取得了改革成功[①]。而波兰2012年5月科莫洛夫斯基签署法令,决定从2013年起将波兰男女退休年龄每年提高3个月,直至统一提高到67岁,却遭遇了2013年9月波兰10万人罢工抗议。2015年总统选举时,降低退休年龄则是杜达获得选民支持的重要的政策调整之一。2016年12月波兰通过了降低退休年龄法案。可见,影响波兰延迟退休年龄政策实施的主要因素在于政党竞争,也受到工会这一最大利益集团的影响。

(四) 小结

由上述可知,各个典型国家无论其延迟退休年龄政策实施是否顺利,其政策实施的时间都一致性地表现为在经济波动较为明显的时间点或者推迟一年时间实施,要么就正处在该国经济增长的疲软期或下滑期。而在人口条件方面则明显表现为典型国家对老龄化程度进一步严重趋势的准确预判,可以预见,随着老龄化程度的进一步加深,其在养老金制度的可持续性以及支付压力方面将面临更加严峻的形势。而延迟退休年龄政策作为养老金制度参数改革的举措之一,将拥有更加清晰的发展走向。随着人类科技的进步与发展,老年概念的内涵与外延将被拓展,并且伴随着各国鼓励老年人积极就业的激励措施与就业环境的创设与培育,会有越来越多的人退出劳动力市场的时间将变得越来越个人化,而健康水平、身体素质与价值追求也为其突破原有退休政策提供了可能与动力。高等教育水平的普遍提升在延长一国人均受教育年限方面具有显著意义。典型国家无论是年轻群体还是中老年群体,在高等教育占比中都处于上升趋势,高等教育群体比例的增加使越来越多的人在人力资本积累方面花费了比原有制度下更长的时

---

① 郭庆松:《论劳动关系博弈中的政府角色》,《中国行政管理》2009年第7期。

间，他们先天地具有比原有退休年龄机制下工作更长时间的条件和需求。唯一造成各国延迟退休年龄政策进程差异化的原因在于各个国家基于政体、文化与历史传统约束下的政治文化的不同。尤其是在政党众多、冲突不断的极端多党制国家中，这种涉及范围广泛的公共政策调整更能激起激烈的政党竞争。而各国政策演化的实践也表明，在两党制、一党制以及温和多党制国家中，公共政策调整的落地性较为稳定且持续，而在极端多党制国家则表现为重重阻碍下社会冲突与矛盾的不断涌现。

第三节 典型国家延迟退休年龄政策的经济效应分析

评价一项政策是否达到预期目标的关键在于对政策实施后的效果进行评估，即政策实施的效应。对延迟退休年龄政策经济效应的评价是指延迟退休年龄政策实施后对经济产生的影响的评估。评价政策的经济效应，首先要考虑政策调整或出台带来的直接效应，另外要分析政策的总体效应，以及对政策实施后社会经济发展的总体状况加以描述和分析，衡量它给社会经济带来了什么影响，造成了什么后果。同时要注意政策的联动效应或非经济效应，以便更客观全面地分析政策执行的效果[1]。回归分析的一个重要应用是能够对观察对象的未来发展做出预测。各种回归分析的应用方法为政策评价提供了有力支持。时间序列分析是回归分析的一个重要应用。在政策分析中，经常会有观察变量随着时间发生变化，为了对今后的具体目标或者发展态势做出预测，往往将该变量以往的观察值和时间进行回归，从而得到该变量随时间变化的方程式。

---

[1] 肖浩、鲁元平：《中国渐进式延迟退休年龄的经济效应分析——基于D-CGE模型》，《宏观经济研究》2016年第8期。

一 延迟退休政策实施顺利国家的经济效应分析

（一）变量选取与模型设定

1. 变量选取

延迟退休年龄政策会对经济发展产生乘数效应[①]。经济增长由劳动、资本的投入量以及技术进步和制度安排等要素共同决定。新制度经济学认为，劳动、资本等生产要素通过制度才能发挥作用。一国的劳动力数量、质量及结构往往成为退休政策提出的重要变量。延迟退休政策作为一项社会政策和经济政策，既要关注社会福利水平的改善，又要关注资源配置的效率问题。政策成为经济增长和福利水平实现的关键要素[②]。延迟退休年龄政策作为一项经济政策，只有表现出与经济增长的各要素之间的合意性才能获得较高的政策效果。基于此，本书从劳动力供给数量和质量、储蓄、养老金支出占比等指标来衡量延迟退休年龄政策的经济效应。

（1）劳动参与率

延迟退休年龄通过延长一部分劳动者的工作年限将本应退出劳动力市场的人纳入劳动力年龄人口，从而使得一国劳动力供给总量得以提升。短期来看，延迟退休年龄会缓解老龄化劳动力减少对经济的不利影响；长期来看，延迟退休年龄在增加劳动力供给数量的同时会随着技术进步与产业结构升级而使得高素质劳动力资源得以充分利用。与此同时，由于延迟退休年龄而增加的劳动力供给会带来企业成本的相对下降，从而推动就业率的提升，有利于企业竞争力的提升。

[①] 延迟退休年龄政策乘数效应，是指延迟退休年龄政策导致的人们劳动力供给行为变化所引致的国民收入以乘数变化的情况。这里的乘数是作为经济运行中经济变量之间的一种函数关系，用来说明国民收入的变动量和注入量之间的比例关系，一般用来表示经济运行中国民收入增量和引起国民收入变动的变量之间的倍数关系，即某一变量增加一单位时所导致的国民收入的增加量。

[②] 朱跃序：《退休年龄延迟的经济效应及其政策选择》，华中科技大学，2016年。

(2) 高等教育人数占比

延迟退休年龄在增加劳动者工作年限的同时延长了其对所获得教育投资收益利用的年限，从而激励个人通过教育投资、在职培训、增加人力资本投资。另外，延迟退休年龄还通过增加子女教育投资，从而有利于社会长期人力资本存量积累，促进经济增长。延迟退休年龄能够促进人力资本增加。一国人口平均受教育年限的增加为延迟退休年龄政策的实施提供了资本，同时，延迟退休年龄政策也能反过来作用于人力资本水平的提升。在延迟退休年龄政策约束条件下，一方面会促进个体不断通过学习、培训等方式提升自身对工作岗位和社会就业环境的适从度；另一方面也会促进整个社会对人力资本投资的增加，从而经由拉长人均受教育年限，带动整个社会人力资本水平的提升，带动经济增长。蔡昉（2012）指出，老年劳动力的工作经验和人力资本积累会给中国带来第二次"人口红利"[1]。

(3) 养老金支出占 GDP 比重

延迟退休年龄一方面通过延长劳动力的工作年限，使得原本退休的劳动者没有退出市场，继续缴纳养老金，有利于养老金缴费的增加，从而增加了社会储蓄。另一方面，延退背景下参保人数增加，也会增加养老金缴费收入，减少养老金支出占比，使财政支出倾斜向生产性投资，作用于经济增长。殷俊、黄蓉认为，延迟退休年龄产生的养老金盈余资金用于投资，会提高我国养老金的长期支付能力[2]。

(4) 储蓄率

老龄化通过降低储蓄率和投资率进而降低资本积累速度，从而产生对经济增长的不利影响。延迟退休年龄通过缩短人们领取养老金的年龄抑制人们对养老金的需求，从而使国家储蓄率增加。储蓄率升高就会带来就业增加和经济增长。根据美国经济学家弗朗科·

---

[1] 蔡昉、王美艳：《中国人力资本现状管窥——人口红利消失后如何开发增长新源泉》，《人民论坛·学术前沿》2012 年第 4 期。

[2] 殷俊、黄蓉：《中国现收现付制基础养老金长期财务状况分析——基于人口年龄结构变动的研究》，《求索》2012 年第 10 期。

莫迪利安尼的生命周期消费理论，一个国家劳动年龄人口占比越高则储蓄率和投资率就越高；反之则反。延迟退休年龄对个人来说，相对增加了个人收入，增加了对养老的储蓄；对社会而言则通过增加国家劳动力供给，增加了劳动年龄人口比重，从而增加社会总储蓄量。较高的储蓄率能够带动投资率的提升，从而有利于促进经济快速增长。

（5）人均GDP增长率

延迟退休政策通过对劳动力参与率、养老金支出、劳动力质量以及储蓄率的影响从而会对人均GDP增长率产生相应的影响。因此，将人均GDP增长率作为衡量典型国家延迟退休经济效应的总的衡量指标进行分析。

2. 模型设定

在对典型国家延迟退休年龄政策实施后的经济效应进行长期影响分析的时候，我们将各个国家人均GDP增长率、养老金支出占GDP的比重、劳动力参与率等分别单独作为因变量y，自变量有两个，分别是考察的年份时间变量x_1，将考察的起始年份设为1，以后年份取值逐年增加1；以及政策变量x_2用来评价政策的长期影响，当延迟退休年龄政策在某年实施前，该变量取值为0，政策某年开始实施后，则该变量是一个计数变量，相应年份取值为1、2、3……基于此，我们建立如下模型：

$$y = \beta_0 + \beta_1 x_1 + \beta_2 x_2 + \varepsilon$$

其中，β_0，β_1，β_2称为偏回归系数，ε为残差项。将各国数据代入模型进行计算，得出结果如下。

3. 数据分析

（1）对劳动参与率的影响

第一，延迟退休年龄政策效应显著正相关的国家。

德国1990—2000年劳动参与率在58%—60%之间波动，最低为57.97%。2004年为57.59%，2009年为60.56%。选取1990—2019年共计30个观测值，进行了相关性分析，延退政策的实施对整体劳动参与率的相关性分析也表明，二者之间具有显著正相关关系，见表 4-22，即延退政策实施的时间越久，65 岁及以上劳动参与率就越高。

表 4-22　德国延迟退休年龄政策与劳动参与率的相关性分析

整体劳动参与率	影响系数	标准误差	t 值	P＞｜t｜	［95％置信区间值］	
年份时间	-0.056	0.018	-3.01	0.006	-0.095	-0.018
延迟退休年龄政策	0.252	0.030	8.40	0.000	0.190	0.314
常数	58.848	0.203	290.17	0.000	58.432	59.264
模型识别	R 平方值	0.888	F 值	106.640	P 值	0.000

注：根据数据计算而来。

瑞典 2000 年劳动参与率为 62.99%，2003 年为 62.53%，之后一直处于上升趋势，到 2019 年达到 64.36%。选取 1990—2019 年共计 30 个观测值，进行了相关性分析，在相关性检验中，延迟退休年龄政策对整体劳动参与率也具有显著正影响，见表 4-23，即延退政策实施的时间越久，劳动参与率就越高。

表 4-23　瑞典延迟退休年龄政策与劳动参与率的相关性分析

整体劳动参与率	影响系数	标准误差	t 值	P＞｜t｜	［95％置信区间值］	
年份时间	-0.317	0.038	-8.26	0.000	-0.396	-0.238
延迟退休年龄政策	0.465	0.057	8.09	0.000	0.347	0.582
常数	66.564	0.394	169.08	0.000	65.756	67.372
模型识别	R 平方值	0.653	F 值	34.662	P 值	0.000

注：根据数据计算而来。

日本 2004—2019 年劳动参与率呈"U 形"结构。2004 年为 60.7%，到 2012 年跌至最低值 59.28%，之后开始上升，2019 年上升到 60.59%。选取 1990—2019 年共计 30 个观测值，进行了相关性分析。在延迟退休年龄政策与日本劳动参与率的相关性分析也说明，从长期来看，延迟退休年龄政策对日本劳动参与率的提升具有显著正影响，见表4-24，即延退政策实施的时间越久，日本的劳动参与率就越高。

表4-24　日本延迟退休年龄政策与劳动参与率的相关性分析

整体劳动参与率	影响系数	标准误差	t值	P>|t|	[95%置信区间值]	
年份	-0.269	0.017	-16.06	0.000	-0.303	-0.235
延迟退休年龄政策	0.448	0.065	6.89	0.000	0.317	0.579
常数	29.911	0.379	78.86	0.000	29.148	30.675
模型识别	R平方值	0.868	F值	151.831	P值	0.000

注：根据数据计算而来。

匈牙利2000劳动参与率为48.99%，2005年为50.15%，2008年为50.01%，2009年下跌为49.98%，此后一直处于上升阶段，到2019年为56.07%。说明延迟退休年龄政策能够显著促进劳动参与率提升。选取1990—2019年共计30个观测值，进行了相关性分析。在相关性检验中，延退政策的实施对整体劳动参与率具有显著正影响，见表4-25，即延退政策实施的时间越久，匈牙利的劳动参与率就越高。

表4-25　匈牙利延迟退休年龄政策与劳动参与率的相关性分析

整体劳动参与率	影响系数	标准误差	t值	P>|t|	[95%置信区间值]	
年份时间	-0.220	0.062	-3.55	0.001	-0.347	-0.093
延迟退休年龄政策	0.941	0.139	6.78	0.000	0.656	1.225
常数	52.575	0.797	65.97	0.000	50.940	54.210
模型识别	R平方值	0.697	F值	31.038	P值	0.000

注：根据数据计算而来。

第二,延迟退休年龄政策效应显著负相关的国家。

美国2002年劳动参与率为65.71%,2007年为64.99%,2010年为63.59%,2012年为62.89%,2019年为61.75%。可以看出,自2002年之后美国劳动参与率呈现出持续下降的趋势,且下降的速度是持续变缓的。选取1990—2019年共计30个观测值,进行了相关性分析。在相关性分析中,延退政策的实施对美国整体劳动参与率具有显著负影响,见表4-26,延退政策实施的时间越久,劳动参与率就越低,说明延迟退休年龄政策在提升整体劳动参与率方面的作用是有限的。这也说明美国老龄化带来的劳动参与率下降,无法用延迟退休年龄政策来降低或抵消。

表4-26　美国延迟退休年龄政策与劳动参与率的相关性分析

整体劳动参与率	影响系数	标准误差	t值	P>∣t∣	[95%置信区间值]	
年份	0.087	0.023	3.76	0.001	0.040	0.135
延迟退休年龄政策	-0.361	0.033	-11.07	0.000	-0.427	-0.294
常数	65.126	0.224	290.27	0.000	64.665	65.586
模型识别	R平方值	0.953	F值	275.415	P值	0.000

注:根据数据计算而来。

第三,延迟退休年龄政策效应正相关不显著的国家。

捷克2000年之后劳动参与率出现了下降趋势。而在1990—2001年捷克劳动参与率都保持在60%—61.6%。2001年下降为59.74%之后,一直处于58%—60%,2018年上升为60.24%。可见延迟退休年龄政策之后,捷克的劳动参与率没有显著提升,反倒下降了,但在降中也有升。选取1990—2019年共计30个观测值,进行了相关性分析。在相关性检验中,捷克延迟退休年龄政策与整体劳动参与率的相关性分析也表现为不显著正相关,见表4-27,说明延迟退休年龄政策不是影响捷克劳动参与率的主要原因。

表4-27 捷克延迟退休年龄政策与劳动参与率的相关性分析

整体劳动参与率	影响系数	标准误差	t值	P>|t|	[95%置信区间值]	
年份	-0.232	0.131	-1.77	0.000	-0.500	0.037
延迟退休年龄政策	0.176	0.142	1.24	0.226	-0.116	0.468
常数	61.987	0.781	79.41	0.000	60.385	63.588
模型识别	R平方值	0.780	F值	10.093	P值	0.001

注：根据数据计算而来。

（2）高等教育人数占比

第一，延迟退休年龄政策效应显著正相关的国家。

德国2004—2018年25—64岁高等教育人数占比从24.93%上涨到29.07%，说明随着延迟退休年龄政策的实施，这一群体的高等教育人数占比不断上涨。选取1998—2018年共计21个观测值，进行了相关性分析。在相关性分析中延迟退休年龄政策对25—64岁高等教育占比的影响呈显著正相关（见附表1），说明随着退休年龄政策实施时间的延长，这一群体高等教育占比将越高，延迟退休年龄政策能够显著提升这一群体的人力资本水平。

第二，延迟退休年龄政策效应不显著正相关的国家。

瑞典2003—2018年25—64岁高等教育占比从33.42%上涨到43.27%。选取1997—2018年共计22个观测值，进行了相关性分析。延迟退休年龄政策与25—64岁高等教育占比的相关性分析结果呈正相关（见附表2），说明政策对这一群体的人力资本水平产生了影响，但延迟退休年龄政策不是这一群体人力资本提升的主要原因。

日本2004—2018年25—64岁高等教育占比从38.69%上涨到59.93%。选取1998—2018年共计21个观测值，进行了相关性分析。延迟退休年龄政策对25—64岁高等教育占比的相关性分析结果呈正相关（见附表3），说明政策对这一群体人力资本水平产生了影响，但不显著，说明延迟退休年龄政策不是这一群体人力资本提升的主要原因。

捷克 1997—2018 年 25—64 岁高等教育占比从 10.60% 上涨到 24.26%。选取 1994—2018 年共计 25 个观测值，进行了相关性分析。延迟退休年龄政策与 25—64 岁高等教育占比的相关性分析结果呈正相关（见附表 4），说明政策对这一群体人力资本水平产生了影响，但不显著，说明延迟退休年龄政策不是这一群体人力资本提升的主要原因。

第三，延迟退休年龄政策效应显著负相关的国家。

美国 2002—2018 年 25—64 岁接受高等教育人数占比从 38.13% 上涨到 47.43%。选取 1983—2018 年共计 36 个观测值，进行了相关性分析。延迟退休年龄政策对 25—64 岁高等教育占比的相关性分析结果呈显著负相关（见附表 5），说明延迟退休年龄政策的实施能够显著影响这一群体高等教育人数占比，但却是负相关关系，延迟退休年龄政策对这一群体人力资本水平提升的影响不明显。

第四，延迟退休年龄政策效应不显著负相关的国家。

匈牙利 2008—2018 年 25—64 岁高等教育占比从 19.20% 上涨到 25.10%。选取 1998—2018 年共计 21 个观测值，进行了相关性分析。延迟退休年龄政策对 25—64 岁高等教育占比的相关性分析结果呈现负相关（见附表 6），说明延迟退休年龄政策的实施对这一群体高等教育人数占比的影响作用不大。随着延迟退休年龄政策的推行，这一群体接受高等教育人数的占比出现了下降趋势。

（3）对养老金支出的影响

第一，延迟退休年龄政策效应显著正相关的国家。

2002—2007 年美国养老金支出占比基本保持在 5.70%—5.84%，在 2008 年的 5.95% 后出现了明显上升，到 2017 年上升到 7.06%。可见延迟退休年龄政策实施时间越久，养老金支出占比越高。选取 1990—2015 年共计 26 个观测值，进行了相关性分析。从两者的相关性分析可以看出，延迟退休年龄政策的实施与养老金支出占 GDP 的比率之间的显著性检验见附表 7，模型 R 平方值为 0.840，F 值为 60.148，模型检验 P 值 0.000，模型显著。从政策变量检验值来看，t

值为7.80，P值为0.000，影响系数为0.158，说明延退政策的实施对养老金支出占GDP的比重具有显著正影响，即延退政策实施越久，养老金支出占GDP的比重将越高。这一方面说明，随着时间的推移，美国老龄化程度不断加深而导致养老金支出增长；另一方面也说明，延迟退休年龄政策的实施是无法逆转老龄化导致的养老金支出比例的进一步上涨，即政策对养老金占比上升抑制的效果并不显著。

瑞典2003—2015年养老金支出占比呈波动式下降趋势，2003年为7.41%，2006年为6.96%，2007年下降到6.81%，到2009年上涨到最高点7.77%，2015年又下跌到7.17%。可见延迟退休年龄政策实施之后，瑞典的养老金支出占比并没有显著下降，而是总体呈现上涨趋势。选取1990—2015年共计26个观测值，进行了相关性分析。在延迟退休政策实施与养老金支出的相关性分析中，表明延迟退休政策实施对养老金支出占GDP的比重具有显著正影响（见附表8），即延退政策实施之后养老金支出占比仍然会进一步提高。可见，瑞典延迟退休年龄政策在缓解养老金支付压力方面的作用是不明显的，说明延迟退休年龄政策不能有效缓解瑞典的养老金支付压力，即政策对养老金占比上升抑制的效果并不显著。

第二，延迟退休年龄政策效应不显著正相关的国家。

捷克2006年之后养老金支出占比进入快速增长阶段，由2006年的6.61%上升到2015年的8.08%。选取1990—2015年共计26个观测值，进行了相关性分析。在相关性分析中，表现为正相关不显著，见附表9所示，即随着延退政策的实施，养老金支出占比将越高，而造成养老金支出占比上涨的主要原因不是由延迟退休年龄导致的，即政策对养老金占比上升抑制的效果并不显著。

第三，延迟退休年龄政策效应显著负相关的国家。

2003年德国养老金支出占比达到20世纪90年代以来的最高点，达到11.26%，2004年为11.13%，延迟退休年龄政策实施后，到2015年下降到10.08%。说明延迟退休年龄能够显著降低养老金支出占比。选取1990—2015年共计26个观测值，进行了相关性分析。在相关性分析中，呈显著负影响，说明德国延退政策的实施对养老金支出占比的影响是显著的（见附表10），且随着延迟退休年龄政策实施的进一步加快，养老金支出占比将进一步降低，延迟退休年龄政策在降低养老金支出占GDP比重方面的作用是明显的，即政策对养老金占比上升抑制的效果显著。

日本2004年养老金支出占比达到20世纪90年代以来的最高点，即7.93%。此后一直处于上升趋势，2012年达到最高值9.78%，之后不断下降，到2015年达到9.37%。选取1990—2015年共计26个观测值，进行了相关性分析。延退政策实施与养老金支出的相关性分析表明有很强的负效应，即延迟退休年龄政策的实施对日本养老金支出占GDP的比重具有显著负影响（见附表11），即随着延退政策的实施，养老金支出占GDP的比重将进一步降低，即政策对养老金占比上升抑制的效果显著。

第四，延迟退休年龄政策效应不显著负相关的国家。

匈牙利2008年养老金支出占比为9.46%，随着延迟退休年龄政策实施，养老金支出占比有所提升，到2012年上涨到10.38%。2014年开始下跌，到2015年下跌到9.20%。呈"倒U形"结构。选取1990—2015年共计26个观测值，进行了相关性分析。延退政策实施与养老金支出之间的相关性分析结果是负相关不显著（见附表12），即随着延退政策的实施，养老金支出占GDP的比重将不断减少；但在养老金支出占比减少的原因中，延迟退休年龄不是最主要的原因，统计上不显著，即政策对养老金占比上升抑制的效果并不显著。

（4）对储蓄率的影响

第一，延迟退休年龄政策效应显著正相关的国家。

德国2004—2018年储蓄占比从24.32%上涨到29.34%，说明2004年延迟退休年龄实施后，储蓄占比呈上升趋势。选取1971—2018年共计47个观测值，进行了相关性分析。延迟退休年龄政策与储蓄占比的相关性检验结果显示为显著正相关（见附表13），说明延迟退休年龄政策实施是德国储蓄占比上涨的主要原因，即政策效果显著。

匈牙利2008—2018年储蓄占比从17.57%上涨到26.62%，表明2008年延退之后匈牙利储蓄呈现不断上涨。选取1993—2018年共计26个观测值，进行了相关性分析。延迟退休年龄政策与储蓄占比的相关性检验结果显示为显著正相关（见附表14），说明延迟退休年龄政策实施是匈牙利储蓄占比上涨的主要原因，即政策效果显著。

日本2004年储蓄占比为28.09%，2012年下降到最低值23.56%，2018年上涨到28.00%，储蓄占比呈"U形"结构。选取1996—2018年共计23个观测值，进行了相关性分析。延迟退休年龄政策与储蓄占比的相关性检验结果显示为显著正相关（见附表15），说明延迟退休年龄政策实施是日本储蓄占比上涨的主要原因，即政策效果显著。

瑞典2003年储蓄占比为27.82%，2007年上涨到32.51%，之后2009年下降到27.29%，2010年上涨到29.17%，之后一直下跌到2016年的27.69%，2018年又上涨到29.20%，总体呈波浪式上升趋势。选取1970—2018年共计49个观测值，进行了相关性分析。延迟退休年龄政策与储蓄占比的相关性检验结果显示为显著正相关（见附表16），说明延迟退休年龄政策实施是瑞典储蓄占比上涨的主要原因，即政策效果显著。

第二，延迟退休年龄政策效应不显著正相关的国家。

美国2002年储蓄占比为18.40%，2018年为18.58%，总体呈波浪式上升状。选取1970—2018年共计49个观测值，进行了相关性分析。美国延迟退休年龄政策效应与储蓄占GDP百分比相关性分析结果显示为不显著正相关（见附表17），说明随着延迟退休年龄政策实施，美国储蓄占比会不断上涨，但政策不是导致储蓄占比上涨的主要原因。

捷克1996年储蓄占比为29.98%，2010—2015年从22.56%上涨到27.22%；之后继续上涨，到2018年储蓄占比为26.21%。可以看出，1996年捷克延迟退休年龄政策实施后储蓄占比一直处于波动之中，虽然在个别年份呈现持续上涨，但整体都低于1996年的储蓄水平。选取1993—2018年共计26个观测值，进行了相关性分析。而在延迟退休年龄政策效应与储蓄占GDP百分比相关性分析中，结果显示为不显著正相关（见附表18），说明随着延迟退休年龄政策实施，捷克储蓄占比会不断上涨，但政策不会显著影响储蓄占比，即政策效果不显著。

（5）对经济增长率的影响

在政策实施顺利国家中延迟退休政策对人均GDP增长率的相关性分析主要表现为不显著正相关。

美国2002年人均GDP增长率为0.80%，2018年为2.29%，虽然2008年为-1.08%，2009年为-3.39%，但整体呈上涨趋势。选取1996—2018年共计23个观测值，进行了相关性分析。在延迟退休年龄政策与人均GDP增长率的相关性分析中呈不显著正相关（如附表19），说明美国延迟退休年龄政策不是造成人均GDP增长率上涨的主要原因。

德国2011年人均GDP增长率为5.87%，2012年后开始下降，2013年下降到0.15%，在2015年之后开始波动上升，2018年为1.20%。在延迟退休年龄政策与人均GDP增长率的相关性分析中呈不显著正相关（见附表20），说明德国延迟退休年龄政策不是造成人均GDP增长率上涨的主要原因。

瑞典2003年人均GDP增长率为1.86%，2006年上涨到4.02%，在经历了2009年的-5.05%后，于2010年迅速上涨到5.29%；2015年为3.32%，其余年份都在这几个高位点中间波动，总体波动式上涨趋势。选取1996—2018年共计23个观测值，进行了相关性分析。在延迟退休年龄政策与人均GDP增长率的相关性分析中呈不显著正相关（见附表21），说明瑞典延迟退休年龄政策不是造成人均GDP增长率上涨的主要原因。

日本2006年人均GDP增长率1.36%，2010年由2009年的-5.40%迅速上涨到4.17%；之后呈现出波动式发展趋势，2018年仅为0.99%。选取1996—2018年共计23个观测值,进行了相关性分析。在延迟退休年龄政策与人均GDP增长率的相关性分析中呈不显著正相关(见附表22),说明日本延迟退休年龄政策不是造成人均GDP增长率上涨的主要原因。

匈牙利2008年人均GDP经济增长率为1.24%,2013年为2.24%,2018年5.30%[①],整体呈上涨趋势。选取1996—2018年共计23个观测值,进行了相关性分析。在延迟退休年龄政策与人均GDP增长率的相关性分析中呈不显著正相关(见附表23),说明匈牙利延迟退休年龄政策不是造成人均GDP增长率上涨的主要原因。

捷克2008—2018年人均GDP经济增长率从1.83%到2.65%,呈波动式上升趋势,且与匈牙利的基本走向趋于一致[②]。选取1996—2018年共计23个观测值,进行了相关性分析。在延迟退休年龄政策与人均GDP增长率的相关性分析中呈不显著正相关(见附表24),说明捷克延迟退休年龄政策不是造成人均GDP增长率上涨的主要原因。

(二)延迟退休政策实施受阻国家的经济效应分析

1. 对劳动参与率的影响[③]

(1)延迟退休年龄政策效应显著正相关的国家

波兰1999年之后的劳动参与率变动也呈"U形"结构,1999年为55.68%,2003年下降到54.97%,2007年为最低点54.03%,2011年开始上升到56.07%,2017年为57.13%。有较为明显的波动,但整体呈现出不断上升趋势。选取1990—2019年共计30个观测值,进行了相关性分析,而在相关性检验中,延退政策的实施对整体劳动参与率也具有显著正相关(见附表25),即延退政策实施后的时

---

① 1998年1月1日匈牙利启动了养老金制度的全面改革。逐步延长退休年龄,到2008年从原来的男性60岁、女性55岁调整为男女皆为62周岁,从2014—2022年逐渐延长到65岁。因此数据分析以2008年为起点,以后逐年增加1负。

② 捷克2008年规定男性退休年龄65岁,女性退休年龄根据生育子女数量而定,生育5个子女以上62岁,0个为65岁。因此数据分析以2008年为起点,以后逐年增加1负。

③ 延迟退休政策实施受阻国家经济效应分析中的变量选取和模型设定与实施顺利国家的一致。

间越久，整体劳动参与率就越高。

（2）延迟退休年龄政策效应显著负相关的国家

法国劳动参与率自1990年之后呈"倒U形"走势，2010年劳动参与率为52.68%，最高值为2009年的56.39%。此后一直处于下降趋势，与美国表现出的现象一致。选取1990—2019年共计30个观测值，进行了相关性分析。延退政策的实施对法国劳动参与率的影响则表现为显著负相关（见附表26），即延退政策实施后的时间越久，法国整体劳动参与率就越低。

2. 高等教育人数占比

在高等教育人数占比方面，延迟退休年龄政策受阻国家都表现为显著正相关。

法国延迟退休年龄政策2010年到2018年25—64岁受高等教育占比从29.01%上涨到36.90%。选取1997—2018年共计22个观测值，进行了相关性分析。延迟退休年龄政策与25—64岁受高等教育占比的相关性分析结果呈显著正相关（见附表27），说明随着延迟退休年龄政策的实施时间的延长，这一群体受高等教育人数占比将越高，延迟退休年龄政策能够显著提升这一群体的人力资本水平。政策效果显著。

波兰1999—2018年25—64岁受高等教育占比从11.28%上涨到30.92%。选取1997—2018年共计22个观测值，进行了相关性分析。在延迟退休年龄政策对25—64岁受高等教育人数占比的相关性分析结果呈显著正相关（见附表28），说明随着退休年龄政策实施时间的延长，这一群体受高等教育人数占比将越高，延迟退休年龄政策能够显著提升这一群体的人力资本水平，即政策效果显著。

3. 对养老金支出的影响

（1）延迟退休年龄政策效应显著正相关的国家

法国2008年养老金支出占比显著提升，养老金支出占GDP的比重为12.24%，2010年为13.22%，之后一直上涨到2015年的13.91%。选取1990—2015年共计26个观测值，进行了相关性分析。

延迟退休年龄政策与养老金支出占比的相关性分析表明，随着法国延退政策实施对养老金支出占GDP的比重具有显著正相关（见附表29），说明随着法国老龄化程度的加深，2010年的延迟退休年龄政策对养老金支出占比的降低效果不显著，即政策对养老金占比上升抑制的效果并不显著。

（2）延迟退休年龄政策效应显著负相关的国家

波兰自延迟退休年龄政策实施后养老金支出占比总体呈波动式下降趋势。1999年政策改革时养老金支出占比达到之前最高点为9.30%，之后上涨到2004年的11.57%后，2009年达到最高值11.62%，2010年又出现下降趋势，2013年上升到11.2%。选取1990—2015年共计26个观测值，进行了相关性分析。延迟退休年龄政策与养老金支出的相关性分析表明，影响系数为负，P值为0.001，负效应显著（见附表30），即随着延退政策实施造成养老金支出占GDP的比重进一步降低，即政策对养老金占比上升抑制的效果显著。

4. 对储蓄率的影响

（1）延迟退休年龄政策效应显著正相关的国家

波兰1999年储蓄占比为20.40%，之后开始持续下降，2004年下降到14.64%，2015年上涨到19.73%，2018年为19.63%，呈现"U形"结构。选取1995—2018年共计24个观测值，进行了相关性分析。延迟退休年龄政策与储蓄占比的相关性检验结果显示为显著正相关（见附表31），说明延迟退休年龄政策实施是波兰储蓄占比上涨的主要原因，即政策效果显著。

（2）延迟退休年龄政策效应不显著正相关的国家

法国2010年储蓄占比为21.08%，2018年上涨到22.90%，总体呈波动上升趋势。选取1975—2018年共计44个观测值，进行了相关性分析。延迟退休年龄政策效应与储蓄占GDP百分比相关性分析结果显示为不显著正相关（见附表32），说明随着延迟退休年龄政策实施，法国储蓄占比会不断上涨，但政策不是导致储蓄占比上涨的主要原因。

5. 对经济增长率的影响

（1）延迟退休年龄政策效应显著正相关的国家

延迟退休年龄政策与人均 GDP 增长率的相关性分析呈显著正相关的国家有法国。法国 2010 年通过逐步把退休年龄从 60 岁延至 62 岁，将领取全额养老金的年龄从 65 岁相应地延至 67 岁。选取 1996—2018 年共计 23 个观测值，进行了相关性分析，分析结果见附表 33，延迟退休年龄政策变量 t 值为 2.42，P 值为 0.025，影响系数为 0.391，说明延退政策的实施对人均 GDP 增长率具有显著正相关，即延退政策实施后的时间越久，人均 GDP 增长率就越高。

（2）延迟退休年龄政策效应不显著正相关的国家

波兰 1999 年人均 GDP 增长率 4.65%，2018 年为 5.14%。整体呈波动式上升态势。规定男女退休年龄分别延长 5 岁。选取 1996—2018 年共计 23 个观测值，进行了相关性分析。在延迟退休年龄政策与人均 GDP 增长率的相关性分析中呈不显著正相关（见附表 34），说明波兰延迟退休年龄政策不是造成其人均 GDP 增长率上涨的主要原因。

（三）小结

由上述可知，纵向来观察，如表 4-28 所示。

第一，在劳动参与率方面，美国和法国表现为显著负相关，即劳动参与率随着延迟退休年龄政策时间的推移而不断减少。这一方面说明在这两个国家延迟退休年龄政策对老年人的就业起到了积极的促进作用，但整体而言，延迟退休年龄政策的实施并不能有效扭转人口老龄化导致该国家劳动参与率降低的趋势。在瑞典、德国、日本、匈牙利、捷克和波兰全体劳动参与率表现为显著正相关，即随着延迟退休年龄政策实施时间的推移显著促进了这几个国家的劳动参与率的提升，从而为该国家经济发展提供了较为充足的劳动力供给，延迟退休年龄政策在促进劳动力供给数量的提升方面起到了较为显著的经济效应。可见，无论政策实施的顺利与否，延迟退休政策都能有效提升一国劳动参与率。

表 4-28　典型国家延迟退休年龄政策经济效应汇总表

类别	国家	劳动参与率	养老金支出占 GDP 比重	储蓄占 GDP 的比率	25—64 岁人口受高等教育占比	人均 GDP 经济增长率
政策实施顺利国家	美国	负相关，显著	正相关，显著	正相关，不显著	负相关，显著	正相关，不显著
	德国	正相关，显著	负相关，显著	正相关，显著	正相关，显著	正相关，不显著
	瑞典	正相关，显著	正相关，显著	正相关，显著	正相关，不显著	正相关，不显著
	日本	正相关，显著	负相关，显著	正相关，显著	正相关，不显著	正相关，不显著
	捷克	正相关，不显著	正相关，不显著	正相关，显著	正相关，显著	正相关，显著
	匈牙利	正相关，显著	负相关，不显著	正相关，显著	负相关，显著	正相关，不显著
政策实施受阻国家	法国	负相关，显著	正相关，显著	正相关，不显著	正相关，显著	正相关，显著
	波兰	正相关，显著	负相关，显著	正相关，显著	正相关，显著	正相关，不显著

注：根据数据整理而来。

第二，在养老金支出占比方面，美国、瑞典、法国、捷克表现为显著正相关，即延迟退休年龄政策实施时间越长，养老金支出占比就越高，即随着延迟退休年龄政策的实施，该国家养老金支出水平仍然处于上涨趋势，政策效果不显著。说明在这几个国家中，老龄化程度发展的趋势是趋于加速发展的，延迟退休年龄政策无法有效减少老龄化带来养老金支出压力。在德国、日本、匈牙利和波兰则表现为显著负相关，即随着延迟退休年龄政策实施时间越长，养

/ 第四章 典型国家延迟退休年龄政策实施的社会经济条件 /

老金支出占比就越小,延迟退休年龄政策的实施能够显著减少养老金支出占比水平,政策效果显著。因此,在政策实施顺利的国家中,其对养老金支出占比的效应也不会因为延迟退休政策实施的情况而有所差异。

第三,在储蓄方面,美国、捷克、法国表现为不显著正相关,说明随着时间的推移,延迟退休年龄政策能够对该国储蓄占比起到积极的促进作用,但不是其储蓄占比上升的主要原因,政策效果不显著。在日本、德国、瑞典、波兰、匈牙利等国表现为显著正相关,说明随着时间的推移,延迟退休年龄政策能够显著增加该国的储蓄占比,实施时间越久,储蓄占比越高,政策效果显著。

第四,在对劳动力供给质量方面,美国表现为显著负相关,说明随着延迟退休年龄政策的实施,25—64岁人口受高等教育水平占比呈现出下降的趋势,时间越久,占比越低。说明这一指标受美国老龄化水平的影响较大。老龄化带来这一群体人数总量是趋于减少的,从而导致其受高等教育的占比也会随之减少。因此,延迟退休年龄政策的效果无法显现。在德国、法国、波兰则表现为显著正相关;与美国的情况正好相反,即延迟退休年龄政策实施越久,25—64岁人口受高等教育人数占比就越高,政策效果显著。在瑞典、日本和捷克等国表现为不显著正相关,即延迟退休年龄政策实施越久,25—64岁人口受高等教育水平占比就越高,但其占比的提高,不是由延迟退休年龄政策造成的,政策效果不显著。匈牙利则呈现出不显著负相关,即延迟退休年龄政策实施越久,25—64岁人口受高等教育水平占比越低,但其占比的降低,也不是延迟退休年龄政策造成的,政策效果不显著。

第五,在经济增长水平方面除法国外,都表现为不显著正相关,即延迟退休年龄政策能够促进经济增长水平的提升,但不是主要影响因素。说明这些国家延迟退休年龄政策对经济增长水平的政策效果不明显。法国则表现为显著正相关,说明养老金制度对法国产生的经济效应非常明显,延迟退休年龄实施越久,经济增长水平就越高,政策效果显著。其原因一方面在于老龄化程度的不同，从而使得延迟退休政策在促进经济增长水平上表现不同；另一方面在于各国在经济政策、产业结构、消费以及对外开放等方面的不同，从而导致经济增长水平没有随着延迟退休政策的实施而显著提升。

横向观察，在政策实施顺利的国家中，美国延迟退休年龄政策的实施能够通过显著提高老年人劳动参与率，增加储蓄占比，从而带动总体经济增长水平的提升，但其无法显著缓解老龄化带来的劳动力供给总量的减少、受高等教育人数占比的相对减少、需要支付养老金的人数占比的增加等带来的冲击。瑞典延迟退休年龄政策显著促进了劳动参与率的提升，显著增加了储蓄占比，促进了经济增长水平的提升，政策实施产生了一定的经济效应。德国和日本延迟退休年龄政策的实施极大地促进了整体以及老年人的劳动参与率，从而使养老金支出占比显著减少，储蓄占比增加，受高等教育人口占比也得以提升，政策的经济效应非常明显。捷克随着延迟退休年龄政策的实施，老年劳动参与率明显提升，其余指标都表现为不显著正相关，政策效果不明显。老年劳动参与率的提升在促进总体经济增长水平提升方面的效应就要小得多。匈牙利延迟退休政策实施以来劳动参与率提升，养老金支出占比显著减少，储蓄占比显著增加，从而带动了整体经济增长水平的提升。

在政策实施受阻的国家中，法国延迟退休年龄政策的实施显著促进了老年人劳动参与率的提升，显著减少了养老金支出占比，显著提升了受高等教育人数占比，促进了劳动力质量的提升，显著增加了储蓄占比，从而产生了显著的经济增长效应。

综上所述，在典型国家中延迟退休年龄政策均产生了正向的经济效应，只是由于老龄化水平的差异导致所产生的正向的经济效应的强度有所不同。可见，延迟退休年龄政策即使在实施不顺利的国家依然能够对经济增长产生一定的促进作用，而阻碍政策实施的关键要素就在于这些国家政策博弈机制的不同。在政策实施受阻的国家中，工会往往扮演着维护最广大雇员利益群体的角色与政府和雇主进行利益的较量与博弈。尤其是在极化两党制国家中，这种政策博弈较量更加激烈，延迟退休年龄政策往往成为政党竞争的主要筹码。故此，在典型国家中对延迟退休年龄政策演化起决定作用的要素在于特定政治文化背景下各方利益主体博弈机制的特征。

第五章　典型国家延迟退休年龄政策实施的经验和政策思路

退休年龄的调整是一个复杂的过程，它与一国经济发展程度、产业结构转型、工作方式变化以及人口老龄化等因素密切相关，并涉及劳动者、雇主与政府三方的利益主体之间的博弈。如果在博弈中能够形成合作收益，则能够保持社会稳定，促进经济发展；反之则会造成较高的转型成本甚至导致政策失败。纵观上述各个典型国家退休年龄政策调整的经验，可以看出每个国家什么时候、如何调整退休年龄都是根据各国自身具有的各种内在和外在的客观条件而定的，都是各国政府社会政策发展到一定阶段之后，客观条件变化下的适应性选择。因此，任何国家的退休年龄政策都不能也不会是一成不变的，而是要顺时、顺势根据客观条件的变化进行调整。如果说公共政策的制定与实施要受到政策沉淀的影响和制约，那么在养老金制度的演变中更多体现的是各国养老金制度在面临经济增长不力、人口结构老化、养老金制度可持续性遭遇危机的情况下，根据具体的政治体制和政治文化对民众社会心理承受力的一次考量，也是各国家为了缓解经济增长压力、增强养老金制度可持续性、稳定社会发展的战略目标和价值取向。同一项价值取向的公共政策在不同国家内外部因素迥然不同的背景下，所取得的政策效果自然具有异质性。对政策实施约束条件即内部因素和外部因素把握准确的国家，在政策制定中能够具有大局意识和战略思维的国家，改革过程中遭遇的阻力较小政策实施的效果是明显的。而对约束条件判断把握不准的，在政策实施过程中会造成较大的制度转轨成本。因此，对约束条件的科学准确判断是延迟退休政策顺利有效实施的先决条件。

第一节 典型国家延迟退休年龄政策实施的经验

退休年龄政策作为一项经济政策、社会政策和公共政策问题，在提出的时候，都是在一定的客观条件发生变化的情况下发生的。纵观世界典型国家延迟退休年龄政策的调整效果显著或实施顺利的国家，都是各国政府或当政者通过对各自经济增长水平、人口结构变化、劳动力供给趋势以及能够改变人们就业行为的教育水平和大众心理进行充分论证和科学评估的基础上进行的，而政策实施受阻或者失败的国家则是由于对约束条件的分析和判断不足。

一 延迟退休年龄政策实施顺利的国家充分考虑了社会经济条件

（一）经济增长水平

从经济增长水平来看，在政策实施顺利的国家中，延迟退休年龄政策出台的时间也是各典型国家经济发展的低谷期或者困难期。即使在政策实施有障碍的国家中，经济发展条件在其退休年龄政策调整中也具有显著的正向效应，即宏观经济增长水平处于低谷期一般会促成延迟退休年龄政策的顺利实施。由此可见，延迟退休年龄政策也反过来会对缓解经济下行压力具有一定的促进作用。在 OECD 国家中，美国 1983 年规定退休年龄从 65 岁提高到 67 岁，与此同时，美国人均 GDP 增长率经历了 1970 年为 -1.41%、1974 年为 -1.45%、1982 年的 -2.73%。德国 1992 年规定到 2000 年开始将退休年龄延迟到 65 岁的时候，德国人均 GDP 增长率刚刚经历了急速下滑，由 1991 年的 4.35% 跌至 1992 年的 1.16%，到 1993 年已经跌至 -1.63%。2012 年德国退休年龄逐步从 65 岁提高到 67 岁，人均 GDP 增长率在经历 2010 年的 4.34% 和 2011 年的 5.87% 快速增长后跌入 2012 年的

0.23%。1994年日本提出延迟退休年龄的时候，其经济年均增长率仅为1%，1993年人均GDP增长率仅为-0.76%。20世纪90年代到2000年日本经济经历了"失去的10年"。2000年提出将男女退休年龄分不同阶段提升到65岁的时候，日本人均GDP增长率为2.61%。在东欧转型国家中，捷克2002年提出到2013年男性退休年龄提高到63岁，女性提高到61岁的时候，人均GDP增长率由2000年的人均GDP增长率4.56%跌至2002年的1.85%。

（二）人口结构条件

1. 人口老龄化水平

从人口结构条件来看，在老龄化方面，OECD典型国家延迟退休年龄政策的提出在人口条件方面主要表现为预期寿命延长、老龄化水平加重、老年扶养比上升等。美国1983年人口预期寿命为74.6岁，65岁及以上人口平均余命11.7岁，65岁及以上人口占比11.7%，老年扶养比17.98%。德国1992年规定到2000年开始将退休年龄延迟到65岁，2012年正式出台将退休年龄从65岁延迟到67岁。2012年德国预期寿命为80.6岁，65岁及以上人口平均余命21岁，65岁及以上人口占比20.6%，老年扶养比为31.67%。瑞典2003年人口预期寿命为80.3岁，65岁及以上人口平均余命20.4岁，65岁及以上人口占比17.1%，老年扶养比为26.5%。退休年龄从60岁调整到65岁，在人口条件的各项指标中，都呈现不断上升的趋势。预期寿命1986年为78.1岁，1998年为80.6岁，2004年为82.1岁；65岁及以上人口占比1998年为16.2%，2004年为19.5%；65岁及以上人口余命1998年为22岁，2004年为23.3岁；老年扶养比1986年为15.19%，1998年为23.13%，2004年为28.54%，可见人口结构变化是延迟退休年龄政策演化的根本动力。在转型国家中，捷克退休年龄演变中除了老年扶养比1995年比1991年低之外，其他指标也呈现依次增加的趋势，预期寿命1990年为71.6岁，1995年为73.3岁，1996年为74岁，2010年为77.7岁；65岁及以上人口占比1990年为12.68%，1995年为13.22%，2010年为15.44%；65岁及以上人口平均余命1995年为16.2岁，1996年为16.6岁；老年扶养比1991年为19.51%，1995年为19.39%，2010年为21.96%。匈牙利在退休年龄政策调整中1991年将退休年龄统一延长到62岁，1998年加速了迈向62岁的步伐，2009年从62岁延长到65岁。在这两次政策调整中，从人口条件各指标来看，预期寿命1991年为69.6岁，1998年为71.1岁，2009年为74.4岁；65岁及以上人口占比1991年为10.18%，2012年为14.19%，2016年为16.34%；65岁人口平均余命1991年为16岁，1999年为17.1岁，2009年为18.2岁；老年扶养比1991年为20.71%，1998年为21.89%，2009年为23.25%。

在劳动力供给水平方面，美国在1983年的时间节点上，劳动力供给增长率为空前最低值1.22%。德国1992年劳动年龄人口为39490万人，与1991年的39577万人相比，减少了87万人，增长率为-0.22%；2007年41589.63万人，增长率为0.42%；2012年41350.93万人，增长率为0.40%。瑞典2000年劳动力供给人口上涨比为49.8%，劳动参与率为78.97%；2003年瑞典劳动力供给人口上涨比为51.06%，15—64岁劳动力参与率为79.02%。自20世纪70年代日本就面临着劳动力供给不断减少的压力。1981年之后，劳动力供给下滑的趋势开始得以扭转，1986年达到62.25%，1993年达到69.75%的最高值，1994年之后日本劳动力供给出现了大幅下滑，1994年提出将退休年龄由60岁延迟到65岁。1998年下跌至68.72%，1998年鼓励企业将最高退休年龄规定为65岁。

转型中国家捷克1995年劳动力供给总量为5116.057万人，到1996年几乎没有任何增长。2003年捷克劳动力供给总量为5099.525万人，增长率为-0.1%。2003年15—64岁人口劳动参与率为70.68%。2010年捷克劳动力供给总量为5268.75万人，增长率为-0.33%。2010年15—64岁人口劳动参与率为70.31%。1991年匈牙利政府规定用19年时间，到2010年将男性法定退休年龄从60岁延长到62岁，女性从55岁延长到62岁。1992年匈牙利劳动力供给总量为4470万人；15—64岁劳动力参与率为66.76%。2009—2010年规定将退休年龄提高到65岁。2009年劳动力供给总量为4165.6万人,2010年为4201.8万人;15—64岁劳动力参与率为61.23%和61.92%。

2. 平均受教育年限

美国1983年高等院校入学率为57.58%,到延迟退休年龄政策开始实施的时间2002年,美国高等院校入学率已达到77.91%。1983年55—64岁人口受高等教育占比为13.72%,2002年为33.2%。高等教育人口占比的提升意味着平均受教育年限的增加。德国1992年高等院校入学率为35.43%,其中25—34岁受过高等教育的人数占比为20.45%,55—64岁受过高等教育的人数占比为16.22%。2002年分别达到21.74%和20.61%;2012年则分别达到28.96%和26.43%。瑞典20世纪90年代以来接受高等教育的人数快速增长,从1990年的30.68%到2003年的81.42%。日本1998年25—34岁受过高等教育的人口占比为46.06%,2004年达52.64%;在55—64岁受过高等教育的人口占比中,1998年为13.23%,2004年为20.64%。

在转型中国家,捷克1990年以来在高等院校入学率的提升方面取得了很大的进步。1995年入学率为20.58%,2002年为34.44%,2010年达到63.95%。在25—34岁群体的受高等教育人数占比中1995年11.8%,2002—2003年分别为10.62%和12.05%,2010年为22.63%;55—64岁群体受高等教育人数占比1995年8.29%,2002—2003年分别为10.62%和10.27%,2010年为11.53%。匈牙利1991年高等院校入学率为14.69%,2007年达到峰值68.28%,2010年下降到63.72%,2017年已经下降到48.5%。2010年25—34岁人口中的受高等教育人数占比为26.02%,55—64岁人群为16.48%。

(三)政治文化条件

在政策实施顺利的国家中,美国自由民主、自强自立的文化遵循和以市场为主的福利供给机制导致美国人在对国家政府失望与不信任的时候,更强调市场效率和个人责任,不依赖家庭、不依赖他人、自强自立的处事风格，认为个人有能力也有义务为自己的保障提供支持，鼓励有能力的人通过市场的方式获取老年保障。与此同时，美国政治中的"驴象之争"在大政方针上往往能够保持一致，从而保证了美国公共政策的连贯性和一致性。因此，关于个体养老责任归属方面的延迟退休年龄政策在这样的政治文化环境中能够顺利实施。

多党制的德国将更大的正式权力赋予了作为行政首脑的联邦总理，总理一直控制着政治过程。这种文化汲取了普鲁士的服从、义务和忠诚等传统价值观，政府告诉人民，服从是一位好公民的责任。同时，利益集团在德国以社会治理参与者的形式而存在，也给社会政策的顺利出台提供了便利。

起源于古瑞典农民的强大和贵族势力的弱小而形成的均衡社会结构，在一种均衡的权力结构与社会力量中形成的"四级议会"制。导致，均衡和妥协的精神渗透到了瑞典社会各个领域。这种独特的社会文化特征形成了通过妥协与合作而不是冲突达成一致意见。在这种价值观的影响下，各利益集团之间在利益分割的问题上往往采取互相让步的方式解决，这也是少数执政党能长期维持政局稳定的根本原因。温和型的多党制下的，瑞典在很多问题上能够达成"共识政治"，有效避免了政党之间的政治纷争。退休年龄在瑞典经历了由高到低的调整之后，且每次都能顺利实施，并在2003年又将退休年龄可选择的范围由61—70岁缩小到63—70岁。

日本政治体制下"首相和铁路司机一样，谁来驾驶货车都无关紧要"。政府制定福利政策是为经济发展服务。在儒家文化的影响下，日本民众十分重视家庭，在此基础上衍生的诚信、守诺、忠诚等企业文化和精神都深深影响着日本民众的行为决策以及企业的行为规范。

转型中国家捷克剧变后实行多党议会民主制，选举两年一次。频繁更替的政党使得每一届政府都不愿意做长久打算，只着眼于当前的利益与考虑。而从养老金制度的稳固性与优越性来看，捷克属于东欧国家养老金结构性改革浪潮中能够坚持自己的模式不为所动的典型国家，公众对养老金制度尤其是第一支柱有着充分的信任与信心。尤其是在转型后，原有的养老金制度并未暴露明显的制度缺陷，为公众的支持提供了一定的制度基础。频繁更替的政党体制，也是捷克养老金制度能够一以贯之保持稳定性与传承性而不至于发生重大结构性变革的重要条件。

二 延迟退休年龄政策实施受阻的国家对社会经济条件研判不足

（一）经济增长水平

经济下行与养老金支付压力是延迟退休年龄政策实施的经济动力。即使在政策实施受阻的国家中，其延迟退休年龄政策实施的时间也符合这个法则。如法国萨科齐政府2010年将法定退休年龄从60岁延长到62岁，将领取全额养老金年龄从65岁延迟到67岁的时候，法国经济刚刚经历了2009年的最低谷，人均GDP增长率为-3.37%。波兰2012年规定将退休年龄提高到67岁的时候，人均GDP增长率从2011年的4.96%下降到2012年的1.61%。

（二）人口结构条件

1. 人口老龄化水平

人口老龄化是世界各国退休年龄政策调整的最直接的动因。波兰退休年龄政策调整中，1991年男性退休年龄提升到65岁，女性提升到60岁，2012年规定从2013年开始每年调高3个月，直至67岁，2016年规定退休年龄从67岁恢复到65岁，也就是1991年时候的退休年龄。这几个时间节点波兰人口预期寿命1991年为71.2岁，2012年为76.9岁，2016年78岁；65岁及以上人口占比1991年为10.18%，2012年为14.19%，2016年为16.34%；65岁人口平均余命1991年为16岁，2012年为19.8，2016年20.5岁；老年扶养比1991年为15.65%，2012年为20.04%，2016年为23.72%。

在劳动力供给方面，政策实施受阻的法国和波兰，在劳动力供给方面也出现了与延迟退休政策实施顺利国家类似的情况。法国2010年劳动力供给总量为28235.75万人，15—64岁劳动参与率为70.25%，远低于OECD国家平均水平12.39%。波兰1991年劳动力供给总量为17482万人，增长率为0.44%；15—64岁劳动力参与率为65.56%，远高于OECD国家平均水平。2012年波兰劳动力供给总量为17339.88万人，增长率为0.69%；15—64岁劳动力参与率为65.32%。2016年劳动力供给总量为17260.28万人，增长率为-0.74%；15—64岁劳动力参与率为68.81%。

2. 平均受教育年限

在政策实施受阻的法国和波兰，也同样面临着平均受教育年限增加的情况。法国2010年25—64岁受高等教育群体的人数是该年龄段总人数的42.87%。55—64岁群体中受高等教育人口数，从1989年的6.46%到1999年的12.42%，再到2009年的17.98%，2010年为18.28%。波兰1991—2012年高等教育入学率从34.44%增长到了73.96%，1991年波兰高等院校入学率为21.47%，到2010年上升为74.76%达到最高峰值，2010年之后呈现下降趋势，2012年为73.96%，直到2017年下降为67.13%。1995年波兰25—34岁人口中受高等教育人数占比为14.57%，55—64岁人口中受高等教育人数占比为17.61%。到2012年25—34岁人口中受高等教育人数占比为40.8%，55—64岁人口中受高等教育人数占比为26.4%。2016年高等院校入学率为66.95%，25—34岁人口中受高等教育人数占比为43.48%，55—64岁人口中受高等教育人数占比为26.29%。

(三) 政治文化条件

在政策实施受阻的国家中，法国政党众多，因此带来法国政局的不稳定，党外有党、党内有派、党派林立。同时，还有政党的分裂、合并、改组、新建等，左右翼渐渐向中间靠拢，也成为政局动荡的主要诱因。20世纪70年代中期以来法国形成两大派对峙的党派格局。在两大派别的争雄中形成了"左右共治"的独特现象。最高政治权利在两大政党中随着选民的政治预期及其对前任执政绩效的满意度而定。法国人用"马铃薯式的生活"自给自足，生产方式彼此独立，自我封闭，重视家庭中生活中的重要作用。法国人具有天然地对政府和政治不信任。法国的文化还在于叛逆，敢于挑战权威、挑战政权，动辄罢工，体现出他们对权威蔑视的思想理念。这导致长期以来，无论是保守党还是社会党，都非常重视与工会覆盖下的行业中特殊群体之间的协商与斡旋。大部分涉及公众利益尤其是特殊群体利益的政策，要么"绕道而行"，要么会在与工会的多次谈判与交涉下进行妥协。而有关养老金制度的改革，尤其是涉及所有劳动者权益的延迟退休年龄政策调整，在萨科齐政府改革之前都从没有涵盖工会覆盖行业领域的养老金改革。而法国在老龄化日益严重的趋势下，萨科齐政府提出延迟退休年龄政策调整，由于涉及法国劳动者权益问题，因而导致大规模的罢工和游行，最后不得不接受工会的条件与要求。尽管制度得以实施，但效果大打折扣的同时还导致了萨科齐政府失去政权。使其成为法兰西第五共和国历史上第一个没有获得连任的总统。2019年马克龙政府延迟退休年龄政策导致法国20年来最大规模的罢工潮。

波兰是半总统半议会制国家，总统是国家元首兼武装部队总司令，和政府分享行政权力。波兰的总统选举法规定，总统由直接、平等、无记名投票的全国普选产生，任期5年，可连任1次。频繁更替的执政党，给波兰民众赋予了更多的决策权和选择权。在波兰，养老金制度改革成为各党派争取民意的筹码的表现异常明显。为了赢得大选，不同党派都力求尽可能多地获取老年人的选票。波兰是东欧国家中"工会统治下走向资本主义"的典型代表。强大的工会力量却加深了经济转型时期各方的博弈。在改革的各环节中，政府都要与工会及社会群体进行协商。因此，当2012年延迟退休年龄政策出台的时候，就遭遇了大规模的罢工示威和游行。而最高政治权利在两大政党中随着选民的政治预期及其对前任执政绩效的满意度，在2015年的大选中得以充分体现。2016年杜达政府宣布要将法定退休年龄提前的规定得以通过就充分彰显了公众对2012年延迟退休年龄政策的不满与宣泄。表面看来是政党竞争的结果，但实质上是波兰特殊政治文化背景下强大的工会利益集团对公共政策进行干预的具体体现。

第二节 典型国家延迟退休年龄政策实施的政策思路

纵观以上各个典型国家退休年龄政策调整的经验，可以看出每个国家什么时候、如何调整退休年龄，都是根据各国自身具有的各种内在和外在的客观环境而定的，都是各国政府社会政策发展到一定阶段之后，在客观条件变化下不得不做出调整的适应性选择。因此，任何国家的退休年龄政策都不能也不会是一成不变的，而是要顺时、顺势根据客观条件的变化进行调整。延迟退休年龄将成为今后世界范围内各国养老金制度调整或改革的重要参量之一。

一 基于社会经济条件选择渐进式延迟退休的政策路径

（一）重讨论、有时滞、舆论先行

可以看出，典型国家在退休年龄调整过程中，几乎一致的做法就是在将延迟退休这个政策议题抛向公众之后到政策实施都具有一定的时间差。这个时间差也因各个国家具体情况而有所不同。从政策的提出到拟执行的时期内，在国家的不同层面会形成讨论、游行、抗议、示威等，从而使得公众延迟退休年龄的偏好及意愿得以凸显。而公众偏好表达的形式因各国长期以来文化、政治影响下形成的公众社会心理不同而有所不同。一个国家在历史文化沉淀下形成的社会心理往往会成为政策执行是否有效的关键变量，或者成为政策执行的障碍和阻力，又或者成为政策执行的助推剂。

美国作为自由民主以及强调个人主体保障责任的典型代表，从1983年延迟退休年龄议题提出到执行用了19年，2002年开始将退休年龄从65岁提高到67岁，每几年提高1岁，直到2027年完成。德国延迟退休年龄第一阶段从1992—2000年，时滞用了8年，第二阶段从2002—2012年用了10年，而在具体执行中，用了12年将退休年龄延长了2岁。日本从1971年鼓励中老年雇员推迟离开工作岗位到1986年具体实施延迟退休年龄政策用了15年，男性提高了5岁，女性提高了10岁，并统一了男女退休年龄为60岁；2004年的第二次延迟退休年龄从1994年提出到法案出台用了10年时间。捷克1995—2007年时滞12年将女性和男性的法定退休年龄从53—57岁和60岁，分别提高到57—61岁（依据生育情况而有所浮动）和62岁；2002—2013年用11年时间男性退休年龄提高到63岁，女性提高到61岁；2010年规定从2011年开始男性每年推迟2个月，女性每年推迟4个月，一直到男性达到67岁，女性达到62—65岁。尽管捷克在2010年从政策提出到实施的时滞只有1年，但这次调整已经是延迟退休年龄政策调整的第三次，因此，基于政策沉淀效应，在捷克延迟退休年龄政策的实施和贯彻已经具备了较为充分的公众心理预期。1991年匈牙利政府规定用19年时间，到2010年将男性法定退休年龄从60岁延长到62岁，女性从55岁延长到62岁。1998年加速了延迟退休年龄的速度，规定到1999年，将男性的退休年龄从改革前的60岁提高到62岁；到2009年，将女性的退休年龄从改革前的55岁逐渐提高到62岁。2009年又规定到2025年将退休年龄提高到65岁。计划用16年时间将法定退休年龄统一推迟3岁。可见，匈牙利在延迟退休年龄政策的实施中，也充分考虑到公众的接受程度并给予了较为充足的过渡期和适应期。

延迟退休年龄政策实施受阻或者失败的典型国家中，由于在政策制定到实施的时滞上准备不足或从而导致公众没有形成较为成熟的心理预期和规划机制。1991年波兰伴随着养老金机制改革的同时，将退休年龄由原来的男性59岁、女性55岁提升至65岁和60岁。2012年5月，波兰国会通过法案，决定将男女法定退休年龄逐步统一提高到67岁。从2013年1月1日起，退休年龄将在每年的1月、5月和9月增加一个月，直到两性均达到67岁（2040年的女性，2020年的男性）。具体实施方案为：从2013—2020年，男性退休年龄从65岁提高到67岁；从2013—2040年，女性退休年龄从60岁提高到67岁。由于退休金制度的调整关系到每个人的切身利益，在特殊的政治文化下，政党之争经常成为获得选民支持的重要筹码。2016年杜达政府的上台，宣告了2012年波兰延迟退休年龄政策的中止和夭折，波兰退休年龄又恢复到1991年的女性60岁、男性65岁。针对波兰政府2016年逆潮流而行的降低法定退休年龄的举措，波兰财政部估计，这将使每年的财政预算增加100亿兹罗提，约合180亿元人民币。但也有文献显示，这一政策回归对企业的影响似乎并不显著。由此可见，虽然2016年波兰重回1991年退休年龄的政策效果似乎并不足以证明其政策逆流而上的灾难性。因此，2012年波兰政府将退休年龄政策延迟至67岁的举措，一方面没有留出充分的时间差；另一方面也凸显出政策制定者对政策实施约束条件的把握和研判不够准确。2016年杜达政府降低退休年龄得以通过的原因更多是迎合公众满意度的政治竞争的结果。

法国2010年萨科齐政府延迟退休年龄政策规定，从2011年7月起，将法定退休年龄以每年4个月的速度逐步提高，直至2018年把法定退休年龄提高到62岁。尽管在政策设计上拟用7年时间延迟2岁，但在政策的提出到实施出台没有给予公众充足的准备时间。而萨科齐为此付出的代价是成了法兰西第五共和国历史上第一个没有获得连任的总统。2019年马克龙政府又提出将退休年龄从62岁提高到64岁，遭遇了20年来规模最大的一次罢工潮。2021年旧马克龙为了平息罢工潮，放弃了延迟退休年龄至64岁的决定。

（二）以人为本、模糊退休与工作的界限，逐步取消强制退休

在传统上，退休与工作是非此即彼的。在后工业时代，在弹性退休机制框架下，各个福利模式下的国家都致力于模糊工作与退休的界限，打破退休即停止工作的传统思维，不断试图推动工作与退休行为的融合。主要表现为劳动者可以选择部分退休的同时领取部分养老金和退休后重新就业两种就业机制。对于部分退休者来说，在达到法定退休年龄后，可以根据个人的身体健康、精神状态以及职业偏好等方面的需求选择继续一种工作模式；而退休后重新就业者，则一般是指那些在原有职业中替代性较强的或者是厌倦了原有工作模式，期望在

领取养老金的同时体验和获得另外一种人生价值的劳动者。无论是基于何种理由，选择部分工作还是重新就业的模式，都更加关注了个体选择权的赋予，更加凸显了延迟退休年龄以人为本、注重社会公共政策执行中的个人体验视角的选择取向。当一项公共政策被赋予了更多的个体色彩的时候，其用来规范整个社会行为规范的效果就会被弱化，即当工作和退休的界限不再明显的时候，由退休年龄政策引起的对经济和社会的群体性效应就会减弱。从而减弱了退休年龄政策对经济和社会造成的大规模的冲击，这也是退休年龄政策演化历程的应有之义。在典型国家中，德国、瑞典、法国的养老金制度设计中都注入了部分退休机制，要求有效时间一般在提前退休年龄到标准退休年龄之间，工作小时数需要按一定比例减少，同时设有工作时数的下限，养老金给付按全额养老金的一定比例发放。退休后再就业的机制则普及程度相对较低，各国的具体安排也更加零散，在德国和日本表现得较为突出，其主要原因也在于这两个国家为老年人退休后再就业模式的开启创设了较为全面且可及性较强的政策支持。

（三）多措并举创设积极的政策环境支持

1. 遏制提前退休

在延迟退休年龄政策实施的同时，大多数国家都设立了更加严格甚至苛刻的提前退休条件，以达到限制甚至取消人们提前退休的行为和念头。提前退休主要有两种情况：一种是基于身体健康状况，每个国家都赋予了伤残等健康状况较差者或特殊行业的从业者可以提前退出劳动力市场并领取养老金的权利，因此，在典型国家中大都在法定退休年龄之前设定了提前退休年龄，就是基于这种政策逻辑而考虑的。由此也造成了大量的政策逆向选择者，他们基于自身利益最大化的考虑，纷纷通过各种违规操作与雇主达成合谋从而导致大量的提前退休行为的发生，造成养老金支付时间的前移和养老金支付规模的上涨。因此，各国都把限制和严格提前退休的行为作为延迟退休年龄政策实施同时的一项协同性政策加以推行，一方面意在通过后移政策意义上的特殊群体的养老金支付时间。另一种也向公众表达政策制定者控制提前退休和延迟退休年龄的决心。在遏制提前退休行为时采取的措施主要是从进一步严格提前退休的资格审查条件，同时对于不符合提前退休政策条件的提前退休者给予严厉的惩罚措施。另一种是鼓励按照缴费年限时间考量是否允许其进入提前退休行列的国家，如德国规定缴费满35年，法国则是满42年就分别可以进入其所规定的提前退休通道。捷克1995年养老金改革规定，如果工作期限满25年，可以比法定年龄提前3年退休。每提前1年，养老金待遇则相应减少5.6%。如果延迟领取养老金，每推迟1年，养老金待遇则相应增长6%①。

2. 建立有利于老年人就业的培训和保护网络

在严格提前退休条件的同时，大部分国家考虑到延迟退休年龄后老年群体就业以及再就业的特殊性，不但在政府法律法规、企业雇佣行为规范以及老年人力资源再开发方面做出了积极的努力，而且对相关产业进行了调整，从而为延迟退休年龄创造良好的可持续的健康的生态环境。如日本在20世纪60年代，社会劳动力已经出现短缺，制定各种政策，向老年工人提供就业保证。1963年实行一项促进老年工人就业的法律，重点是提供培训和研究费用，鼓励老年人改换新的职业。1976年规定所有企业至少有6%的老年工人，并向雇佣55—64岁的企业雇主提供12个月的财政援助，帮助雇主把退休年龄推迟到60岁。《老龄雇用安全法》《老年人雇用稳定法》采取多种促进老龄就业的政策，包括创立银色人力资源中心等。这些政策协同对延迟退休年龄政策的有效出台与执行起到了关键作用。

没有科学合理的政策协同机制，延迟退休年龄无异于无源之水、无本之木，执行效果会大打折扣甚至夭折。充分、适宜的就业环境对延迟退休年龄政策的高效实施具有重要意义。只有具备了这一重要政策生态环境，延迟退休年龄政策才能得以生根发芽结果。可以说，充

---

① 朱跃序：《退休年龄延迟的经济效应及其政策选择》，硕士学位论文，华中科技大学，2016年。

分、适宜的老年就业环境是助推延迟退休年龄政策落地实施的土壤和阳光。

二 基于社会效应选择设计政策方案

（一）建立延迟退休年龄的激励机制

从各国具体的经验来观察，无论是在延迟退休年龄政策方案制定还是在政策的具体执行过程中都可以看到，整个过程都是渐进式的、有弹力的，也是层层递进的。如美国1983年的法案提出从2002年开始每几年提高1岁，直到2027年完成。德国2007年规定从2011年到2029年将退休年龄从65岁提高到67岁。2012年的法案则对具体延退人群进行了细分，规定1947年以后出生的在职人员必须不同程度地延迟退休年龄，迄今为65岁，而1964年以后出生的德国人则必须工作到67岁才可以退休。瑞典在弹性可选择激励机制方面一直走在世界前列。作为退休年龄一直较高的国家，瑞典主要通过科学合理的激励机制来引导人们的退休行为选择。1962年瑞典《国民保险法》规定，达到法定退休年龄67岁方可领取全额养老金，但是雇员可以在63—70岁自主选择何时退出劳动力市场。与此同时，通过政策引导和规范个人选择的则在于对提前退休者给予养老金削减的惩罚措施，对于63岁选择退休的雇员仅仅给予国家全额基本养老金的11.2%；而对选择70岁退休的雇员，通过高达121.6%的养老金待遇体系政策，对这部分雇员退休选择行为的鼓励和支持。而在瑞典2003年的政策调整中，则进一步细化了这种政策机制，尽管将提前退休的起始点由原来的63岁提前到61岁，但却在激励与惩罚的制度设计中，按照提前和延迟1个月所付出和得到的养老金的多少来鼓励公众积极加入延迟退休年龄的行列。积跬步以至千里的哲学思维在瑞典的退休制度设计中得到了充分的体现。

（二）建立基于性别、出生时间序列及职业的差异化、分阶段、渐进式延迟方案

典型国家在退休年龄选择上赋予个人更多选择权的同时，在政策

演变过程中也凸显出一种基于性别、出生时间序列以及职业差异的政策取向。基于性别的调整主要在于男性的政策调整要先于女性调整的时间或快于女性延迟退休年龄调整的速度和力度。这种国家公共政策往往对性别差异较为重视，或者持有较为传统的性别差异。这在转型中国家表现得尤为突出。如捷克 2010 年规定从 2011 年开始男性每年推迟 2 个月，女性每年推迟 4 个月，一直到男性达到 67 岁，女性达到 62—65 岁。1997 年以后出生人员，统一到 67 岁退休，1936—1977 年出生的男性从 60 岁 2 个月到 67 岁不等；女性根据养育子女数量，从 53—67 岁不等，1936 年之前出生的人，男性 60 岁，女性 54—57 岁不等。匈牙利 1998 年加速了延迟退休年龄的进程和力度，规定到 1999 年，男性退休年龄从 60 岁提高到 62 岁；到 2009 年女性退休年龄 55 岁逐渐提高到 62 岁。女性比男性开始延退的时间晚了 10 年。

在出生时间序列的差异性方面，主要体现在退休年龄政策执行中基于出生年月的差异性原则，而不是"一刀切"。典型国家中往往会根据拟定的法定退休年龄，将政策对象分为政策执行前进入退休行列的、政策执行后进入退休行列的两大类别。而对于政策执行后进入退休行列的群体又要根据出生年份进一步细分，根据出生时间序列规定不同的退出劳动力市场的时间节点，进一步彰显了制度的公平性与适度性。如德国 2012 年起实行新的退休年龄政策，规定 1947 年以后出生的在职人员必须不同程度地延迟退休年龄，迄今为 65 岁，而 1964 年以后出生的人则必须工作到 67 岁才可以退休。2018 年瑞典养老金机构建议将 1958 年出生者养老金的领取年龄提高到 66 岁，针对 1961 年出生的人，提高到 67 岁，在此之后，养老金领取年龄每三年提高一岁，直到 72 岁的退休年龄。

职业差异则主要突出延迟退休年龄政策对从事工作条件艰苦、环境较差、工作强度较大以及特殊行业的倾斜上。这一政策原则也是各国养老金制度建立之初所遵循的基本原则之一。在政策成立之初，大部分养老金制度甚至社会保险制度都是建立在行业基础上，并逐渐开始惠及全民的发展历程，因此，基于行业差异的特色，在退休年龄政策设计中具有先天的遗传基因,而这同时也是公共政策制定中突出社会效益、旨在提升整体社会福利水平的基本价值遵循。这一基本价值遵循在德国和法国这两个保守主义福利模式下的国家表现得尤为突出。尤其是在法国,几乎每次退休年龄政策调整,都伴随着以工会这一最大的利益集团为代表的各个主要特殊行业的强烈反对。故而,在2010年萨科齐政府改革退休年龄之前,历届政府的养老金改革都是要避开与工会有关的各大特殊行业而实施的。萨科齐将延迟退休年龄推及工会覆盖下的特殊职业群体也成为其下台的最主要诱因。而德国职业差异导致的退休年龄差异则主要体现在提前退休年龄的规制方面。德国规定从事艰苦职业或特殊职业,如矿业、渔业工人或军人,可以按一定条件提前退休。

(三)提高退休年龄与寿命、养老金、退出劳动力时间之间的关联度

几乎每个国家在延迟退休年龄政策方案提出的同时,都会伴随着一系列较为详尽的激励政策,试图对人们的退休决策和行为进行干预。采用最多的就是通过经济激励和惩罚的配套政策引导人们的行为选择,而且都加大了对延迟退休年龄的经济激励。以此来推动中老年雇员增加工作年限,鼓励退休人员延迟领取养老金,从而增强了政策的可持续性和稳定性。美国法案规定,法定退休年龄之前领取养老金者每提前1个月退休,且提前退休的时间在36个月内,养老金则减少0.56%;如果高于36个月,则对超出的部分按照0.42%来扣减。相反,对于延迟领取养老金者,则会以每延迟1个月增加全额养老金0.67%的速度一直累加直到最后退休时间。德国1992年在公共养老金的计发公式中加入时间调节因子,以抑制提前退休,鼓励延迟退休年龄。规定提前退休的劳动者养老金月扣减比率为0.3%,1年则扣减3.6%(12×0.3%)。也就是说,提前1年退休的养老金数额只相当于正常退休养老金的96.4%。延迟退休年龄每超过法定退休年龄1个月,养老金增加5%,每超过1年则增加6%(12×0.5%)。瑞典退休引导机制把养老金计发标准与退休年龄挂钩,法定退休年龄为65

岁，61—70岁为可退休年龄段。瑞典1962年规定，对于63岁开始领取养老金的人只能获得全额养老金的11.2%；对于70岁开始领取的则给予121.6%的奖励和支持。2003年规定提前1个月扣减0.5%，延迟1个月则增加0.7%，以这种方式进一步把养老金计发标准与退休年龄挂钩，激励人们选择延迟退休年龄。

建立退休年龄与预期寿命的自动调整机制。世界各国普遍的做法是通过养老金待遇的调整实现退休年龄与预期寿命之间的关联。日本养老金制度规定，根据退休余命的变化率调整养老金待遇水平，同时也根据待遇水平调整退休年龄[①]。

[①] 林熙：《发达国家弹性退休的机制分析与经验借鉴》，《经济社会体制比较》2013年第2期。

第六章 典型国家延迟退休年龄政策实施对我国的启示

第一节 我国延迟退休年龄政策实施的社会经济条件

任何一项公共政策的实施都需要满足一定的约束条件，只有在这些约束条件下与政策目标完全契合才能保证此项政策的顺利实施。延迟退休年龄政策作为一项关乎大多数人切身利益的公共政策，在实施时应该充分考虑其约束条件是否成熟。约束条件成熟是延迟退休年龄政策有效实施的先决条件，而这政策机制设计得科学合理则是延迟退休年龄政策达到政策预期的关键要素。我国延迟退休年龄政策的提出和发展，是中国人口结构、劳动力供给结构、受教育水平长期发展演变的必然选择，是我国政府根据退休年龄政策生态环境变化而对政策进行调整的适应性选择。

一 我国当前延迟退休年龄的经济条件

（一）我国当前的经济增长水平

自20世纪60年代以来我国人均GDP实现了飞跃式的发展，尤其是改革开放以来，我国经济获得了飞速发展。在2009年世界经济危机的影响下我国人均GDP依然达到8.85%。这一方面得益于体制改革带来的红利，另一方面也是我国人口红利的突出贡献。截至2018年我国人均GDP达到6.08%，远远高于OECD国家平均水平1.68%。

然而，我国人均GDP数额却与OECD国家平均水平差距很大，且呈现不断拉大的趋势。2017年我国人均GDP为16633.15元，而OECD国家平均则为44263.61元，人均GDP增长率为6.16%，2018年为6.08%（如图6-1）。

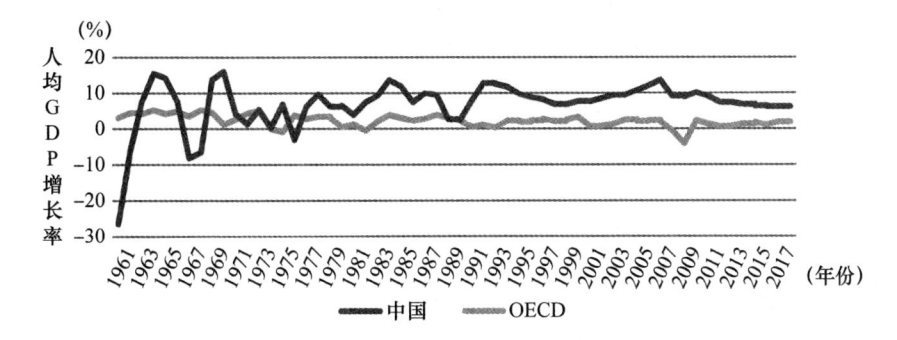

图6-1 我国1960—2018年人均GDP增长率走势图

注：数据来源于 https://data.worldbank.org.cn/。

（二）我国当前的养老金财政收支情况

中国对养老保险的财政补贴不断提高，从2002年的408亿元增至2016年的6511亿元，但养老金缺口问题依然严重。中国社会科学院世界社保研究中心2011年估计我国养老金缺口为2.2万亿元，中国银行和德意志银行2013年估计我国的养老金缺口为18.3万亿元[①]。我国养老金支出占GDP的比重1990年为0.80%，1995年为1.40%，2000年为2.10%，2005年为2.20%，2010年为2.60%。而2010年OECD国家平均水平为8.4%，远高于我国的支出占比。我国2011年为2.70%，2013年为3.24%，2018年则上涨到4.63%（如表6-1）。有关数据表明，到2050年我国养老保险的财政补贴将占到当年财政支出的20%，补贴规模约为当前GDP的75%。可见，我国养老金支出占比随着老龄化的发展，上涨的速度将进一步加快。

---

① 殷俊、黄蓉：《中国现收现付制基础养老金长期财务状况分析——基于人口年龄结构变动的研究》，《求索》2012年第10期。

表6-1 我国1990—2018年养老金支出占GDP比重　（单位：年,%）

年份	1990	1995	2000	2005	2010	2011	2013	2018
养老金支出占GDP比重	0.80	1.40	2.10	2.20	2.60	2.70	3.24	4.63

注：根据历年统计年鉴得来。

二　我国当前延迟退休年龄的人口条件

（一）我国当前的人口老龄化水平

早在20世纪90年代，我国已经步入老龄化社会。2011年我国65岁及以上人口比例高达8.6%，2018年这一比例已经增长至11.2%（如图6-2）。预计2050年65岁及以上老年人将达30.0%。我国的人口预期寿命已经由1950年的44.39岁，1990年的68.55岁，上升至2000年的71.40岁。2010年我国人均寿命为74.83岁，2015年为76.34岁，2016年为76.5岁，2017为76.7岁，2018年为77岁，预期继续增长。中国的老年扶养比1950年为7.3%，到2018年上涨为16.8%（如表6-2）。在现行退休年龄政策安排下，我国男性

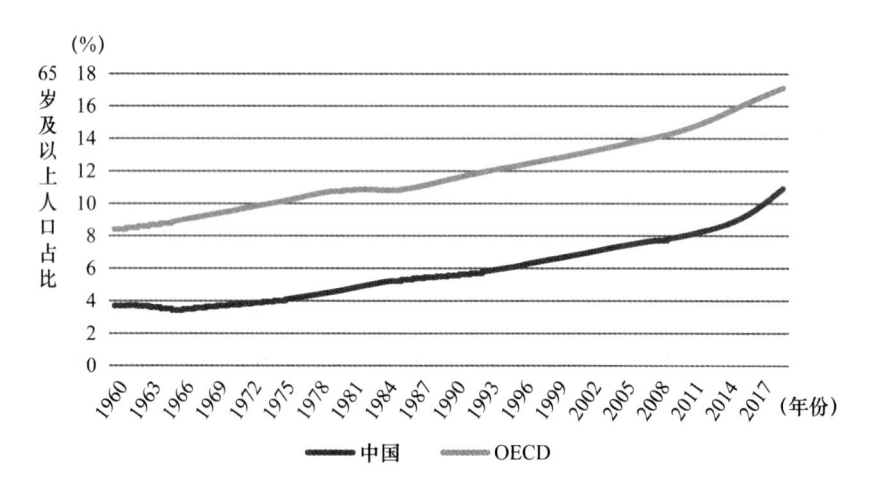

图6-2 中国1960—2018年65岁及以上人口占比

注：数据来源于https://data.worldbank.org.cn/。

人均享受养老金的时间为 17 年，女性为 22 年。在预期寿命延长和生育率持续走低的情况下，中国老龄化程度及老龄化速度将成为发展中人口大国崛起过程中老龄化最严重的国家之一。

表 6-2　　　　　　我国 2010—2018 年老年扶养比　　　　（单位：年,%）

时间	2010	2011	2012	2013	2014	2015	2016	2017	2018
老年扶养比	11.90	12.30	12.70	13.10	13.70	14.30	15.00	15.90	16.80

注：数据来源于 https://data.worldbank.org.cn/。

如果当前退休年龄政策保持不变，则意味着越来越多的人口会进入退休者行列。寿命的延长则将这个越来越大的群体享受养老金的时间跨度不断拉长。而生育率的下降带来的则是年轻劳动力供应将不断萎缩。这样导致的后果是劳动力数量不断下降，从而造成劳动力供给不足的问题将愈加凸显。

（二）我国当前的劳动力供给水平

劳动参与率是劳动力供给水平的晴雨表。我国劳动参与率在达到法定退休年龄后，会出现断崖式下滑的现象，见图 6-3。从 48 岁左右劳动力供给就出现迅速下滑，尤其是女性劳动力更为明显，而男性 48 岁之后的曲线要比女性平滑一些，但也处于快速下降期，在 60 岁的时候出现断崖式下滑。这种现象在城市劳动群体中更为明显。可见我国劳动参与率受退休年龄政策的影响和规制较为明显。近十年来我国劳动参与率在以每年约 0.8% 的速度持续下降，其中一个重要原因是每年大概有 500 万名以上 40—60 岁的劳动力退出劳动力市场[①]。2000 年以来我国劳动力供给增长呈下降趋势，到 2018 年则出现负增长，为 -0.002%（如表 6-4）。

---

① 王俊春、彭杰武、赵斌等：《延迟退休年龄下政策和行为的博弈、影响及选择》，《保山学院学报》2017 年第 5 期。

表6-4　　　我国1990—2019年15岁以上劳动参与率　　　（单位：年,%）

年份	劳动参与率	年份	劳动参与率
1990	79.13	2005	73.38
1991	79.05	2006	72.79
1992	78.98	2007	72.30
1993	78.92	2008	71.88
1994	78.83	2009	71.45
1995	78.69	2010	70.97
1996	78.50	2011	70.79
1997	78.26	2012	70.62
1998	77.96	2013	70.41
1999	77.62	2014	70.18
2000	77.22	2015	69.89
2001	76.49	2016	69.55
2002	75.69	2017	69.21
2003	74.85	2018	68.72
2004	74.07	2019	68.19

注：数据来源《中国2020年统计年鉴》。

2004年我国珠三角和东部沿海地区接连出现的"民工荒"现象，是我国劳动力开始短缺的警钟。2011年我国劳动年龄人口达到最高峰9.4亿人，2012年首次出现下降345万人。标志着我国持续多年的人口红利走上了逐步消亡的道路。2013—2016年，我国劳动年龄人口持续下降，据预测，到2020年每年下降的劳动年龄人口将达到800万人。到2050年，我国劳动年龄人口将从2030年的8.3亿人下降至7亿人。由表6-4可以看出，2018年和2019年我国劳动力供给的增长率都是负增长。随着我国人口老龄化程度的日益严重，未来劳动力持续短缺将成为必然趋势①。

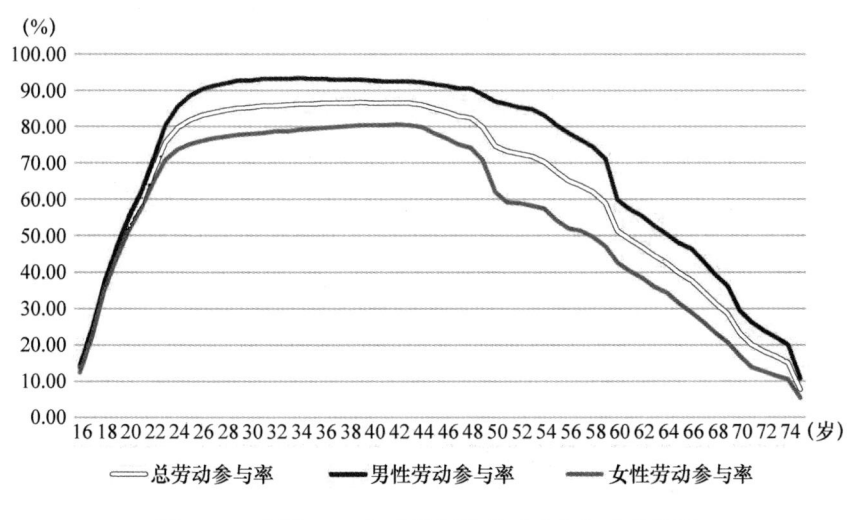

图 6-3 我国 2016 年分性别的劳动力参与率趋势图

注：数据来源《中国 2016 年统计年鉴》。

表 6-4　　　　我国 2000—2019 年劳动力供给总数及增长率

（单位：年，万人，%）

年份	劳动力总数	劳动力增长率	年份	劳动力总数	劳动力增长率
2000	733292392	0.012	2010	772249983	0.001
2001	737279754	0.005	2011	775331931	0.004
2002	743494680	0.008	2012	778628797	0.004
2003	750772785	0.010	2013	781449430	0.004
2004	757166810	0.009	2014	783840531	0.003
2005	761944037	0.006	2015	785372420	0.002
2006	766055387	0.005	2016	786329395	0.001
2007	768928092	0.004	2017	787399317	0.001
2008	770730704	0.002	2018	785974695	-0.002
2009	771783104	0.001	2019	783194000	-0.004

注：数据来源《中国 2020 年统计年鉴》。

---

① 刘晓光、刘元春：《延迟退休对我国劳动力供给和经济增长的影响估算》，《中国人民大学学报》2017 年第 5 期。

(三) 我国当前的人均受教育年限

1999年全国教育工作会议是我国教育事业迅速发展的转折点，其中高等教育发展表现得最为明显，各级高校纷纷扩大招生，极大地促进了高等教育的大众化进程。国家统计局数据显示，2002年我国大专以上人口比例由2002年的4.7%上升至2013年的11.3%。由图6-4可以看出，2000年之后我国高等院校入学率获得了大幅提升，2018年高等院校入学率已达50.6%。

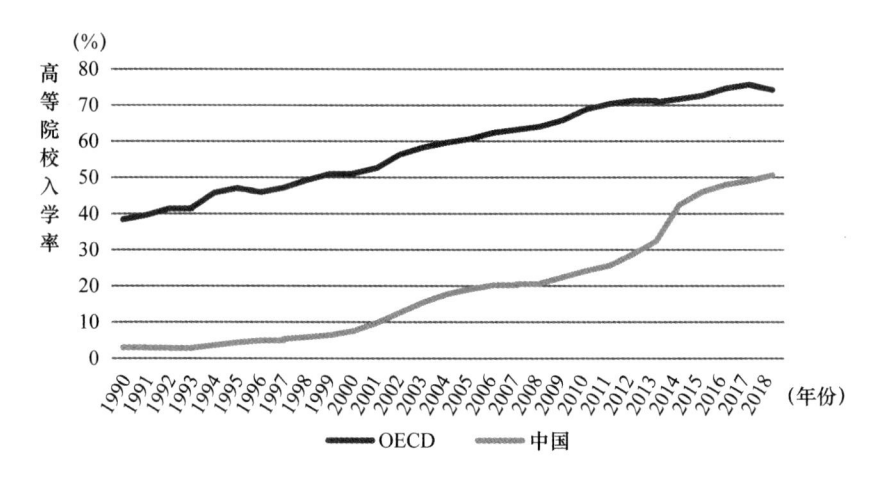

图6-4 中国1990—2018年高等院校入学率

注：数据来源《中国2019年统计年鉴》。

从我国人均受教育水平变化情况也可以看出，我国人均受教育年限从1982年的5.2年增加到2012年的8.5年。受教育年限的拉长说明我国高等教育包括本科教育（四年）、硕士研究生教育和博士研究生教育群体的不断扩招，成为提升我国人均受教育年限的主要原因。

在现行退休年龄不变的情况下会导致劳动者素质越高，劳动力供给时间越短。在我国现行教育体制下，一般孩子都是6岁上学，本科毕业的初始就业年龄为22—23岁，硕士研究生为26岁。如果60岁退休，本科毕业生的在职时间为37年，硕士研究生为34年，博士研究生则为37—39年。依据当前统一的退休年龄政策，必然会造成高水平人力资本劳动力的浪费。由此可知，高学历导致的初始劳动年龄时间推迟，在"一刀切"退休年龄的制度约束下，会因为受教育时间延长而缩短其工作时间，不利于高水平人力资本水平的充分利用，也会对高水平人力资本投资形成抑制效应。

三　我国延迟退休的政治文化条件

（一）政治文化与社会心理

中国传统政治文化是一种非参与式的政治文化。具有典型的臣民文化特征。按照戴维·伊斯顿的政治系统理论，被统治阶层在绝大多数情况下只能是政治系统输出的政治信息的被动接受者，个人的政治意愿很难输入到系统中。民众参与政治的渠道极为狭窄，一般百姓很难对政治系统输入个人诉求和观点。中国的政治体制和政治文化决定了博弈各方的分歧不会太大，更多的是政策的实施，在考虑好经济社会人口的条件后自上而下的政策的推动过程是主要的。相比而言，我国比 OECD 组织和转型国家政策实施过程中的博弈成本更小。

然而，随着互联网快速渗入社会各阶层，由互联网推动的政治参与成为公众影响政治过程的重要方式。互联网提供了一个对社会政治事务进行讨论的公共平台，形成了具有影响力的公共话语。瑞典学者 Larsson 和 Moe 指出 Twiter 等社交媒体"日益被视为一种潜在的吸引公民参与政治互动的工具"。政治家们"正在努力扩大 Twiter 影响力，那些利用 Twiter 和公众交谈的政治家，其政治收益将更大"[①] 对于公众而言，政治观点相似的网络受众更容易相互关注并组成网络群体。互联网开始扮演为民众赋权的有效工具，它推动着中国政治文化向参与型政治文化和现代公民文化转型。在我国，互联网被赋予了更加鲜明的政治属性，是推动网民卷入政治参与浪潮的催化剂，网络舆论对公众议程设置的影响越来越显著。

---

① Larsson A., Moe H., "Who Tweets? Tracking Micro Blogging Use in the 2010 Swedish Election Campaign", *Paper Presented at the 19th European Conference on Information Systems*, Helsinki, Finland, 2011.

中国文化的精髓在于儒家传统文化。儒家文化的核心在"仁"，仁之根本在守孝悌、爱家人并进而达到"老吾老以及人之老，幼吾幼以及人之幼"的境界。孝道文化构建了我国家庭文化的主要旋律，从而家庭养老一直以来在我国养老体系中发挥着重要的保障作用。除了"守孝悌"之外，中国传统文化还崇尚"天行健，君子以自强不息"的奋斗精神。根据2017年西北大学公共管理学院延迟退休年龄课题组调研数据显示，就退休后生活规划一项而言，55.3%的人员选择了回归家里生活，享受亲情，照顾家人这一方式。可以看出，超过90%的人员都会将家庭和休闲作为退休后生活中的主要组成部分，只有极少数人会选择再次就业（如图6-5）。可见，在现行条件下，从社会心理来说尚不具备延迟退休年龄的条件。

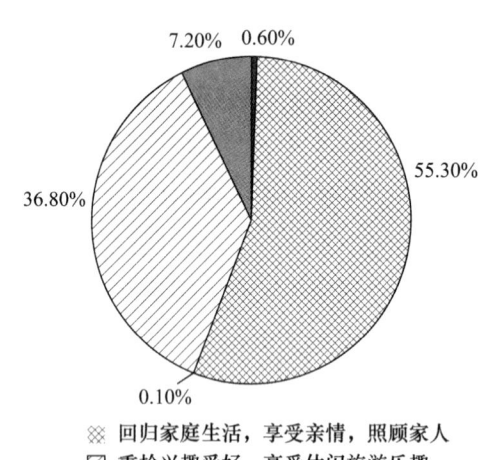

图6-5 我国公众对退休后的生活规划

注：根据"延迟退休年龄的社会经济效益"课题组调研结果整理。

（二）我国政治文化条件下的政策过程及利益博弈

1. 中央政府与地方政府

在我国政治体制下，政策执行主体主要分为中央政府与地方政府。中央政府代表国家的整体利益和全社会的公共利益，而地方政府是受中央委托，负责本行政区内的公共管理和社会服务等各项职能。基于不均等的政治地位和价值取向，双方之间形成了不对等的委托—代理关系。中央政府是公共政策的制定者，而政策的具体执行和实施则主要由地方政府来完成。公共政策执行过程中的博弈是各级政府在政策宣传、分解、实施等工作中为实现自身利益与政策目标而进行的博弈行为。长期以来，我国地方政府形成了以经济政绩衡量和评价地方官员的评价体制，导致地方政府在执行政策的时候会围绕经济利益而在策略选择上做出一些变通，从而容易造成制度偏差，影响政策执行效果。

在我国延迟退休年龄政策过程中，中央政府制定具体的政策和方案，而具体的执行者或实施者是地方政府。由于双方利益并不完全一致，地方政府在执行中央政府决策时也会与企业雇主达成"合谋"从而使政策实施效果偏离预期。

2. 地方政府与企业

地方政府作为中央政府政策具体执行者在具有公共管理职能的同时，还具有以经济建设和政绩考核为主要任务的经济职能。从而使我国地方政府对资本的渴望远远超对劳动力的渴望，使得作为资本拥有者的企业在与政府博弈的过程中存在优势。分税制改革背景下，地方财政的税源不断缩减，导致地方政府对财政收入来源的需求进一步增强。而在支出方面，地方政府承担着社会保障支出，延迟退休年龄可以通过推迟养老金支出的方式对地方经济产生一定的基金积累效应。因此，地方政府也具有支持延迟退休年龄的内在动力。对于企业而言，延迟退休年龄会导致企业劳动力成本上升。企业雇主出于劳动力成本的考虑必然缩小劳动力的需求量，从而造成部分劳动者失业，不利于地方经济的发展。这样地方政府与企业就会"合谋"，从而导致政策偏离预期。

3. 企业与员工

无论企业还是员工个人在利益最大化的驱动下，在退休年龄政策的约束下都在期望政策朝着有利于自己的方向倾斜,如果无法达成,则会想方设法规避政策带来的不利影响。就雇佣的员工而言,企业有利用最低的工资雇佣产出率最高的员工的内在诉求;企业基于自身利益考虑,对于即将退休的员工中人力资本水平较高的可替代性不强的岗位,期望其延迟退休年龄。但这部分群体又有着退休后继续返聘,一方面拿着企业发的工资;另一方面拿着政府发放的养老金,从而这部分人也有提前退休的偏好。而对于人力资本存量较低的,从事替代性较强的岗位的员工企业则希望其提前退休,以用薪资水平较低的新员工换取用工成本的降低。对于员工个人而言,由于从事着技术含量较低的体力劳动,一方面人力资本存量较低,岗位可替代性较强;另一方面长期体力劳动导致健康水平较低,他们也更愿意提早退休,期望享受养老金的同时,再从事一份新的工作,获得两份"收入"。从而使得企业和员工有了合谋进入提前退休通道的可能。

4. 员工与政府

员工在公共政策调整中最关注的是自身的经济利益是否受损和对公平的感知,这种对公平的感知来源于原有制度和新制度下个体对自身利益的对比。当员工个人觉得利益受损或不公平时就会通过某种渠道对这种情绪进行宣泄。在互联网日益成为人们政治参与的主要手段的今天,随着我国网民数量和质量的飞速发展,网络日益成为公众表达政治愿望与自身诉求的重要途径。当具有共同利益诉求的个体在网络上聚集的时候就会形成强大的利益共同体,影响政策的制定及演化的路径。在我国延迟退休年龄政策提出之后,网络议题就发挥了较大的作用。因此,在政策执行初期或之前处理好各利益群体之间的利益均衡至关重要(如图6-6)。

四 小结

通过对以上经济社会条件的分析可以发现,面对当前日益严峻的老龄化形势,现行的退休政策已与我国经济社会发展状况严重脱节,

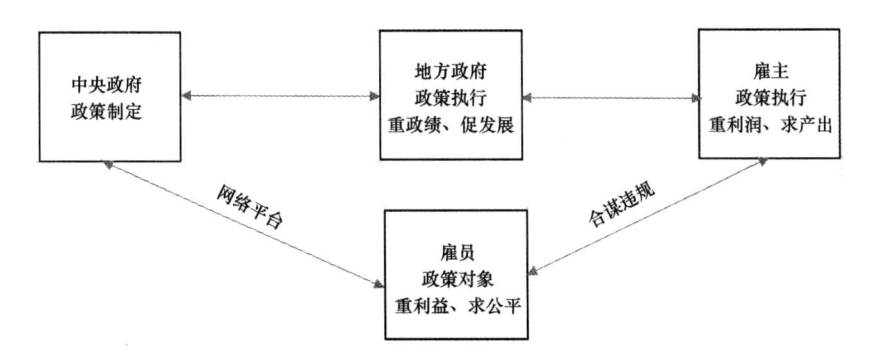

/ 第六章 典型国家延迟退休年龄政策实施对我国的启示 /

图6-6 我国延迟退休年龄政策博弈机制图

需要制定新的退休政策。在对以上约束条件进行综合权衡的基础上出台与经济社会发展相适应的延迟退休年龄政策。这些约束条件对延迟退休年龄政策的出台有积极的推动作用，主要表现在：首先，在老龄化背景下要实现经济稳定增长需要充足的劳动力作为保障，全面放开"二孩政策"是应对劳动力供给不足问题的一项措施，而延迟退休年龄政策是对这一措施的必要补充，两者的政策目标具有很高的重合性。在当前形势下，我们应尽早出台延迟退休年龄政策，使延迟退休年龄政策和放开"二孩政策"共同作用，以缓解我国人口老龄化所造成的未来劳动力供给不足。其次，人口平均寿命的延长也是经济社会发展的必然趋势，当前我国人口平均寿命高于同等发展水平国家甚至高于一些欧洲国家。但是我国的退休年龄却没有随着人口平均寿命的延长做出相应的调整，这意味着退休人员领取养老金的时间延长，造成养老金支付压力加大，通过延迟退休年龄政策可以缓解这一状况。再次，人口老龄化率较高的现状意味着老年人口的比重较高，同时意味着劳动年龄人口面临着供给不足的问题。而充足的劳动年龄人口供给是经济社会可持续发展不可缺少的条件，因此需要出台延迟退休年龄政策让在现有退休政策下退出劳动力的人继续工作，从而缓解劳动力供给不足的困境。最后，劳动年龄人口平均受教育年限延长是经济社会发展的必然趋势，也是我国经济社会进步的重要表现。劳动年龄人口平均受教育年限与初始就业年龄是密切相关的,两者呈现出典型的正相关关系。随着劳动年龄人口平均受教育年限的逐渐延长,依然采用旧的退休年龄政策显然不合时宜,这就要求我们出台延迟退休年龄政策,以保证高素质人力资源更好地发挥自身价值。

综上所述,2018 年我国人均 GDP 增长率为 6.08%,且呈缓慢下降趋势;养老金支出占 GDP 比重为 4.63%,且呈进一步上涨趋势;老年扶养比为 16.8%,且呈进一步上升趋势;劳动力供给增长率为 -0.002%,且呈进一步下滑趋势;高等院校入学率为 50.6%。而在当前我国退休年龄为男性 60 岁、女性 55 岁的制度安排下,我国预期寿命为 77 岁,男性人均享受养老金的时间为 17 年,女性为 22 年。与典型国家各项指标进行对比后发现,我国与波兰 1999 年延迟退休年龄时候的各项指标较为接近。

波兰 1999 年将男性退休年龄从 60 岁提高到 65 岁,女性从 55 岁提高到 60 岁,与我国当前退休年龄一致。人均 GDP 增长率为 4.65%,养老金支出占 GDP 比重为 9.30%,老年扶养比为 11.84%,劳动力供给增长率为 -0.08%,高等院校入学率为 44.97%。如果现在延迟退休年龄能够对经济产生积极的促进作用。但是如果按照波兰的情况男性延迟到 65 岁,女性延迟到 60 岁,则我国老年人享受养老金的时间将会减少为男性 12 年,女性 18 年。这个时间是要少于大部分已经实施延迟退休年龄政策的国家,仅仅高于美国的 9.7 年,而美国 1983 年规定的退休年龄则为 67 岁。在这样的逻辑下,要更多考虑延迟退休年龄所引起的社会效应。尤其是在我国自上而下的政治体制下,在政策博弈主体对决策影响日益多元化的今天,极易引发公众对政府的不满与不信任,从而强化政策制定中的"塔西陀效应",不利于社会治理效率和效果的提升。

因此,如何使制度设计得更加公平、科学、合理,如何平衡好各利益主体之间的资源分配,获得政策博弈各方的支持,从而形成良性的博弈机制才是政策制定者最应该关注的内容。故此,在政策遵循与

/ 第六章 典型国家延迟退休年龄政策实施对我国的启示 /

政策内容的设定方面都应该积极借鉴他国之宝贵经验,为我所用,以免重蹈覆辙。

第二节 对我国的启示

任何制度或政策的设计初衷,都是为了减少制度的交易成本和运行成本,以期达到人们预期的政策目标,即政策的合意性。而政策的协同性则是指各项政策目标取向的一致性。基于国际经验与我国人口平均余命的延长,延迟退休年龄是一种必然趋势,对于不同群体采取差异化延迟方案的同时,也应对延退政策采取配套的激励机制和保护机制,实现延退政策与经济政策的合意与协调发展。

一 政策遵循

(一)以人为本、注重公平,提高政策弹性与可选择性

以人为本、注重公平是任何一项公共政策制定与执行中的必备准则之一。退休年龄政策是否科学、合理并能为工作者所乐意接受从而产生最小的制度转型成本,关键就在于是否能够做到基于个体在退休时间临界点所处的不同的生命状态和价值需求做出最有利于个体的同时,能够促进社会整体福利水平提升的政策选择。国际社会典型国家的延迟退休年龄的经验也表明,延迟退休年龄政策实施顺利的基本遵循都在于能够坚持以人为本、强调公平的价值取向。而退休年龄政策的弹性与可选择性则是以人为本、注重公平的具体表征。基于此,我国实施延迟退休年龄政策应基于不同人群、不同部门、不同行业的特征,从多方面权衡、考虑,制定渐进式、差异化的退休政策。根据国家教育部重大基金项目"延迟退休年龄的社会经济效益"课题组调研结果显示,我国公众对于退休年龄的标准预期最多的两项是工作年限与工作性质(按照工作时间长短、劳动强度、专业技术水平等决定退休年龄)、自然年龄和工作年限及工作性质共同确定,分别占总量的44.5%和40.2%,即这两项加起来的总和占到了84.7%,而选择自

然年龄（所有人都在达到同一年龄时退休）的人数仅占13.7%。联系目前我国的退休政策，自然年龄是主导标准，工作性质只是辅助，与公众的预期有较大出入。公众更倾向于按照工作性质、工作年限为标准的退休年龄，即区分不同工作性质的特殊性而非按照自然年龄所有人一个标准。可见，以人为本，根据工作性质和职业不同而实施不同的退休年龄政策是符合我国公众预期的，也是符合国家社会退休年龄政策演化规律的[①]。

（二）疏通公众利益表达渠道，提高政策宣传力和政府公信力

公共政策是公共权力机关为解决公共问题、实现公共利益而制定的。公共利益表达是公共政策制定过程中的第一个环节。公共利益表达的主体可以是个人、组织等通过不同的渠道和方式表达其利益诉求。这意味着政府制定一项公共政策的开始，公共利益表达最简单的方式就是公众为了实现自己的利益而向政府提出请求。公共利益表达的渠道由于不同的政治体制而有所不同。公共利益表达的作用意味着公众开始参与政策制定，并对政策价值目标的实现产生影响。在我国，由于特殊的政治体制的影响以及传统文化对公众行为的影响，使得在政策制定中自上而下的贯彻机制能够以较低的转型成本完成。然而，随着网络技术的不断发展，政策网络日趋多元化的今天，公众对政策过程的参与度越来越广泛的情况下，政策的制定与贯彻受到了越来越多的利益主体的广泛关注，在此背景下，公众利益表达渠道被赋予了更多的民主参与的内涵，因而其是否畅通对于政策的贯彻执行以及效果的发挥都具有重要的意义。因此，在延迟退休年龄政策提出之时，应当正确利用政策议程设置理论和社会心理学知识，通过改善和丰富公众获取信息的途径和方式，降低偏见、歧视、污名、刻板印象，从而促进社会公平公正。

---

① Feldman C. D., "The Decision to Retire Early: A Review and Conceptualization", *Academy of Management Review*, No. 2, 1994, pp. 285–311.

表6-5 对延迟退休年龄政策的了解程度表 （单位：人,%）

对延迟退休年龄政策是否了解	频率	百分比
了解	1123	46.9
不了解	1274	53.1
合计	2397	100.0

根据国家教育部重大基金项目"延迟退休年龄的社会经济效益"课题组调研结果显示，个人对于单位的退休政策了解程度基本相当，总体看来不理解的占相对多数，即约46.9%的人了解单位退休政策，53.1%的人不了解单位退休政策（如表6-5所示）。可见，我国各级单位在对公众关于退休政策以及养老金制度有关规定方面缺乏与政策对象之间的沟通与宣传。尤其是在课题调研中发现，相当部分人群对渐进式延迟退休年龄政策并不了解，不清楚政策目的以及退休年龄的延迟是否会减少养老金待遇等，加之自媒体时代的非正规宣传往往可能放大了政策的负效应，因而表现出极大的反对态度。因此，应当从提高公众知晓度与适从度的角度加大对政策的宣传力度，并通过网络媒体加大宣传与引导，在公众印象中呈现出一个立体式、全景式的政策宣传图谱，以使其更加理性的选择自己的行为决策。

（三）注重政策协同改革，增加人民群众可获得感

1. 构建养老金体制内的政策协同机制

适宜的政策生态环境对延迟退休年龄政策的高效实施具有决定性作用。与延迟退休年龄政策相关的制度配套如果跟不上，就会使政策实施效果大打折扣，严重了甚至会导致政策夭折。对法定退休年龄的调整首当其冲的是养老金机制的配套改革。养老金机制是费基、费率与缴费年限（工作年限、退休年龄）之间的动态平衡。如果为应对人口老龄化，只是单纯的调整法定退休年龄，而不调整养老金机制内部的费基、费率等其他参量，那么更加公平、可持续的养老保险制度也是难以实现的。因此，在养老金机制中降低费率、延长缴费年限（突

破目前 15 年最低缴费的限制）则成为延迟休年龄政策的重要支持条件。

2. 构建养老金体制外的政策协同机制

任何一项公共政策调整都是对嵌套在整个国家政策体系尤其是公共政策体系中的某一部分进行的改革。无论是对原有的政策调整，还是在原有政策体系中演变出新的政策元素，要取得较好的政策预期和效果，必须注重构建该政策之外的与之相配套的政策改革体系，从而使某一项政策改革具备局部意义的完整性和协同性。退休年龄政策调整过程中，在构建养老金体制的政策协同机制内还要积极构建养老金体制外的政策协调机制，即在退休年龄调整的同时，要启动与之配套的工资制度和收入分配制度改革，加强对"隐性提前退休"群体的行为规范，从而实现协同效应。

3. 为老年人创设积极的就业支持机制

首先，加快产业结构升级。要加大对传统产业的技术改造，促使经济结构转型升级。传统产业以劳动密集型的加工制造业为主的行业，在这种发展模式下，不利于一国整体人力资本质量的提升，同时对劳动者的数量和体力具有较高的要求。而在我国"未富先老"人口与经济格局下，传统产业将逐渐暴露出劳动力不足的趋势。近几年频繁出现的"用工荒"就为我们敲响了传统产业急需结构升级的警钟。互联网经济和人工智能经济的发展与繁荣将为我国传统产业的转型升级提供重要的支持。大力推动知识密集型产业和技术创新，不断开发出更多适合发挥老年人工作经验与人生阅历的产业与行业，从而增加老年人就业的适从度。

其次，注重加大人力资本投资。一方面要倡导终身教育理念，从全生命历程的视角提升劳动者的就业能力，构建全生命历程受教育体系，让每个人在每个生命阶段都能找到适合自己人力资本水平提升的机会和动力；另一方面，在制度转型期，要积极为老年劳动力继续就业、再就业能力和综合素养的提升提供制度和环境支持。尤其要注重对老年劳动力原有技能及知识体系的提升与完善，从而更加凸显老年劳动力工作经验与阅历对自身进入人生老年时期的劳动力供给的重要意义，从而激发其内在的精神动力与需求。

最后，发展完善家庭服务，充分释放老年劳动力。由于传统文化的影响，"家文化"成为制约我国劳动者就业选择与决策的重要影响因素之一。随着社会的发展与进步，人们对生育价值的重新认识导致了家庭结构的历史性变迁，传统"多子多福"的规模型家庭理念的诉求已经随着我国经济社会的发展和计划生育政策的渗透性效应转变为对子女人力资本质量投入的"原子型"家庭理念。独生子女成为一个家庭的核心，家庭的一切决策都要围绕孩子的需求来进行。即使在我国逐步放开生育政策的当下，愿意选择多生的女性和家庭仍然远远低于政策预期。养育子女的成本不断被攀升的约束条件下，这种生育理念会不断被强化。而作为家庭中的父母则在子女的生活支持中扮演着重要的角色，在调研中我们发现大部分老年人在退休后的选择是回归家庭，为子女照看孙辈和照顾自己年迈的父母。由于家庭服务政策体系的缺失，他们都期望能够早早退休回到家中尽子女之孝，担父母之责。在这种文化背景下，积极构建高龄老人与儿童托幼服务体系，能够使我国老年人从这种传统文化的禁锢中走出来，充分释放这部分老年劳动力，使他们能够安心地继续活跃在劳动力市场。2020年5月国务院总理李克强在政府工作报告中提出要积极发展养老、托幼服务，就是对这一需求积极的政策回应[①]。

二 政策内容

（一）制定科学合理的养老金激励机制

延迟退休年龄之所以能够引发劳动者的支持与反对，原因在于其延长了劳动者劳动贡献的时间，同时缩短了其享受养老金的岁月。基于此，科学合理的养老金激励机制的构建要能够与延迟退休年龄者的这种心理相契合，从经济激励与精神慰藉上给予多方位的支持。纵观

---

① https://www.thepaper.cn/newsDetail_forward_7546205.

世界各国延迟退休年龄政策中的激励机制，都是从削减提前退休者养老金和增加延迟退休年龄者养老金两个维度激励劳动者延迟退休年龄。且在奖励与惩罚的比例设置上，同等条件下，奖励的力度要大于惩罚的力度。即个人选择延迟退休年龄所获得的收益要大于提前退休同等时间段所遭受的养老金的削减。从当前我国普遍存在的"退而不休"者来看，他们选择继续工作的动力，一方面来自经济的压力；另一方面则来自精神的需求。因此，应当从经济和精神两方面构建我国退休年龄延迟的激励机制。在经济激励方面可以提高对延迟退休年龄者的薪酬标准，对于继续工作者应该按照正常的待遇增长机制使其获得与在职者相一致的薪资水平；对于离开原有工作岗位继续就业者为其构建养老金延期领取的激励机制，对于延迟领取者给予比按时领取者更多的经济激励。在精神激励方面，可以以政策支持与依托设立老年人支持中心，一方面为老年人就业提供技术支持与培训服务；另一方面通过设立老年人精神激励奖项，给予那些延迟退休年龄者充分的社会荣誉。各个单位也要积极创设针对延迟退休年龄者的精神和物质的激励措施和环境。让这些老有所为者成为被社会尊重的群体。

(二) 建立人口寿命与退休年龄的自动化指数调整机制

在人口寿命与退休年龄的自动化调整机制下，一方面退休年龄会随着人们寿命的延长而不断延长，可以通过延缓养老金的发放缓解养老金的支付压力；另一方面能够使得寿命延长条件下人力资本得以充分利用，从而增加老年就业者的经济收入。这种自动化调整机制下，退休年龄会随着人口寿命指标的提升而自动延迟。世界上很多国家都建立了二者的关联调整机制，来应对人口寿命延长对养老金制度造成的冲击，所不同的在于人口寿命上涨幅度的设计要基于每个国家不同的人口健康水平以及健康余命的科学研究上。因此，我国要结合自身在人口寿命与健康的客观水平，设计出适合我国国情的自动化指数调整机制。

(三) 进一步完善相关立法

延迟退休年龄政策的实施不能只是将其简单地视为养老金年龄政

策调整，而应该从宏观的视角出发，重视整个社会政策与延迟退休年龄政策之间的协调与跟进。在政策协同的同时，要加大相关政策覆盖范围的法律法规制度的出台与修订，为政策的有效实施构建制度保障和安全堡垒。在现行法律体系下，加大社会保障立法，加大对老年人工作权益和人身权益保护的法律法规的出台。政策实施顺利的国家中大都在政策实施同时就出台了规范雇主、雇员等利益相关者的法律法规，从而给延迟退休年龄政策的出台赋予了合法性与威权性。同时出台了维护老年人工作权利与工作保护的法律法规，不断地规范和完善企业和社会中老年人用工方面的要求和制度构建。因此，我国应该以此为契机，在推动社会保障立法的同时，积极构建老龄化社会下针对老年劳动者的工作权益、人身权益保护与维护的法律支持体系。同时，要出台延迟退休年龄相关权益的实施细则，让政策变革的利益相关者有一个清晰的政策愿景。

第七章 研究结论与展望

第一节 研究结论

退休政策起源于工业社会时期对个体劳动力供给行为的政策干预，在不同的历史时期，退休政策的激励效果是不同的。延迟退休年龄一方面能够通过拉长个体的工作年限或工作寿命，从而达到提高劳动参与率的目的；另一方面可以通过延缓或减少支付养老金，从而使财政支付养老金的压力得到缓解。因此，可以说延迟退休年龄政策正是政策在客观自然政策生态环境的演变中，在经济发展水平、人口结构老化、劳动力供给不足、政治体制，以及由客观环境变化导致的社会心理的不断演变中而必然发生的政府组织干预人们行为模式的制度安排，是政府权威组织通过对变化了的政策生态环境进行客观评估后所做的适应性选择。当人口年龄结构处于年轻态时，劳动力供给充足，能够给国家创造人口红利，从而带动经济飞速发展。此时的退休政策着重在于让退休人员共享经济发展，不断完善和提高其退休待遇，甚至为了降低失业率，提高青年就业水平，鼓励在职人员提前进入退休行列；而当人口年龄结构趋于老龄化时，人口生育率的下降和预期寿命的延长带来了整体劳动力供给的不足，从而影响了经济增长水平，人口红利消失，亟须通过提升劳动参与率来促进经济增长。大量的人口"移民"至中老年人口行列，导致用于退休人员的养老金支付成为政府财政支出甚至负债的主要项目，因此，减少养老金支出并提升老年人口的劳动参与率成为退休政策调整的着力点。

本书以比较制度分析为视角,从退休年龄政策演变过程、退休年龄政策演变的社会经济条件和退休年龄政策演变的博弈等方面构建起退休年龄政策演变的一个经济学分析框架。将退休年龄政策的演化内嵌于人类社会发展演变的生命历程中,赋予其必将随社会制度发展历程的演变而调整的历史必然性功能;而作为对劳动者劳动供给行为模式的调整,又给该制度赋予了介入和规范个体生命历程的同时必须受到个体或者群体生命存在状态影响的或然性功能。因此,退休年龄政策演化从起源至今,经历了从工业社会初期到工业社会后期的自然退休到强制退休,从"一刀切"的强制退休到有弹性、可选择退休模式的演化。

强制性变迁要求政策制定者或实施者必须能够准确把握政策的约束条件。对典型国家退休年龄制度演变约束条件的把握在于对经济增长水平、养老金收支情况、人口老龄化程度、劳动力供给水平、平均受教育年限以及不同国家政治文化条件下各方利益主体博弈机制的科学判断。在对典型国家延迟退休政策约束条件的分析中得出,无论是实施顺利的国家还是受阻的国家,政策的提出都是在经济受创或下行期、人口年龄结构出现或预测老龄化趋势加快、平均受教育年限持续上升阶段提出的;而决定政策实施成败的关键在于由于政策变化导致利益主体博弈机制的差异上。通过进一步验证典型国家延迟退休政策所产生的经济效应以更好地说明政策的有效性,基于延迟退休政策对经济增长的影响机理,从延迟退休政策实施后各国的劳动力供给数量、劳动力供给质量、养老金支出占比、储蓄率占比以及经济增长水平等方面评价典型国家延迟退休政策的经济效应。得出典型国家中无论是延迟退休政策实施顺利的国家还是实施受阻的国家,延迟退休政策的实施都具有正向促进各国经济增长水平提升的效果。可见,在人口老龄化趋势不可逆转的情况下,延迟退休政策能够通过显著增加老年劳动力供给率而缓解一国劳动力供给总量的减少带来的相关问题,进而能够带来储蓄和消费的变化,从而带动整体经济发展的动力与活力。

典型国家政策有效性的关键还在于其政策设计中包含的重讨论、有时滞、舆论先行，以人为本、模糊退休与工作的界限，取消强制退休、创设积极的政策支持，建立有利于老年人就业的培训和保护网络的政策遵循，以及延迟退休的激励机制，基于性别、群体及职业差异的分阶段、渐进式延迟方案，提高退休年龄与寿命、养老金、退出劳动力时间之间的关联度等政策内容。

综上所述，我国延迟退休年龄政策的提出也是特定时间、特定政策环境发生变化之后，退休年龄政策演化的必然结果。基于此，在对我国当前实施延迟退休政策的约束条件进行分析的基础上，提出在我国实施延迟退休政策应该坚持以人为本、注重公平，提高政策弹性与可选择性，提高政策宣传力和政府公信力，注重协同政策改革，增加人民群众的可获得感的政策遵循，而在制度设计中应该注重制定科学合理的激励机制，建立人口寿命与退休年龄的自动化指数调整机制，进一步完善相关立法从而为制度实施保驾护航。基于我国特殊的国情，如何规避企业及地方政府对延迟退休年龄政策实施带来的消极因素亦是当前政策制定者降低制度实施成本应该考虑的主要问题。除此之外，以传统孝道文化及家文化为基点，从退休文化的构建方面去影响人们退休决策亦是应当考虑的主要问题之一。

第二节　研究展望

本书基于延迟退休年龄政策实施的经济社会条件分析，以比较制度分析方法构建了研究框架，从经济增长水平与压力、人口老龄化导致的劳动力供给不足、受教育年限增加导致初始劳动年龄延迟以及不同的政治文化下产生的不同的社会心理造成的政策利益主体各方力量形成的博弈机制等几个维度去分析延迟退休年龄政策实施的约束条件，构建了制度约束条件的分析框架，能够对中国及同类国家延迟退休年龄政策的实施提供理论借鉴和参考，也突破了以往研究中将条件作为提出问题的视角，主要以约束条件为研究对象，分析延迟退休年龄政策议题的提出和执行周期、延迟退休年龄政策步骤及力度、延迟退休年龄政策的方案等，得出了典型国家延迟退休年龄的政策思路和政策效果。然而，随着科学技术的不断发展与进步，尤其是人工智能、物联网以及智能制造产业的发展，技术进步作为能够影响劳动生产率的重要因素在人们退休决策中也占有重要地位。但由于数据的不易获取，本书没有将技术进步纳入约束条件进行分析，故而会在结论的获得上产生一定的偏差。这也是本书研究的不足，笔者将在日后的研究中进行持续关注。

参考文献

蔡昉、王美艳:《中国人力资本现状管窥——人口红利消失后如何开发增长新源泉》,《人民论坛·学术前沿》2012年第4期。

蔡昉、张车伟:《人口与劳动绿皮书:中国人口与劳动问题报告NO.16》,社会科学文献出版社2016年版。

陈文鸿等:《东亚经济何处去:97东亚金融风暴的回顾与展望》,经济管理出版社1998年版。

陈李翔:《推迟退休是一把双刃剑》,《浙江经济》2010年第11期。

陈维佳、丁建定:《福利紧缩改革中的政治——基于瑞典养老金改革的分析》,《贵州社会科学》2011年第6期。

陈维佳、丁建定:《社会民主主义福利国家福利紧缩研究——以瑞典养老金改革为样本》,《兰州学刊》2011年第5期。

程杰:《"退而不休"的劳动者:转型中国的一个典型现象》,《劳动经济研究》2014年第4期。

崔世良、代群、赵飞:《"延迟女性退休年龄"的可行性研究》,《中国城市经济》2011年第20期。

邓大松、刘昌平:《受益年金化:养老金给付的有效形式》,《财经科学》2002年第5期。

邓大松、王增文:《我国人口死亡率与最优退休年龄的动态变化关系》,《统计与决策》2008年第2期。

邓翔、万春林、路征:《人力资本、预期寿命与推迟生育——基于四期OLG模型的理论与实证》,《西南民族大学学报》(人文社科版)

2018年第9期。

Estell James：《国有企业、金融市场改革与养老保险制度改革的互动效应——中国如何解决老年保障问题》，《社会保障制度》2003年第9期。

丁建定：《德国社会保障制度的发展及其特点》，《南都学坛》2008年第4期。

管斌彬：《非零和博弈：延迟退休的利益之辩》，苏州大学出版社2016年版。

郭庆松：《论劳动关系博弈中的政府角色》，《中国行政管理》200年第7期。

何舰：《提高法定退休年龄 利在当代 功在千秋》，《中国职工教育》2010年第2期。

胡利华：《男女同龄退休之法理分析》，硕士学位论文，苏州大学，2010年。

胡舒立、谢力：《大国出路：2013中国经济大趋势》，中国经济出版社2013年版。

胡晓义：《关于逐步做实养老保险个人账户——十六届三中全会〈决定〉学习札记之一》，《中国社会保障》2003年第12期。

姜春力：《渐进延迟我国退休年龄政策设计与建议》，载中国国际经济交流中心编《中国智库经济观察》（2014年下半年）2015年。

金雁：《十年沧桑 东欧诸国的经济社会转轨与思想变迁》（修订版），东方出版社2012年版。

李保华：《退休年龄选择机理：基于人力资本与社会保障的视角》，《新疆财经大学学报》2009年第2期。

李敏：《私营企业雇主与雇员关系的博弈分析》，《华南理工大学学报》（社会科学版）2002年第3期。

李雪：《延长退休年龄解决养老金"空账"问题的可行性研究》，《长春市委党校学报》2008年第1期。

李亚军：《从工作向退休弹性过渡》，《中国社会保障》2015年第

2期。

李印慧:《探讨我国退休年龄的延迟——从上海柔性退休年龄政策谈起》,《经济研究导刊》2011年第23期。

李珍:《社会保障理论》,中国劳动社会保障出版社2001年版。

林宝:《延迟退休年龄对养老金资金平衡的影响》,《财经问题研究》2014年第12期。

林宏宇:《美国总统选举政治研究》,天津人民出版社2017年版。

林熙:《发达国家弹性退休的机制分析与经验借鉴》,《经济社会体制比较》2013年第2期。

林熙、林义:《德国退休制度的实践形态研究——基于退休渠道的视角》,《德国研究》2015年第3期。

林勋建:《西欧多党政治透视》,中共中央党校出版社1993年版。

林义:《社会保险》,中国金融出版社1998年版。

林义:《我国退休制度改革的政策思路》,《财经科学》2002年第5期。

林义:《我国退休制度改革的政策思路》,《财经科学》2002年第5期。

刘万:《延迟退休年龄一定有损退休利益吗?——基于对城镇职工不同退休年龄养老金财富的考察》,《经济评论》2013年第4期。

刘万:《中国不同年龄组别的城镇劳动者产出效率研究——兼谈对合理延迟退休年龄的启示》,《经济评论》2018年第4期。

刘晓光、刘元春:《延迟退休对我国劳动力供给和经济增长的影响估算》,《中国人民大学学报》2017年第5期。

柳清瑞、金刚:《人口红利转变、老龄化与提高退休年龄》,《人口与发展》2011年第4期。

罗双成、陈卫民、邱士娟:《人力资本如何影响中老年劳动供给?》,《南方周末》2019年第3期。

骆正清、陈周燕、陆安:《人口因素对我国基本养老保险基金收支平衡的影响研究》,《预测》2010年第2期。

马国贤、任晓辉：《全面实施绩效管理：理论、制度与顶层设计》，《中国行政管理》2018年第4期。

孟昭华、陈光耀：《民政辞典》，群众出版社1989年版。

穆光宗：《延迟退休缘何成为潮流》，《人民论坛》2010年第30期。

潘传表：《制度演化的逻辑》，武汉大学出版社2005年版。

潘锦棠：《世界男女退休年龄现状分析》，《甘肃社会科学》2003年第1期。

潘锦棠：《提高退休年龄不能成为弥补养老金"缺口"的主要手段》，《光明日报》2012年9月8日第6版。

齐宇：《循环经济产业共生网络研究》，南开大学出版社2012年版。

钱满素：《美国自由主义的历史变迁》，生活·读书·新知三联书店2006年版。

盛昭瀚、蒋德鹏：《演化经济学》，上海三联书店2002年版。

舒晓惠、韩兆洲：《新劳动合同法下企业雇员政府间的博弈分析》，《财会月刊》2009年第9期。

斯温·霍特、郑秉文：《20世纪90年代瑞典社会保障改革综述：从"慷慨"到"吝啬"》，《国外社会科学》2004年第4期。

孙帮俊：《中东欧国家养老金制度改革研究》，博士学位论文，中国社会科学院研究生院，2016年。

孙成亮：《基于博弈的企业雇佣模式选择》，《商场现代化》2009年第7期。

孙勤：《捷克的公民社会与政治转型研究》，硕士学位论文，西南交通大学，2015年。

孙玄：《关于退休年龄的思考》，《人口与经济》2005年第3期。

谭月：《日美延迟退休年龄制度比较：兼论对我国延迟退休改革的启示》，《法制博览》2015年第16期。

汤吉军、戚振宇：《行为政治经济学研究进展》，《经济学动态》2017年第2期。

陶建国、时阳：《日本老年人退休后继续雇佣制度的新动向及其启示》,《中国人力资源开发》2013年第21期。

汪泽英:《调整工伤保险费率意义深远》,《中国劳动保障报》2015年8月7日第4版。

王才玮:《法国延迟退休年龄所引发的争论》,《法国研究》2010年第4期。

王翠琴、田勇、薛惠元:《城镇职工基本养老保险基金收支平衡测算:2016—2060——基于生育政策调整和延迟退休的双重考察》,《经济体制改革》2017年第4期。

王俊春、彭杰武、赵斌等:《延迟退休年龄下政策和行为的博弈、影响及选择》,《保山学院学报》2017年第5期。

王宇熹、汪泓、肖峻:《养老保险体系可持续发展路径分析与政策选择——以上海为例》,《中南财经政法大学学报》2010年第2期。

王志凯:《比较福利经济分析:福利经济的实践是一种发展的创新》,浙江大学出版社2004年版。

吴国玖:《基于公共财政视角的社会养老保险收支模式研究》,中国矿业大学出版社2012年版。

吴廷璆:《日本近代化研究》,商务印书馆1997年版。

席恒:《延迟退休:需要关注的几个问题》,《中国劳动保障报》2015年4月21日第3版。

席恒:《养老金函数及其政策意义》,《社会保障评论》2019年第2期。

席恒:《养老金机制:基本理论与中国选择》,《社会保障评论》2017年第1期。

席恒、田宋:《合作收益视角下的东亚社会保障模式》,《山东社会科学》2017年第7期。

席恒、翟绍果:《退休意愿、退休政策与退休准备》,西北大学出版社2018年版。

席恒、翟绍果:《我国渐进式延迟退休年龄的政策机制与方案研究》,《中国行政管理》2015年第5期。

肖浩、鲁元平：《中国渐进式延迟退休年龄的经济效应分析—基于D-CGE模型》，《宏观经济研究》2016年第8期。

谢红梅：《东欧转轨国家养老金改革的比较制度分析》，西南财经大学，2014年。

徐晓雯、张新宽：《对延迟我国法定退休年龄的思考》，《山东财政学院学报》2011年第3期。

许国志：《系统科学》，上海科技教育出版社2000年版。

杨成虎：《政策过程研究》，知识产权出版社2012年版。

杨河清、王守志：《劳动经济学》，中国人民大学出版社2010年版。

杨立雄：《利益博弈与养老金改革——对养老金制度的政治社会学分析》，《社会》2008年第4期。

杨洋：《国外养老金制度改革对劳动者退休行为的影响》，中国言实出版社2015年版。

杨志超：《北欧老年就业政策对我国延迟退休制度的启示》，《学术界》2013年第7期。

姚海鑫：《经济政策的博弈论分析》，经济管理出版社2001年版。

姚远、原新、史佳颖等：《退休年龄调整：为何如此纠结？》，《人口研究》2012年第6期。

叶男：《中国城乡社会保障现状及发展趋势研究》，武汉理工大学出版社2013年版。

佚名：《日本将把企业的雇佣年龄提高到70岁》，（2012-11-23）[2020-01-05]，https：//baijiahao.baidu.com/sid=1615078132556372038。

殷俊、陈天红：《美国延迟退休年龄激励机制分析——兼论对中国延迟退休改革的启示》，《经济与管理》2014年第4期。

殷俊、黄蓉：《中国现收现付制基础养老金长期财务状况分析——基于人口年龄结构变动的研究》，《求索》2012年第10期。

尹蔚民：《全面建成多层次社会保障体系》，《人民日报》2018年1月9日第7版。

于玉宏等:《当代外国政治制度》,北京时代华文书局2016年版。

于治贤等:《新世纪之初的世界经济:国际经济形势分析与预测(2000—2001年)》,辽宁人民出版社2000年版。

余立人:《延长退休年龄能提高社会养老保险基金的支付能力吗?》,《南方经济》2012年第6期。

原新、万能:《缓解老龄化压力,推迟退休有效吗?》,《人口研究》2006年第4期。

曾令明、滕洪波:《日本社会文化的多维研究》,中国书籍出版社2019年版。

张乐川:《中国城镇基本养老保险金"年龄缺口"分析——基于延长退休年龄的假设》,《南方周末》2012年第4期。

张水辉:《中东欧国家养老保险制度改革的回顾与展望》,上海人民出版社2016年版。

张维迎:《企业的企业家:契约理论》,上海人民出版社2015年版。

张伊丽:《人口老龄化背景下日本公共养老金制度的经济学分析》,硕士学位论文,华东师范大学,2013年。

赵晓芳:《德国的利益集团与社会保险制度的起源》,《兰州学刊》2012年第8期。

郑秉文:《从奥巴马医改看美国与欧洲福利制度差异性》,《红旗文稿》2010年第8期。

郑春荣:《合作主义理论在德国的发展与实践》,《德国研究》2008年第4期。

郑功成:《对延迟退休年龄的基本认识》,《光明日报》2012年9月12日第14版。

郑君君、朱德胜、关之烨:《劳动人口、老龄化对经济增长的影响——基于中国9个省市的实证研究》,《中国软科学》2014年第4期。

周延、李佳斌:《基于联系动态博弈视角的养老模式选择问题研究》,《社会保障研究》2015年第2期。

朱楠:《中国延长退休年龄的财务平衡预算及其方案设计》,《中央财经大学学报》2009年第8期。

朱素宾：《OECD国家延迟退休的国际经验及对中国的启示》，硕士学位论文，南京大学，2018年。

朱跃序：《退休年龄延迟的经济效应及其政策选择》，硕士学位论文，华中科技大学，2016年。

邹升平：《中国与瑞典经济制度比较研究》，硕士学位论文，大连理工大学，2011年。

［丹］考斯塔·艾斯平－安德森（Gosta Esping-Andersen），《福利资本主义的三个世界》，郑秉文译，法律出版社2003年版。

［美］阿尔蒙德、维巴编：《重访公民文化》，东方出版社2014年版。

［美］戴维·罗默（David Romer）：《高级宏观经济学》，王根蓓译，上海财经大学出版社2003年版。

［美］道格拉斯·C.诺思：《制度变迁与美国经济增长》，格致出版社、上海人民出版社2019年版。

［美］加布里埃尔·A.阿尔蒙德、西德尼·维巴：《公民文化 五个国家的政治态度和民主制》，东方出版社2008年版。

［美］加里·贝克尔（Gary S. Becker）：《人力资本》，陈耿宣等译，机械工业出版社2016年版。

［美］罗纳德·G.伊兰伯格（Ronald G. Ehrenberg）、罗伯特·S.史密斯（Robert S. Smith）：《现代劳动经济学理论与公共政策》，刘昕译，中国人民大学出版社2011年版。

［美］舒尔茨：《论人力资本投资》，吴珠华等译，北京经济学院出版社1990年版。

［美］小G.宾厄姆·鲍威尔：《当代比较政治学：世界视野》，杨红伟、吴新叶、曾纪茂等译，上海人民出版社2017年版。

［美］小约瑟夫·斯图尔特、戴维·赫奇、詹姆斯·莱斯特：《公共政策导论》，韩红译，中国人民大学出版社2011年版。

［英］威肯斯：《宏观经济理论：动态一般均衡方法》，东北财经大学

出版社 2016 年版。

Aylit Tina Romm & Martha Wolny, "The Impact of Later Retirement Ages on Aggregate Household Savings and Saving Rates: An Analysis of OECD Countries", *Working Papers*, *Economic Research Southern Africa*, 2012.

Barr N., Diamond P., "Pension Reform: A short Guide", *London: Oxford University Press*, 2009.

Bernardo L. Queiroz, Laeticia R. Souza., "Retirement Incentives and Couple's Retirement Decisions in Brazil", *The Journal of the Economics of Ageing*, No. 9, 2017.

Boettke P. et al., "Comparative Historical Political Economy", *Journal of Institutional Economics*, Vol. 9, No. 3, 2013.

Brockmann H., R. Muller, R. Helmert, "Time to Retire or Time to Die? A Prospective Cohort Study of the Effects of Early Retirement on Long-term Survival", *Social Science and Medicine*, No. 69, 2009.

Brunello, Giorgio and Comi, Simona, *Education and Earnings Growth: Evidence from 11 European Countries*, FEEM Working Paper No. 29, 2000; IZA Discussion Paper No. 140. Available at SSRN: https://ssrn.com/abstract=229279 or http://dx.doi.org/10.2139/ssrn.229279.

Coile, Courtney and Gruber, Jonathan, "Social Security and Retirement", *Center for Retirement Research Working Paper*, 2000 – 11.

Díaz-Giménez J, &Díaz-Saavedra J., "Delaying Retirement in Spain", *Review of Economic Dynamics*, Vol. 12, No. 1, 2009.

Erdman B. Palmore, "Retirement: Causes and Consequences", *Cham: Springer Publishing Company*, 1985.

Feldman C. D., "The Decision to Retire Early : A Review and Conceptualization", *Academy of Management Review*, No. 2, 1994.

Fields G. S., Mitchell O. S., "Economic Determinants of the Optimal Retirement Age: An Empirical Investigation", *Journal of Human Resources*, Vol. 19, No. 2, 1984.

Gustman A. L. , Steinmeier T. L. , "The Social Security Early Entitlement Age in a Structural Model of Retirement and Wealth", *Journal of Public Economics*, Vol. 89, No. 2, 2005.

Haan, Peter & Prowse, Victoria, "Longevity, Life-cycle Behavior and Pension Reform", *Journal of Econometrics*, Elsevier, 2014, Vol. 178 (P3).

Helmuth Cremer & Pierre Pestieau, "The Double Dividend of Postponing Retirement", *International Tax and Public Finance*, No. 10, 2003.

Ignacio Madero-Cabibl, Laure Kaeser, "How Voluntary is the Active Ageing Life? A Life-Course Study on the Determinants of Extending Careers", *European Journal of Ageing*, No. 13, 2016.

Larsen, Mona & Pedersen, Peder J. , *Paid Work after Retirement: Recent Trends in Denmark*, IZA Discussion Papers 6537, Institute of Labor Economics (IZA), 2012.

Larsson A. , Moe H. , "Who Tweets? Tracking Micro Blogging Use in the 2010 Swedish Election Campaign", *Paper Presented at the 19th European Conference on Information Systems*, Helsinki, Finland, 2011.

Lumsdaine, Robin L. & Mitchell, Olivia S. , "New Developments in the Economic Analysis of Retirement", O. Ashenfelter & D. Card ed. , *Handbook of Labor Economics*, edition 1, No. 3, 1999.

Magnani R. , "A General Equilibrium Evaluation of the Sustainability of the New Pension Reforms in Italy", *Research in Economics*, Vol. 65, No. 1, 2011.

North D. C. , "A Transaction Cost Theory of Politics", *Journal of Theoretical Politics*, Vol. 2, No. 4, 1990.

North, D. C. Institutions, "Institutional Change and Economic Performance", *Cambridge: Cambridge University Press*, 1990.

OECD. Pensions at a glance, OECD and G20 indicator, 2017. http://dx.doi.org/10.1787/pension-glance-2017-en.

Staubli S., Zweimüller J., "Does Raising the Early Retirement Age Increase Employment of Older Workers?" *Journal of Public Economics*, Vol. 108, No. 4, 2013.

Taina Leinonen, Mikko Laaksonen, Tarani Chandola, Pekka Martikainen, "Health as a Predictor of Early Retirement before and after Introduction of a Flexible Statuary Pension Age in Finland", *Social Science & Medicine*, No. 158, 2016.

Talosaga Talosaga & Mark Vink, "The Effect of Public Pension Eligibility Age on Household Saving: Evidence from a New Zealand Natural Experiment", *Treasury Working Paper*, 2014. Series 14/21, New Zealand Treasury.

Tom Broekmans, Machteld Roelants, Peter Feys, Geert Alders, et al., "Effects of Long-term Resistance Training and Simultaneous Electro-Stimulation on Muscle Strength and Functional Mobility in Multiple Sclerosis", *Multiple Sclerosis Journal*, Vol. 17, No. 4, 2010.

Van der Klaauw, W., Wolpin K., "Social Security and the Retirement and Savings Behavior of Low-Income Households", *Journal of Econometrics*, Vol. 145, No. 2, 2008.

Wendy Rahn Eugene Borgida, "Editors' Introduction: 9/11 And Its Aftermath", *Political Psychology*, Vol. 23, No. 3, 2002.